GERALDO ATALIBA

HIPÓTESE DE INCIDÊNCIA TRIBUTÁRIA

6ª edição,
12ª tiragem

MALHEIROS EDITORES

HIPÓTESE DE INCIDÊNCIA TRIBUTÁRIA

1ª edição, 1973; 2ª edição, 1ª tiragem, 1975; 2ª tiragem, 1978; 3ª tiragem, 1981; 3ª edição, 1ª tiragem, 1984; 2ª tiragem, 1987; 4ª edição, 1990; 5ª edição, 1ª tiragem, 1992; 2ª tiragem, 1993; 3ª tiragem, 1994; 4ª tiragem, 1995; 5ª tiragem, 1996; 6ª tiragem, 1997; 7ª tiragem, 1998; 8ª tiragem, 1999; 6ª edição, 1ª tiragem, 2000; 2ª tiragem, 2001; 3ª tiragem, 2002; 4ª tiragem, 2003; 5ª tiragem, 2004; 6ª tiragem, 2005; 7ª tiragem, 2005; 8ª tiragem, 2006; 9ª tiragem, 2008; 10ª tiragem, 2009; 11ª tiragem, 2010

ISBN 978-85-7420-171-5

MALHEIROS EDITORES LTDA.
Rua Paes de Araújo, 29, conjunto 171
CEP 04531-940 – São Paulo – SP
Tel.: (11) 3078-7205 – Fax: (11) 3168-5495
URL: www.malheiroseditores.com.br
e-mail: malheiroseditores@terra.com.br

Composição
Acqua Estúdio Gráfico Ltda.

Capa:
Criação: Vânia Lúcia Amato
Arte: PC Editorial Ltda.

Impresso no Brasil
Printed in Brazil
03.2011

A
M. SEABRA FAGUNDES
paradigma de advogado, magistrado, estadista
e sobretudo Homem integral

por seu desempenho em todas as funções que exerceu,
com sobriedade, prudência, coragem, modéstia
e inabalável firmeza de convicções humanitárias e jurídicas,

dedico este trabalho

NOTA PRÉVIA À PRIMEIRA EDIÇÃO

Reproduzo a parte essencial da nota com que apresentei a primeira edição:

"Seabra Fagundes é, na sua inata modéstia que não esconde a firmeza inabalável de suas convicções, o exemplo consumado do bacharel. Exerceu todas as atribuições específicas do bacharel, nos setores público e privado. Por onde passou, deixou o odor de suas virtudes e de sua sabedoria, sem jamais se ensoberbecer. Pelo ínclito jusfilósofo Lourival Vilanova, foi chamado "mestre, mestre no sentido restritíssimo e autêntico" (*Cadernos de Conferências*, Instituto dos Advogados de Pernambuco, 1971, p. 22), insigne honra, pelas virtudes e méritos de quem proferiu a frase, ele também um mestre.

Na pessoa de Seabra Fagundes, homenageamos todos os bacharéis, ao lhe dedicar este livro."

São Paulo, janeiro, 1990

NOTA DO AUTOR À 2ª EDIÇÃO

Parte essencial:

"Quero agradecer muito especialmente à equipe de direito tributário da Universidade Católica de São Paulo a decisiva colaboração que tem dado, para a crítica, o desenvolvimento, as retificações e o aperfeiçoamento das teses aqui contidas.

Aos professores Agostinho Sartin, Antonio Carlos Cintra do Amaral, Cleber Giardino, Elizabeth Nazar, Eduardo Domingos Bottallo, Fernando Albino de Oliveira, Francisco Octávio Almeida Prado, Marco Aurélio Greco, Paulo de Barros Carvalho, Pedro Luciano Marrey Junior, Pérsio Oliveira Lima, Renan Lotufo e Sonia Almeida Prado, o meu mais profundo reconhecimento.

Ao meu crítico mais severo e mais rigoroso, nos juízos sobre meus trabalhos, a quem devo inestimáveis lições, exemplos e incentivos, Celso Antônio Bandeira de Mello, amigo, companheiro e mestre que jamais deixou a coerência, como cientista; a exigência, como meu mestre; ou a generosidade como amigo, um agradecimento público pelo apoio recebido.

À memória de Rubens Gomes de Sousa, afável amigo e sublime professor, a quem tanto devo, pelo incentivo, amparo, estímulo e carinhosa atenção, vai dedicada esta segunda edição, como preito de imorredoura gratidão.

Aos amigos de infância Álvaro e Arnaldo Malheiros, diretores da Revista dos Tribunais, meus incentivadores, desde o primeiro trabalho publicado, a fiel amizade, como expressão do meu reconhecimento."

O AUTOR

NOTA À 4ª EDIÇÃO

Esta edição resultou da necessidade de revisão do texto, em função da Constituição de 1988.

O autor também evoluiu e teve seu pensamento modificado, com o passar do tempo, a experiência e o amadurecimento e a meditação sobre a jurisprudência e a doutrina.

Tudo isso reflete-se no livro, que, assim, sofreu alterações (supressões, acréscimos, retificações) substanciais, no fundo e na forma.

Aos professores citados na nota à 2ª edição, quero acrescentar os nomes de Aires Barreto, Roque Carrazza, Estevão Horvath, Agostinho Sartin, Diva Malerbi, Américo Lacombe, Osiris Azevedo Lopes Filho, a quem devo o mesmo reconhecimento.

À GUISA DE PREFÁCIO

Investido nas elevadas funções de Reitor da Pontifícia Universidade Católica de São Paulo, o autor, embora muito jovem, é pessoa por demais conhecida nos meios doutrinários, forenses e universitários do País. Uma original produção científica lhe assegura tranqüilamente posto de relevo singular na literatura jurídica especializada. Obras como *Natureza Jurídica da Contribuição de Melhoria* (1964), *Sistema Constitucional Tributário Brasileiro* (1968), *O Decreto-lei na Constituição de 1967* (1968), e *Lei Complementar na Constituição* (1971) marcam a trajetória da inquietação intelectual de um espírito constantemente preocupado e voltado para os magnos problemas do Direito Tributário, ciência que ele ajuda a construir em bases modernas. E a sua modernidade não se define em função de um rompimento com os autores clássicos, tais como A. D. Gianini, que ele desveladamente cultua e tanto contribuiu para divulgar entre nós, mas a partir de uma "reconstrução" crítica da doutrina tradicional do Direito Tributário.

No Brasil, a Constituição Federal caracteriza-se por disciplinar rígida e quase exaustivamente o quadro da tributação, descendo a minúcias que a individualizam em confronto com os outros diplomas políticos da atualidade. Essa circunstância está a indicar que o caminho metodológico mais aconselhável, para ser adotado como ponto de partida dos estudos jurídicos do tributo, está nos princípios e normas constitucionais discriminadores da competência tributária e reguladores do seu exercício. Todavia, sem o temor de incidir no elogio vulgar e gratuito, pode-se afirmar seguramente que ninguém no Brasil valorizou tanto os estudos jurídicos constitucionais da tributação quanto Geraldo Ataliba. De direito, essa posição de proeminência, e até de pioneirismo, lhe cabe. Além disso, nos seus pareceres e artigos, publicados em nossas revistas especializadas, a sua presença se faz constante e inquietadora pelo que representa a sua rebeldia contra os preconceitos econômicos, políticos e financeiros que ainda hoje dificultam, senão emperram, o progresso dos estudos dogmaticamente jurídicos do tributo.

Ora, em 1964, editado pela Edições Financeiras, publicou Amílcar de Araújo Falcão preciosa monografia, sobre o *Fato Gerador da Obrigação Tributária*. O trabalho do mestre baiano, prematuramente desaparecido em 1967, pelo seu rigor científico, segurança de argumentação e valor pessoal da contribuição doutrinária, é hoje um clássico da literatura jurídico-tributária brasileira. Mereceu, por isso mesmo, ainda em 1964, excelente tradução para o idioma espanhol (*El Hecho Generador de la Obligación Tributaria*, Depalma, Buenos Aires). No prefácio, insiste o tradutor Giuliani Fonrouge em acentuar a importância e transcendência dessa obra.

O trabalho de Amílcar Falcão analisa o fato gerador como um conceito fundamental e nuclear para o estudo do Direito Tributário, dele extraindo relevantíssimas conseqüências e implicações, possibilitando a Giuliani Fonrouge incluí-lo entre os adeptos da chamada "Escola de glorificação do fato gerador".

Todavia, o estudo monográfico de Amílcar Falcão, não obstante os seus reconhecidos e muito justamente proclamados méritos científicos, refletindo as concepções doutrinárias predominantes à época em que foi escrito, não se libertou de uma concepção "monista" do fato gerador, então exclusiva ou, no mínimo, esmagadoramente predominante na doutrina nacional e estrangeira. Essa concepção se ressentia de inadequação fundamental e básica, porque respeitante aos próprios alicerces da construção científica do Direito Tributário material. E essa inadequação ou impropriedade decorria do desvio metodológico de estudar, como uma só realidade, duas entidades distintas: a hipótese de incidência (ou pressuposto normativo, como preferem alguns) e o fato concretamente acontecido, fato jurídico tributário, nessa qualificação subsumido à incidência e aplicação da norma tributária. No trabalho de Amílcar Falcão, essa distinção não está claramente estabelecida e predomina a preocupação com a análise jurídica do fato material que a doutrina até então identificava como o "fato gerador da obrigação tributária". Além disso, refletia ainda essas concepções doutrinárias tradicionais, quando dava um tratamento ao estudo do "fato gerador" que posteriormente, e com vantagem, viria a ser refutado, porque estudava o fenômeno como algo exclusivo e peculiar ao campo do Direito Tributário. É de justiça reconhecer que, na doutrina brasileira, coube a Alfredo Augusto Becker, com a sua *Teoria Geral do Direito Tributário* (1963), a primazia na contestação dessa orientação doutrinária, utilizando para tanto uma linguagem heterodoxa e desconcertante.

De qualquer sorte, depois do trabalho de Amílcar Falcão, não se produziu no Brasil nenhuma obra que representasse um progresso efetivo para o estudo do fato gerador (hipótese de incidência tributária), que é reconhecidamente o tema de maior relevância no campo de estudos do chamado Direito Tributário material.

Na *Hipótese de Incidência Tributária*, Geraldo Ataliba retoma esse tema com o mesmo desassombro que caracteriza a sua produção doutrinária anterior.

O progresso que decorre dessa monografia básica está representado pela distinção conceitual entre a hipótese de incidência do tributo e o fato material concretamente ocorrido em correspondência com o desenho legalmente traçado. A hipótese de incidência normativa é, na insuperada conceituação de Hensel, como que uma imagem abstrata do concreto estado de coisas. Mas, para Ataliba, o pressuposto normativo não se identifica nem se confunde com o por ele denominado "fato imponível", que não tem outro significado, senão o que corresponde ao tradicional fato jurídico no campo tributário. Duas realidades distintas, e absolutamente irredutíveis entre si, uma de índole normativa, categoria jurídica – a hipótese de incidência – outra de natureza fáctica – o fato imponível – não poderiam suportar um tratamento científico unificado. Nesse ponto reside a grande importância da construção científica de Ataliba. Ela está solidamente alicerçada em sede de teoria geral do direito ou, mais especificamente, na teoria da incidência das normas jurídicas.

A hipótese de incidência é para Ataliba a descrição hipotética e abstrata do fato, operada por via legal. O fato imponível é o fato concreto que, ocorrido no tempo e no espaço, dá nascimento à obrigação tributária. Como, por sua vez, demonstrou definitivamente Pontes de Miranda, o fato jurídico é uma resultante da incidência da norma sobre o fato. Logo, a norma tributária, ao incidir sobre o fato concretamente ocorrido, juridiciza-o, converte-o em fato jurídico (tributário). Por essa via, o estudo do mal denominado fato gerador da obrigação tributária é reintroduzido no campo da teoria geral do direito. Deste modo, supera-se o preconceito metodológico, que durante muito tempo predominou na doutrina do Direito Tributário, de estudar o "fato gerador" como algo ontologicamente peculiar e específico ao campo do Direito Tributário.

Aliás, seria possível demonstrar, se o intento coubesse dentro dos estreitos limites dessas notas superficiais, que o estudo do "fato gerador" como fenômeno exclusivo do Direito Tributário nada mais significa que uma aplicação destorcida da tese autonomista, inadmissível nos moldes doutrinários até hoje propostos sem que seja expungida de notórios exageros e impropriedades. Urge, pois, recolocá-la nos seus devidos termos.

Ao fazer a aplicação das categorias básicas da hipótese de incidência e fato jurídico ao âmbito do Direito Tributário, a contribuição de Geraldo Ataliba enriquece as perspectivas futuras do estudo jurídico do tributo. Nesse ponto reside o principal mérito de sua monografia.

Recife, 1974

JOSÉ SOUTO MAIOR BORGES

SUMÁRIO

Capítulo II – ***Tributos não vinculados***

Capítulo III – ***Tributos vinculados***

PRIMEIRA PARTE

NOÇÕES INTRODUTÓRIAS

Capítulo Único
NOÇÕES INTRODUTÓRIAS

1. Tributo como objeto da obrigação tributária. 2. Tributo como objeto do direito. 3. Caráter instrumental do direito. 4. Atributividade do direito e técnica jurídica da tributação. 5. O Tributo como instrumento jurídico de abastecimento dos cofres públicos. 6. Momento ideal (ou jurídico) da transferência da riqueza e momento fático. 7. Objeto da obrigação. 8. Conseqüências jurídicas da atributividade das normas. 9. Conceito de tributo. 10. Reconhecimento do tributo. 11. O direito tributário se forma em torno do conceito de tributo. 12 Direito tributário como capítulo do direito administrativo. 13. Estrutura das normas jurídicas. 14. Sanção. 15. Divergência doutrinária quanto à estrutura da norma. 16. Incidência.

1. Tributo como objeto da obrigação tributária

1.1 O conteúdo essencial de qualquer norma jurídica é o seu mandamento principal. O conteúdo das normas tributárias, essencialmente, é uma ordem ou comando, para que se entregue ao estado (ou pessoa por ele, em lei, designada) certa soma de dinheiro. Em outras palavras: a norma que está no centro do direito tributário é aquela que contém o comando: "entregue dinheiro ao estado".

A norma de direito tributário material não é diferente, portanto, das demais normas jurídicas. Mas não lhe dá entidade, diante das demais só o conteúdo da exigência do seu comando: o comportamento de levar "dinheiro" aos cofres públicos.

1.1.1 Assinala Paulo de Barros Carvalho que a palavra tributo designa coisas diferentes, o que se depreende do contexto em que, cada vez, é empregada:

1. o *dever* de levar dinheiro aos cofres públicos, coativamente;

2. o *dinheiro* levado no cumprimento desse dever;

3. o *comportamento* de levar dinheiro (prestação);
4. a *lei* que prescreve tal dever;
5. a *relação jurídica* (obrigação) que tal lei engendra.

1.2 Não é, pois, só pelo mandamento que se distingue a norma tributária das demais. Na hipótese legal, associada ao mandamento, é que se vai encontrar o critério para isolar a norma tributária, como se demonstrará oportunamente.

1.3 O objeto dos comandos jurídicos só pode ser o comportamento humano. Nenhum preceito se volta para outra coisa senão o comportamento. Não há norma jurídica dirigida às coisas. Só o comportamento livre do homem (e, por extensão, o das pessoas jurídicas) pode ser objeto dos mandamentos jurídicos.

Isto é enfatizado, de forma excelente, por Celso Antônio Bandeira de Mello, professor da Universidade Católica de São Paulo: "O direito não disciplina pensamentos, propósitos, intenções, mas regula comportamentos de um em relação a outro ou a outros. Eis por que todo direito pressupõe pelo menos duas pessoas. Eis por que na ilha de Robinson Crusoé não havia direito. O direito existe para regular relações entre as pessoas: comportamentos humanos relacionados. Mesmo quando parece que uma norma jurídica está disciplinando uma relação entre uma pessoa e uma coisa, na verdade ela está regendo uma relação entre pessoas; estabelecendo que alguém deve dar, fazer ou não fazer alguma coisa para outrem".

1.4 Esta ponderação enseja evidenciar que o objeto da norma tributária não é o dinheiro, transferido aos cofres públicos, mas sim o comportamento de levar dinheiro aos cofres públicos. As obrigações de dar têm um objeto que é o comportamento consistente em dar alguma coisa. Esta coisa é objeto material do comportamento, o qual, à sua vez, é objeto do comando.

1.5 O comportamento objeto do comando, na relação obrigacional, recebe a designação de prestação.

Adverte Alfredo Becker: "Distingue-se a prestação do seu objeto. A prestação é o *facere* ou o *non facere*. O objeto da prestação é aquilo que está (ou não está) sendo feito. A prestação é tributária quando seu objeto consiste num tributo" (*Teoria Geral do Direito Tributário*, Saraiva, p. 314).

1.6 O excelente jusfilósofo mexicano Juan Manuel Teran deixou explícito que o objeto da norma é sempre um comportamento humano: "Não basta a presença do sujeito, para que haja relação normativa. É necessária também a imputação de algo como dever, como comportamento devido. É o que se designa por objeto da determinação normativa" (*Filosofía del Derecho*, Ed. Porrúa, México, pp. 89-90).

1.7 Por isso o insigne jusfilósofo Lourival Vilanova afirmou: "O conteúdo possível do jurídico é a conduta humana e, quando os fatos do mundo puramente natural são relevantes para o direito, é sempre em função da conduta humana" (*Sobre o Conceito do Direito*, p. 67).

1.8 Em síntese: objeto da relação tributária é o comportamento consistente em levar dinheiro aos cofres públicos.

Este dinheiro – levado aos cofres públicos, por força da lei tributária – recebe vulgarmente a designação de tributo. Juridicamente, porém, tributo é a obrigação de levar dinheiro e não o dinheiro em si mesmo.

2. Tributo como objeto do direito

2.1 O conceito jurídico de tributo é construído à luz dos princípios e da técnica jurídica e à sua sistemática afeiçoado. Não é possível tentar trazer, para o mundo do direito, noções pré-jurídicas que a ele sejam aplicadas.

O direito constrói suas próprias realidades, com especificidade, característica e natureza próprias.

2.2 Balladore Pallieri recorda que a engenharia não confunde coisas heterogêneas como as regras técnicas da arte de construir e o material de construção. Não se pode pretender deixar de lado o discernimento lógico e impostergável entre objeto do tributo, o comportamento humano, e o objeto deste, inserido no mundo fático, o dinheiro.

2.3 O conceito de tributo para o direito é um conceito jurídico privativo, que se não pode confundir com o conceito financeiro, ou econômico de outro objeto, de outros setores científicos, como é o tributo ontologicamente considerado. Tributo, para o direito, é coisa diversa de tributo como conceito de outras ciências.

O conceito jurídico de tributo é conceito fundamental do direito, categoria primária de seu sub-ramo, o direito tributário (que não pode ser considerado ramo autônomo).

2.4 Vem, a propósito, recordar a lição de Lourival Vilanova: "Mas, se há conceitos privativos de cada setor do real, como expressão necessária da especialidade de cada tipo de objeto, outros conceitos existem que são aplicáveis a distintas esferas objetivas, conceitos que não têm um conteúdo específico e particular. Transcendem os lindes de cada território especial, que têm validez para o domínio do social, do físico, do biológico. Assim, os conceitos de relação, de objeto de unidade, etc. A existência de tais figuras lógicas tem seu fundamento no ser. Cada esfera de objetos não é totalmente diversa das demais. Há analogias entre os seres. Individuais, se os tomamos na complexidade de seus caracteres, são parcialmente análogos. Mais ainda. Todas as coisas e fatos participam dos princípios fundamentais que os definem como ser. Os princípios e conceitos, que tomam o ser como ser, têm campo de aplicação universal. Mas, não é necessário acudir a tais conceitos transcendentais. Conceitos como espacialidade, temporalidade, realidade convêm ao campo do físico, do biológico, do histórico. Entre as ciências positivas, se verifica o intercâmbio de conceitos análogos e idênticos. Estes conceitos apreendem a arquitetura formal de vários tipos de objetos. Por isso mesmo, precisamente por sua formalidade abstrata, eles nada declaram do específico a cada objeto. O conceito de relação vale para os fenômenos físicos, para os fenômenos biológicos, psicológicos, sociais. Ao contrário, o conceito fundamental tem sua órbita circunscrita. Não é possível transportá-lo além desse limite. A sua intransferibilidade decorre da especificidade irredutível que nele se expressa" (Vilanova, *Sobre o conceito do Direito*, pp. 20-21).

É o caso do conceito de tributo.

2.5 Os institutos e categorias jurídicas só são válidos e operantes nos quadrantes do direito.

Daí o terrível engano dos que pensam que a economia e o direito podem estudar um mesmo objeto, o tributo por exemplo, intercambiando informações, observações, princípios e técnicas de compreensão, operação e aplicação. O conceito de tributo, para o direito, nasce e esgota-se no universo jurídico.

A fenomenologia tributária não discrepa, portanto, em nada, da que tipifica o direito em geral, em qualquer de suas expressões.

Esta verificação também enseja reconhecer que o *criterium discriminationis* que permite classificar o direito em setores ou ramos é sempre baseado na matéria substancial da problemática posta como ponto de referência dos comportamentos e interesses humanos ou sociais, e nunca qualquer peculiaridade intrínseca das próprias normas, consideradas no seu conjunto.

A norma tributária é absolutamente igual, em sua estrutura, às demais normas jurídicas. Nada há que a distinga de qualquer outra norma jurídica.

3. *Caráter instrumental do direito*

3.1 Consiste o caráter instrumental do direito nesta qualidade que todos reconhecem à norma jurídica de servir de meio posto à disposição das vontades para obter, mediante comportamentos humanos, o alcance das finalidades desejadas pelos titulares daquelas vontades. Os objetivos que dependem de comportamentos humanos podem ter no direito excelente instrumento de alcance.

Há distinção entre norma (genérica) e comando particular. Quando uma vontade deseja, genérica e abstratamente, certos comportamentos, toda vez que se verifique uma hipótese, tem-se a norma (geral). Nas sociedades preocupadas com a isonomia e a segurança jurídica, estas normas só podem ser postas, quando inaugurais, inovadoras, pelos representantes dos destinatários. Onde haja Constituição, como instrumento do estado de direito, só podem ser editadas pelo órgão legislativo, de eleição popular. Tais normas são necessariamente genéricas e abstratas.

Quando uma vontade, à vista de uma singular hipótese, deseja um comportamento, tem-se o comando particular (concreto): ato individual, contrato, sentença, ato administrativo etc. Para serem válidas e, pois, obrigatórias, estas normas particulares (comandos concretos) devem ser rigorosa e fielmente fundadas em normas gerais (prévias). Devem dar aplicação às normas anteriores (v. Seabra Fagundes, *Controle dos atos administrativos pelo Poder Judiciário*, 6ª ed., p. 31).

3.2 Com isto se tem a noção das pessoas necessárias para o raciocínio jurídico, sempre pressupostas pelo pensamento jurídico: a pessoa que manda, que ordena, que obriga (que dá a ordem), a pessoa titular do comportamento que se deve conformar, adequar à norma ou ao comando e a pessoa beneficiária desse comportamento. Portanto, ao lado do conceito prévio de norma, há o de sujeito, bem como o de objeto (sempre um comportamento humano). Estes são conceitos lógico-jurídicos de aplicabilidade universal ao direito, como o assinalou Juan Manuel Teran.

Essencialmente, em última análise, reduzido o objeto à sua mais simples estrutura, o direito não é senão um conjunto de normas (conjunto este a que se convencionou designar sistema jurídico, ordenação jurídica).

3.3 O direito (em sentido objetivo) é um conjunto de normas que – por isso que integrando a ordem jurídica – se chamam normas jurídicas. Formam o direito positivo: o direito que foi posto (e só pode ser retirado) por quem tem poder jurídico para tanto.

Ora o elemento principal e essencial da norma jurídica é o seu conteúdo mandamental: uma ordem, um comando: faça isto, não faça aquilo. Por isso Hobbes disse: *auctoritas, non veritas, facit legem:* a autoridade, o poder (comando) faz o direito e não a verdade, nem a adequação de seus preceitos a situações, realidades ou princípios metajurídicos.

3.4 O objeto da norma, ou de seu comando, é o comportamento humano. O comportamento deve adequar-se ao conteúdo mandamental da norma. O sujeito destinatário da norma deve comportar-se como nela se determina, sob pena de conseqüências (sanção) previstas em outras normas associadas à norma que estabeleceu tal comportamento.

Quando o poder que emana a norma consegue (não importa por que meios) o seu resultado, obediência, diz-se que a norma é eficaz, isto é, produz o efeito específico visado pelo seu titular (v. Tercio Sampaio Ferraz Jr.)

3.5 Ora, este comando é precisamente a vontade do editor da norma. Ele quer que os comportamentos visados pela norma sejam tais ou quais. Quando tal querer e genérico e abstrato, temos a norma geral; quando específico e concreto, norma individual.

Mas, todas as normas em todos os momentos não obrigam todos os comportamentos. Não somos obrigados sempre (em todos os momentos) a obedecer a todas as normas jurídicas (salvo certas normas proibitivas, que colhem, todos, sempre).

Na verdade, as normas jurídicas só obrigam os comportamentos das pessoas que elas (normas) determinam e nos casos nelas previstos. Quer dizer, só verificada uma hipótese, prevista na norma, ela é obrigatória; e só para os comportamentos das pessoas compreendidas na hipótese.

3.6 Toda norma, pois, contém uma hipótese e um comando. O comando só é obrigatório associado à hipótese. Não existe sem ela, que, por sua vez, nada é sem o respectivo comando.

E a hipótese sempre contém dois aspectos: um subjetivo: determinação do titular do comportamento colhido pelo mandamento e outra (ou outras) pessoa que o pode exigir; e um objetivo: determinação das circunstâncias (de tempo, modo, lugar, qualidade e quantidade, etc.) em que o mandamento incide (incidir quer dizer: colher o comportamento, obrigar o comportamento).

A hipótese da norma descreve os fatos que, *se* e *quando* acontecidos, tornam o comando atualmente obrigatório; descreve também as qualidades das pessoas que deverão ter o comportamento prescrito no mandamento, bem como as pessoas que o farão exigir.

4. *Atributividade do direito e técnica jurídica da tributação*

4.1 O direito é, pois, um instrumento para a obtenção de finalidades e objetivos que só podem ser alcançados mediante comportamentos humanos.

A lei (expressão mais eminente e solene do direito) é o instrumento da vontade do estado, que obriga os comportamentos humanos a realizarem os objetivos visados por aquela vontade: tanto comportamentos de agentes seus quanto os de terceiros sujeitos a seu poder.

Destarte, pela lei, o estado ordena que se faça isto (positivamente) ou ordena que não se faça aquilo (negativamente), ou consente certos comportamentos ("modais deônticos" de Lourival Vilanova).

4.2 As formas de expressão dos comandos do estado são as mais variadas: desde o comando direto até a simples permissão legal, desde a proibição genérica até a determinação individual.

Para nosso estudo, interessam dois tipos de normas jurídicas: a) as que impõem um comportamento e b) as que atribuem qualidade ou estado (indiretamente, impõem a todos o respeito a esta qualidade ou estado e às conseqüências normativas decorrentes desta definição).

4.3 Enunciados legais há que, por si sós, não constituem norma, mas que completam uma norma, redefinindo, alterando, ou acrescentando uma hipótese legal. Cuidam da parte da norma designada hipótese.

Limitam-se a fixar pressupostos, qualificar um aspecto (subjetivo ou objetivo, ou ambos) de uma hipótese, ou a articular duas ou mais normas.

4.4 Em todos os casos, a norma legal é um instrumento dos desígnios do estado, uma manifestação de sua vontade coercitiva, subordinada à vontade mais alta do povo, que se expressa na Constituição.

Tudo que temos é-nos atribuído pelo direito, segundo normas jurídicas.

4.5 É legítimo o recebimento de um bem (dinheiro ou outra coisa), e a sua incorporação ao nosso patrimônio se opera validamente, se em conformidade com o direito e na medida em que este o autoriza ou determina. O que se receba contra o direito não é legítimo, e não se incorpora ao nosso patrimônio. É indevido.

4.6 Pois, a norma jurídica, que diz ser legítimo um recebimento (um aumento patrimonial), e que assim nos atribui a titularidade jurídica de um bem (dinheiro ou outra coisa), pode atribuir ao estado uma parcela deste bem.

Logo, uma coisa (dinheiro ou outra) só é de A ou B se a lei o disser. Será do estado, também, segundo a lei o diga. Pois nada impede (juridicamente) que a lei atribua algo parcialmente a A ou B e parcialmente ao estado.

É o que ocorre, por exemplo, na tributação. A lei nos atribui, por exemplo, 90% dos rendimentos de um nosso negócio ou dos proventos do nosso trabalho e ao estado atribui 10%.

4.7 Da mesma forma que a lei nos atribui a propriedade da nossa casa, da nossa roupa e outros bens (havidos a títulos diversos) atribui ao estado crédito sobre parcela da nossa riqueza (parcela esta que, a partir desta atribuição, é débito nosso), como atribui ao estado outras coisas além da nossa riqueza: bens naturais, poderes, competências, direitos.

É preciso ficar bem claro que, juridicamente, tudo que existe é disposto pela ordem jurídica. O modo de existência de tudo, também, é disposto pela ordem jurídica

4.8 Os fundamentos, razões e finalidades que justificam esta ou aquela orientação da lei não são, em si, preocupação do jurista senão enquanto traduzidos em normas. Argumentos políticos, sociológicos, éticos, econômicos etc. servem para formar a convicção do legislador. Na conformidade deles deve ser feita a norma. Depois de feita, aos juristas incumbe aplicá-la (e para aplicar é preciso entendê-la), tal e qual ela é – concorde ou não o aplicador com o seu mérito (v. nosso "Vontade da lei e vontade do legislador ...").

4.9 Em geral, concordamos com as leis, ou por causa da autoridade do estado, que a impõe, ou por causa da justiça de seu conteúdo. De qualquer forma, concordemos ou não, devemos obedecê-la, sob pena de arcarmos com a respectiva sanção.

A este caráter da norma jurídica, que lhe permite atribuir qualidades e efeitos às coisas e comportamentos, que lhe dá a virtude de imputar efeitos próprios seus (jurídicos) às coisas que recaem sob seu poder, dá-se o nome de atributividade.

As normas jurídicas atribuem sempre algo a alguém ou a alguma coisa (ou a algum comportamento).

A relação jurídica, diz Kelsen, se caracteriza pela imputação, ao contrário da relação física sempre causal, pela qual de uma causa sempre decorre um efeito, de modo inelutável. Assim, à causalidade natural, inexorável, irresistível, opõe-se a imputação jurídica, relação artificial criada pelo direito.

4.10 Tudo que todos têm (coisas ou qualidades jurídicas) é-lhes atribuído pela ordem jurídica. Pois, não repugna que a mesma técnica sirva para se atribuir ao estado, entre outras coisas, os bens de que carece para existir e desempenhar suas tarefas. Daí a lei atribuir ao estado, por lei, parte de nossos dinheiros.

Mas não basta que o direito atribua algo ao estado. Tal simples "imputação" não dá *efetivamente* ao estado os meios financeiros.

Sendo o direito abstrato, não pode alterar a realidade das coisas do mundo fenomênico. O dinheiro que foi parcialmente atribuído ao estado, continua, de fato, mesmo após a imputação legal, na nossa posse; não se transfere para o tesouro público.

5. *O tributo como instrumento jurídico de abastecimento dos cofres públicos*

5.1 Os políticos (homens que dirigem o estado), precisando atender às necessidades financeiras do poder público, usam do direito como instrumento do desígnio de abastecer o estado de dinheiro.

Antigamente, quando não se podia falar em estado de direito, o político usava do poder para obrigar arbitrariamente os súditos a concorrerem com seus recursos para o estado (por isso Albert Hensel sublinha que só se pode falar em "direito" tributário onde haja Constituição e estado de direito. Fora disso, é o arbítrio, o despotismo, v. *Diritto Tributario*, Giuffrè, 1956, Milão, p. 5, tradução de Dino Jarach). Hoje, o estado exerce este poder segundo o direito constitucional e obedece, em todas suas manifestações, ao estabelecido na lei.

5.2 A finalidade última almejada pela lei, no caso, é a transferência de dinheiro das pessoas privadas, submetidas ao poder do estado, para os cofres públicos.

Esta movimentação física de dinheiro (coisa material) não pode ser obtida senão por meio de comportamentos humanos.

Efetivamente, não basta que a lei atribua certa parcela da riqueza privada, segundo o critério da capacidade contributiva, ou outro, ao estado. Para que a expressão financeira desta parcela de riqueza vá para os cofres públicos, há a necessidade de que gestos humanos, atos humanos (o comportamento humano) a levem.

5.3 Estes comportamentos podem ser de agentes públicos, de terceiros ou dos próprios obrigados. Em geral o resultado final (abastecimento dos cofres públicos) se obtém pela combinação dos três.

5.4 Daí, usa-se o direito como forma de obrigar tais comportamentos. Num primeiro momento, o direito atribui determinada importância ao poder público, importância esta pertencente a uma pessoa privada. Num segundo momento, determina que esta ou outra pessoa leve esta importância e a entregue a um agente público, com destino aos cofres públicos.

Desta forma o direito (essencialmente abstrato) tem um efeito prático, fático e concreto, mediante o comportamento humano. O abstrato, assim, produz efeito concreto, pelo comportamento dos destinatários da norma.

5.5 As normas tributárias, portanto, atribuem dinheiro ao estado e ordenam comportamentos, dos agentes públicos, de contribuintes e de terceiros, tendentes a levar (em tempo oportuno, pela forma correta, segundo os critérios previamente estabelecidos e em quantia legalmente fixada) dinheiro dos particulares para os cofres públicos.

Serve o direito, portanto, de instrumento de tão importante desígnio estatal. As normas que constituem esta parte do direito se designam direito tributário, em seu conjunto. É nitidamente um sub-ramo do direito administrativo, porque regula relações jurídicas entre administração e administrados (Ruy Cirne Lima), o que é da essência do direito administrativo.

6. *Momento ideal (ou jurídico) da transferência da riqueza e momento fático*

6.1 Num primeiro momento, como visto, o direito (a lei) atribui ao estado certa quantia de dinheiro. Da mesma forma que, juridicamente, o direito atribui a renda a quem a aufere, o salário a quem trabalha, um bem a quem o compra (ou recebe em doação), atribui uma parcela destas ou de outras riquezas ao estado.

6.2 No caso da tributação, adotou-se como técnica fazer nascer concretamente a obrigação de um fato, a que a lei atribui tal qualidade jurídica (fato jurígeno). Quer dizer: a lei atribui a certos fatos a virtude (a potencialidade, a força bastante) para determinar o nascimento da obrigação tributária (v. Amílcar A. Falcão, *O fato gerador da obrigação tributária*, Ed. RT, 6ª ed., p. 26).

Desde que se verifica (aconteça realmente) o fato a que a lei atribui esta virtude jurídica, a quantia em dinheiro (legalmente fixada) é crédito do estado; no mesmo instante, fica devedora dela a pessoa privada prevista na lei e relacionada com o referido fato.

6.3 Como, entretanto, não basta que fique transferida abstratamente (a propriedade do dinheiro), mas importa levá-la efetivamente (concretamente) aos cofres públicos, a própria lei também atribui ao mesmo fato a virtude de criar a obrigação, a cargo do particular, de levar (comportamento) esse dinheiro aos cofres públicos.

Constituído nesta obrigação de dar, pela ocorrência do fato previsto em lei, o particular só se libera pelo cumprimento de seu objeto (prestação de quantia em dinheiro).

6.4 Em outras palavras, a lei dá a este fato a virtude jurídica de determinar a transferência (jurídica, ideal) da titularidade de certa soma em dinheiro para o estado. Assim que se dá (que acontece, que se realiza) o fato, o estado passa a ser titular da quantia em questão; nesse mesmo momento, pela mesma razão, o contribuinte (sujeito passivo) a perde. Não é mais seu titular. Juridicamente, a partir deste instante, é devedor de quantia certa ao estado e este tem a legítima pretensão de havê-la. Isto desde a verificação (ou ocorrência) do fato jurígeno contemplado pela lei.

6.5 A obrigação, instrumento jurídico serviente de idênticas finalidades, no direito privado, instrumenta a efetivação prática (do mundo fenomênico) daquela *legítima* pretensão (fundada em lei), assegurando o comportamento oportuno e pertinente, consistente na entrega do dinheiro aos cofres públicos.

6.6 Por isso, a contar do momento da consumação (realização, verificação) do fato imponível, o estado (sujeito ativo) tem o direito de exigir e o contribuinte (sujeito passivo) tem o dever de entregar o dinheiro, objeto da obrigação. Esta entrega da coisa a seu legítimo titular (o estado) é o comportamento exigido para que o desígnio legal se concretize.

7. Objeto da obrigação

7.1 Sendo o direito uma realidade abstrata, não pode ter por objeto coisas concretas. Assim, o dinheiro, como as coisas em geral, jamais pode ser objeto do direito. Nenhuma coisa concreta pode ser objeto do direito, das normas jurídicas, das obrigações jurídicas (porque o direito e suas realidades são abstratos).

7.2 O objeto das normas jurídicas é o comportamento humano. Assim o objeto da obrigação tributária é o comportamento do sujeito passivo = entrega do dinheiro aos cofres públicos. O dinheiro, assim, é objeto do comportamento. Este é que é objeto da obrigação.

8. Conseqüências jurídicas da atributividade das normas

8.1 Como a norma confere a um fato o efeito jurídico de atribuir a titularidade de uma soma de dinheiro ao poder público, assim que acontecido este fato o sujeito passivo (contribuinte) perde a titularidade desse dinheiro.

8.2 Fica, *ipso facto*, constituído no dever de entregá-lo ao credor. Este fica com o direito de exigir tal entrega. Esta relação jurídica, que tem num de seus pólos o poder público (credor) e noutro o contribuinte (devedor), reveste a forma de obrigação que só se vai extinguir com a entrega (comportamento objeto da obrigação) do dinheiro ao credor.

8.3 Por isso constitui ilícito ocultar a ocorrência do fato imponível (fato que, desde que ocorrido, já atribuiu a titularidade do dinheiro ao estado). Por isso configura ilícito retardar o seu conhecimento pelos agentes fiscais (representantes do credor).

8.4 Ocorrido o fato imponível, nasce um vínculo de cunho patrimonial que onera o contribuinte. Por isso se torna sujeito passivo de uma relação jurídica obrigacional, da qual só se libera mediante a prestação de seu objeto (comportamento, gesto, ato de efetiva entrega da coisa). Este objeto se designa por tributo, vulgarmente.

9. Conceito de tributo

9.1 O Código Tributário Nacional conceitua tributo:

"Art. 3º. Tributo é toda prestação pecuniária compulsória, em moeda ou cujo valor nela se possa exprimir, que não constitua sanção de ato ilícito, instituída em lei e cobrada mediante atividade administrativa plenamente vinculada".

Evidentemente, não é função de lei nenhuma formular conceitos teóricos. O art. 3º do C.T.N. é mero *precepto didactico*, como o qualificaria o eminente mestre espanhol Sainz de Bujanda. Por outro lado, o conceito de tributo é constitucional. Nenhuma lei pode alargá-lo, reduzi-lo ou modificá-lo. É que ele é conceito-chave para demarcação das competências legislativas e balizador do "regime tributário", conjunto de princípios e regras constitucionais de proteção do contribuinte contra o chamado "poder tributário", exercido, nas respectivas faixas delimitadas de competências, por União, Estados e Municípios. Daí o despropósito dessa "definição" legal, cuja admissão é perigosa, por potencialmente danosa aos direitos constitucionais dos contribuintes.

Direitos constitucionalmente pressupostos ou definidos não podem ser "redefinidos" por lei. Admiti-lo é consentir que as demarcações constitucionais corram o risco de ter sua eficácia comprometida

É com tais cautelas que comentamos essa "definição" legal.

9.2 É notável a cláusula "que não constitua sanção de ato ilícito" porque permite estremar o tributo das multas. Se não se fizesse a ressalva, o conceito ficaria ambíguo – e, pois, cientificamente inútil – por excessivamente compreensivo, a ponto de abranger entidade tão distinta como é a multa de direito público.

O conceito legal, *in casu*, coincide com o doutrinário, que deve ser extraído do direito positivo (no caso, o constitucional, já que tributo é conceito constitucional) (v. nosso *Sistema constitucional tributário brasileiro*, 2ª ed., Ed. RT, 1990).

9.3 Só é possível obter um conceito jurídico de tributo e – via de conseqüência – de direito tributário, como conclusão de alentado e ingente estudo do direito constitucional positivo. É oportuna a advertência de A. Becker: "Quem preferir caminho diferente, defrontar-se-á com múltiplos problemas jurídicos e não os poderá resolver; apenas conseguirá apaziguar as suas dúvidas, embriagando-se com ilogismos eruditos dissolvidos no remoinho da retórica e utilizando o estupidificante, aliás muito cômodo, dos fundamentos "óbvios" (ob. cit., p. 232).

9.4 Constrói-se o conceito jurídico-positivo de tributo pela observação e análise das normas jurídicas constitucionais.

A verificação da universidade e constância de um fenômeno, pelo cientista, leva-o a concluir pelo reconhecimento de uma categoria, à qual, para efeito de síntese, dá uma designação. A Constituição de 1988 adota um preciso – embora implícito – conceito de tributo.

9.5 O aperfeiçoamento da observação que enseja a formulação de uma noção acabada e completa, permitindo a construção de um conceito válido – na medida que efetivamente retrata e espelha o objeto observado – caracteriza devidamente o objeto e o isola dos demais. Identificado, recebe uma designação convencional, pela qual se reconhece um instituto, assim entendido um feixe de princípios e normas, reunidos sob o conceito, regulando unitariamente um fato ou situação jurídica, que passa a ter entidade e existência autônoma no mundo do direito.

9.6 Tal é o que ocorre com o tributo, categoria jurídico-positiva, que se engendrou sob o conceito deduzido da observação dos fenômenos produzidos no direito constitucional positivo.

9.7 O objeto do direito tributário é o estudo do direito tributário positivo ou objetivo. O instituto jurídico central desse estudo é o tributo.

Paulo Barros Carvalho assinala que a palavra tributo é empregada pelo legislador (constitucional e ordinário), pela doutrina e pela jurisprudência, com significados diversos, embora análogos: a) quantia em dinheiro; b) prestação (dever); c) direito do sujeito ativo; d) relação jurídica; e) norma; f) norma, fato e relação jurídica (*Curso de Direito Tributário*, Saraiva, 3ª ed., 1988, p. 14).

Como conceito básico, definimos tributo, instituto nuclear do direito tributário (entendido como sub-ramo do direito administrativo), como *obrigação* (relação jurídica).

9.8 Juridicamente define-se tributo como obrigação jurídica pecuniária, *ex lege*, que se não constitui em sanção de ato ilícito, cujo sujeito ativo é uma pessoa pública (ou delegado por lei desta), e cujo sujeito passivo é alguém nessa situação posto pela vontade da lei, obedecidos os desígnios constitucionais (explícitos ou implícitos).

O conceito formulado tem o mérito de – pela clausula excludente das obrigações que configurem sanção de ato ilícito – evitar a abrangência também das multas, as quais, doutra forma, ver-se-iam nele compreendidas.

9.9 No Brasil – como o demonstrou Cleber Giardino, com notável argúcia – a ampla, minuciosa e estrita disciplina constitucional das competências tributárias retira toda liberdade do legislador no fixar os aspectos das hipóteses de incidência tributária. Assim, sua materialidade só pode ser a constitucionalmente já prevista (ou de âmbito menor, sempre dentro do círculo de competência materialmente estabelecido pelos arts. 145, II, III; 149, 153 a 156).

9.9.1 Sujeito passivo só quem, nos impostos, revele capacidade econômica (art. 145, § 1º) provocando o fato ou dele participando, ou quem receba os atos de polícia ou serviços públicos (art. 145, II) ou, ainda, o proprietário imobiliário (art. 145, III).

Quanto ao aspecto temporal, só pode ser momento posterior à consumação do fato imponível (art. 150, III).

9.9.2 Não há, portanto, aqui, a liberdade legislativa registrada alhures. Se a lei tributária complementar ou ordinária escapar a tais padrões, será inconstitucional, aplicando-se-lhe, inclusive, a técnica de repressão ao desvio de poder (v. C. A. Bandeira de Mello, *RDP* 89/24 e ss.)

9.10 A análise dos termos da definição evidenciará o significado de seus elementos:

OBRIGAÇÃO – vínculo jurídico transitório, de conteúdo econômico, que atribui ao sujeito ativo o direito de exigir do passivo determinado comportamento e que a este põe na contingência de praticá-lo, em beneficio do sujeito ativo.

9.11 *PECUNIÁRIA* – circunscreve-se, por este adjetivo, o objeto da obrigação tributária: para que esta se caracterize, no direito constitucional brasileiro, há necessidade de que seu objeto seja: o comportamento do sujeito passivo consistente em levar dinheiro ao sujeito ativo.

9.12 *"EX LEGE"* – a obrigação tributária nasce da vontade da lei, mediante a ocorrência de um fato (fato imponível) nela descrito. Não nasce, como as obrigações voluntárias (*ex voluntate*), da vontade das partes. Esta é irrelevante para determinar o nascimento deste vínculo obrigacional.

9.13 *QUE NÃO SE CONSTITUI EM SANÇÃO DE ATO ILÍCITO* – O dever de levar dinheiro aos cofres (tesouro = fisco) do sujeito ativo decorre do fato imponível. Este, por definição, é fato jurídico constitucionalmente qualificado e legalmente definido, com conteúdo econômico, por imperativo da isonomia (art. 5º, *caput* e inciso I da CF), não qualificado como ilícito. Dos fatos ilícitos nascem multas e outras conseqüências punitivas, que não configuram tributo, por isso não integrando seu conceito, nem submetendo-se a seu regime jurídico.

9.14 *CUJO SUJEITO ATIVO É EM PRINCÍPIO UMA PESSOA PÚBLICA* – regra geral ou o sujeito ativo é uma pessoa pública política ou "meramente administrativa" – como bem designa às autarquias Ruy Cirne Lima. Nada obsta, porém, a que a lei atribua capacidade de ser sujeito ativo de tributos a pessoas privadas – o que, embora excepcional, não é impossível – desde que estas tenham finalidades de interesse público. Configura-se, assim, a parafiscalidade (v. Roque Carrazza, *O sujeito ativo da obrigação tributária*, 1977, pp. 25 a 33).

9.15 CUJO SUJEITO PASSIVO É UMA PESSOA POSTA NESTA SITUAÇÃO PELA LEI – a lei designa o sujeito passivo. A lei que qualifica o sujeito passivo explícito, o "destinatário constitucional tributário". Geralmente são pessoas privadas as colocadas na posição de sujeito passivo, sempre de pleno acordo com os desígnios constitucionais. Em se tratando de impostos, as pessoas públicas não podem ser sujeito passivo, devido ao princípio constitucional da imunidade tributária (art. 150, VI). Já no que se refere a tributos vinculados, nada impede que, também, pessoas públicas deles sejam contribuintes.

10. Reconhecimento do tributo

10.1 Toda vez que se depare o jurista com uma situação em que alguém esteja colocado na contingência de ter o comportamento específico de dar dinheiro ao estado (ou a entidade dele delegada por lei), deverá inicialmente verificar se se trata de:

a) multa;
b) obrigação convencional;
c) indenização por dano;
d) tributo.

10.2 Nestes quatro casos pode alguém ser devedor de dinheiro ao estado (ou, excepcionalmente, a outra pessoa – em geral pública – designada pela lei e por esta colocada na situação de sujeito ativo da prestação).

10.3 A multa se reconhece por caracterizar-se como sanção por ato ilícito. Para que alguém seja devedor de multa, é necessário que algum comportamento anterior seu tenha sido qualificado como ato ilícito ao qual a lei atribuiu a conseqüência de dar nascimento à obrigação de pagamento de dinheiro ao estado, como punição, ou conseqüência desfavorável daquele comportamento.

10.4 Por outro lado, tendo as pessoas públicas capacidade para a prática de negócios jurídicos convencionais, pode dar-se – e freqüentemente ocorre – que diversas pessoas sejam colocadas na situação jurídica de devedoras de pessoas públicas, a título de aluguel, compra, mútuo etc.

10.5 Formalmente, o vínculo jurídico, neste caso, é idêntico ao correspondente a tributo. Em ambos os casos tem-se uma obrigação pecuniária nítida.

Como distinguir, pois, o tributo das anteriores figuras?

10.6 Conforme já vimos, aplicando a definição de tributo e verificando se a figura em causa corresponde ou não às suas notas típicas.

10.7 O fulcro do critério do discrímen está primeiramente no modo de nascimento da obrigação. Se se tratar de vínculo nascido da vontade das partes, estar-se-á diante de figura convencional (*obligatio ex voluntate*), mútuo, aluguel, compra e venda etc. Isto permite discernir a obrigação tributária das obrigações convencionais.

10.8 Se, pelo contrário, o vínculo obrigacional nascer independentemente da vontade das partes – ou até mesmo contra essa vontade – por força da lei, mediante a ocorrência de um fato jurídico lícito, então estar-se-á diante de tributo, que se define como obrigação jurídica legal, pecuniária, que não se constitui em sanção de ato ilícito, em favor de uma pessoa pública. Ter-se-á obrigação de indenização por dano, se o fato de que nascer a obrigaçao for ilícito.

10.9 Será tributo, pois, a obrigação pecuniária, legal, não emergente de fatos ilícitos, em princípio. Estes fatos ilícitos podem ser geradores de multa ou de obrigação de indenizar.

10.10 A multa se caracteriza por constituir-se em sanção aflitiva, de um preceito que impõe um comportamento determinado. A indenização é mera reparação patrimonial, a título de composição de dano, segundo o princípio geral do direito, de acordo com o qual quem causar prejuízo a outrem é obrigado a indenizar.

Em outras palavras: o tributo não é sanção por violação de nenhum preceito, nem reparação patrimonial. Com estas delimitações é que se deve entender o conceito de tributo, adotado pelo direito constitucional brasileiro.

10.11 Considerando-se que a norma jurídica pode ser apresentada como tendo três partes: 1) hipótese; 2) mandamento e 3) sanção, será tributo a obrigação de pagar dinheiro ao estado prevista no (2) mandamento. Não será tributo obrigação prevista na (3) sanção.

11. O direito tributário se forma em torno do conceito de tributo (que é constitucionalmente pressuposto)

11.1 O conceito de tributo é o centro da construção sistemática que se designa por direito tributário. Este sub-ramo do direito administrativo não goza de autonomia científica, mas só didática. É dizer:

só por comodidade didática se justifica o trato específico deste capítulo do direito administrativo

11.2 O direito tributário é um sistema conceptual que se constrói a partir do conceito de tributo que, por sua vez, só pode ser erigido juridicamente, num contexto determinado, informado por princípios que o transcendem, já que de natureza constitucional.

11.3 O tributo é um conceito primário, que funciona como categoria dentro do sistema de conhecimentos que forma esse segmento do direito administrativo.

11.4 A esse conceito fundamental se aplicam, com propriedade, as ponderações de Lourival Vilanova: "Em todo sistema conceptual, existe um grupo de conceitos fundamentais, cuja amplitude cobre todo o território científico sobre o qual dito sistema repousa. E tem de haver um conceito primário, fundamento de todos os demais conceitos. Esse conceito primário e fundamental tem a função de uma categoria do pensamento. De uma parte, delimita o campo de objetos, próprio da ciência, de outra, articula a multiplicidade dos conceitos numa coerente sistematização lógica. É o conceito fundamental que configura a esfera de realidade, objeto de cada ciência. A objetividade não é uniforme, homogênea. Ao contrário, está constituída por aspectos heterogêneos e irredutíveis. Mas, longe de esses diversos aspectos se apresentarem separados, destacados em sua espécie, aparecem combinados, travando relações diversas, condicionando-se ou opondo-se. O pensamento vê-se, então, na contingência de proceder selecionando, delimitando os vários tipos de objetos. Isto só é possível mediante um conceito fundamental, em cuja forma lógica a objetividade se enquadre" (Lourival Vilanova, *Sobre...*, p. 18).

***11.5* O âmbito do conceito (no Brasil, constitucional) de tributo dá o critério de delimitação da extensão material do direito tributário. Nenhuma lei (nem mesmo complementar) pode ampliar ou reduzir tal âmbito.**

11.6 O ínclito Cirne Lima propõe sugestiva figura para mostrar como se delimita o campo do direito administrativo, como gênero: "Produz o princípio de utilidade pública a formação do direito administrativo, como qualquer acidente do terreno pode causar a formação de um cômoro nas praias do mar. É suficiente que uma saliência mínima enrugue o chão liso. Sobre ela, batidas pelo vento, logo as areias se acumulam e já o acúmulo das primeiras suplanta a saliência primitiva que o vento tange. Tal é, com efeito, o processo de formação de todo direito especial" (*Princípios de Direito Administrativo*, Sulina, 1964, p. 17).

11.7 Pois, a subespécie desse ramo, designada direito tributário, surge da mesma forma fazendo as vezes de seu cômoro genético o conceito de tributo, que está fora e acima (porque constitucional) do alcance da lei infraconstitucional.

Em termos de filosofia do direito, tributo é a categoria que enucleia este sub-ramo:

11.8 "Em torno do conceito fundamental se agrupa toda uma classe de conceitos que, se bem subordinados àquele, gozam, contudo, de uma função categorial. Toda espécie de conhecimento científico particular dispõe de um conjunto de conceitos com esse caráter lógico. O conceito fundamental demarca logicamente um setor definido da objetividade; é um esquema abstrato dentro do qual se enquadra uma região ontológica. Necessariamente, toda região tem o seu correspondente conceito, conceito esse que, no processo gnosiológico, funciona como uma categoria" (Vilanova, *Sobre o conceito de direito*, p. 20).

No direito tributário, esse conceito fundamental é o tributo que, nesse setor, funciona como categoria (conceito básico e nuclear desse sub-ramo do direito administrativo).

11.9 Ao cuidar do conceito de tributo, o jurista deve ter a mesma cautela de que se cercou Ferrara ao tratar do conceito de pessoa. Advertiu o insigne mestre que a palavra pessoa tem pelo menos três acepções: 1) biológica = homem; 2) filosófica = ser racional capaz de se propor fins e realizá-los; e 3) jurídica = sujeito de obrigações e direito. É imperioso distinguir a palavra em suas acepções, a fim de evitar trágicos equívocos. "A personalidade" – diz Ferrara – "é um produto da ordenação jurídica, que surge graças ao reconhecimento de direito objetivo. A pessoa individual, o sujeito físico não é pessoa por natureza, mas por obra da lei".

11.10 O tributo é, juridicamente, um instituto criado pela ordenação jurídica. Pode ou não ser semelhante aos conceitos extrajurídicos designados pela mesma palavra, em outros setores do conhecimento.

11.11 Não pode o jurista estudar as características e propriedades do tributo, senão tais como configuradas pelo direito positivo (no Brasil, constitucional). Tais características e propriedades são puramente jurídicas. Uma entidade do mundo do direito não pode ter propriedades não jurídicas. A confusão entre o pré-jurídico e o jurídico só pode conduzir a perplexidades e terríveis erronias.

11.12 Juan Manuel Teran, insigne jurista mexicano, expõe com muita felicidade a distinção entre os conceitos lógico-jurídicos (que são conceitos apriorísticos), fórmulas de apreensão de realidade jurídica genérica, e os conceitos jurídico-positivos (conceitos *a posteriori*), que só podem ser construídos em face de um determinado sistema, por terem sua validez restrita no tempo e no espaço (*Filosofía del Derecho*, pp. 81 e ss.), como é o conceito de tributo do direito constitucional brasileiro, hoje.

11.13 O conceito de tributo é nitidamente um conceito jurídico-positivo. Há de ser formulado, hoje, de modo diverso, relativamente ao passado. Sofreu evolução. Pode modificar-se e até desaparecer. Aquele, aqui vigente, pode não ser extensível a todos os sistemas atuais. Sua compreensão é maior ou menor aqui e alhures. Como todo conceito jurídico-positivo, é mutável, por reforma constitucional.

Efetivamente, nele se compreenderam, no passado, as corvéias (serviços) e bens outros (trigo, vinho, tecidos etc.) que não o dinheiro. Há sistemas atuais que o formulam de modo mais amplo que o nosso (v. *I doveri pubblici individuali nella Costituzione*, 1968, Carmelo Espósito, pp. 103 a 177).

No Brasil, hoje, o seu termo de referência é o dinheiro. Não se sabe como será no futuro. Enfim, é conceito contingente, ao contrário dos conceitos lógico-jurídicos, que são necessários, permanentes, universais e transcendentais ao próprio querer constituinte.

12. Direito tributário como capítulo do direito administrativo

12.1 O estudo do direito tributário material responde às questões: quem deve pagar; quanto e a quem se deve pagar; quando surge a contingência de pagar. Já as questões: como se deve pagar; que ocorrerá se não se pagar, quais as conseqüências da fuga ao dever de pagar; que procedimentos se podem adotar para impugnar exigência de pagamento irregular etc., não são de direito tributário material, mas de direito administrativo tributário.

A norma jurídica tributária encerra, pois, em síntese e principalmente, o mandamento "pague dinheiro ao estado".

12.2 Em tempos não muito remotos, o conteúdo desta exigência era mais amplo; tal era o mandamento: dê ao estado determinado bem, preste-lhe determinado serviço etc.

A evolução política e social, deixou superados esses objetos do comportamento exigido pelas normas tributárias, o que demonstra quão contingente é o conceito de tributo, como de toda categoria jurídico-positiva.

Daí a circunscrição da validade do conceito de tributo a época e local determinados.

12.3 Modernamente, é universal o fenômeno da circunscrição da noção de tributo à referibilidade ao comportamento que tem por objeto a entrega de dinheiro aos cofres públicos. Tal é a postura da Constituição de 1988.

E assim, só as normas que impõem este comportamento constituem o direito tributário material.

12.4 As que criam obrigações e deveres de outro tipo, contemplando comportamentos com outros objetos, convencionou-se discernir, por razões didáticas, das propriamente tributárias. Integram de modo geral o direito administrativo (requisições). Excelente estudo sistemático destas prestações e seu regime jurídico foi feito no clássico *Le Prestazioni Obbligatorie in Natura dei Privati alle Pubbliche Amministrazione*, de Lucifredi, notável administrativista italiano.

12.5 Cientificamente, não há distinção possível entre a matéria tributária e a administrativa, porque ontologicamente os respectivos sistemas de normas obedecem ao mesmo regime, informam-se pelos mesmos princípios gerais e adotam as mesmas categorias e institutos gerais. São relações entre parte e todo (sobre o regime jurídico administrativo, v. Celso Antônio Bandeira de Mello, *Curso de Direito Administrativo*, 12ª ed., Malheiros Editores, 2000, pp. 25 a 55).

12.6 Didática e praticamente, se convencionou discernir a parte (direito tributário) do todo (direito administrativo), pelo isolamento do instituto fundamental daquele (o tributo). Reconhece-se o subsistema direito tributário, dentro do sistema positivo de direito administrativo.

12.7 Em torno dessa noção, se construiu a ciência do direito tributário, com autonomia didática, a qual tem por objeto o estudo do direito tributário objetivo, que se compõe das normas que regulam a tributação (ação tributária, privativamente estatal), o tributo e as relações jurídicas entre tributante e tributados, em razão da tributação. Núcleo, base, ponto de partida e fundamento imediato dessas normas é a Constituição.

Isto posto, podemos voltar a tratar da estrutura estática das normas jurídicas, para, em seqüência, proceder às devidas aplicações destes conceitos universais e propedêuticos ao direito tributário.

13. *Estrutura das normas jurídicas*

13.1 Sabemos que não somos obrigados a obedecer a todos os milhões de comandos jurídicos em vigor. Na verdade, cada um de nós só é obrigado a obedecer aos mandamentos cujas hipóteses nos contemplam inequivocamente. Só quando uma hipótese legal colhe uma pessoa, é ela obrigada a obedecer ao respectivo mandamento.

13.2 Com efeito, a estrutura das normas jurídicas é complexa; não é simples, não se reduz a conter um comando pura e simplesmente. Toda norma jurídica tem hipótese, mandamento e sanção. Verificada a hipótese, o mandamento atua, incide.

13.3 Acontecido o fato previsto na hipótese da lei (hipótese legal), o mandamento, que era virtual, passa a ser atual e se torna atuante, produtivo dos seus efeitos próprios: exigir inexoravelmente (tornar obrigatórios) certos comportamentos, de determinadas pessoas.

13.4 Leciona Kelsen: "Se o direito é uma ordenação (sistema de normas) coativa, cada norma jurídica prescreve e regula o exercício da coação. Sua essência se traduz em uma proposição na qual se enlaça um ato coativo, como conseqüência jurídica, a um determinado pressuposto de fato ou condição" (*Teoría General del Estado*, trad. L. Legaz Lacambra, Ed. Nacional, México, p. 62).

13.5 A relação específica, de natureza puramente jurídica, entre a hipótese normativa e o mandamento, Kelsen designa, por "imputação", "*enlace formal entre os fatos condicionante e condicionado*", relação normativa – e não nexo causal – resultante da vontade do legislador.

Esta imputação não indica outra coisa senão que o ato coativo, como conseqüência, está enlaçado, em sentido especificamente jurídico, com o fato que condiciona sua aplicação.

13.6 O direito positivo não é tão simples, não contém somente comandos. O direito qualifica juridicamente coisas e pessoas, atribuindo-lhes qualidades jurídicas, às quais imputa efeitos jurídicos os mais variados. Esta complexidade, aliada à necessária conexão, também imputada (em termos kelsenianos) entre os comandos e as sanções, é que determina a estrutura lógica virtual das normas jurídicas.

Esta verificação, tão bem formulada por Kelsen, enseja ver que a tarefa mais importante da ciência do direito está no estudo da hipótese legal.

13.7 Enquanto não ocorra o fato descrito na hipótese, o mandamento fica em suspenso, não incidindo. Sua incidência é condicionada à ocorrência do fato previsto na respectiva hipótese. Averiguar-se, em cada caso, se ocorreu fato subsumido à hipótese é fundamental, para apurar-se se houve ou não incidência do mandamento.

13.8 Há uma norma peremptória que ordena, por exemplo: "alimente sua mulher e seus filhos". Esta norma é de observância universal. Só quem se enquadre na hipótese, é por ela colhido. Assim ela deve ser entendida hipoteticamente. O comando é condicionado a um se.

"*Se* for casado, alimente sua mulher; se tiver filhos, alimente-os"; ou "na hipótese de ser casado ...; na hipótese de ter filhos...".

13.9 Outra diz: "pague suas dívidas". Evidentemente, esta norma só colhe quem tem dívidas. Assim deve ser entendida "na hipótese de ter dívidas, pague-as"; "*se* tiver dívidas, pague-as".

13.10 Outra, ainda, dispõe: "faça o serviço militar"; evidentemente, na hipótese de ser do sexo masculino, ter idade, condições de saúde etc., na forma da hipótese legal. Só há o dever, *se* se dão os fatos da respectiva hipótese.

13.11 Assim, os comandos que nas normas jurídicas se contêm só incidem *se* e quando da ocorrência dos fatos previstos nas hipóteses a que são vinculados. E só colhem os comportamentos das pessoas contempladas pelas hipóteses (isto é, nelas enquadradas).

Só quem esteja abrangido pela hipótese é colhido pelo respectivo mandamento.

13.12 Esta técnica é universal ao direito e demais sistemas de normas de comportamento (religiosas, éticas, de etiqueta). Tal é a feição de toda e qualquer norma, inclusive a jurídica. Não importando o ramo ou matéria de que cuida a norma, sua estrutura é sempre tal, reconhecível logicamente.

13.13 Diversa não é a lição de Souto Maior Borges: "Analisada sob o prisma de sua estrutura lógica, toda norma jurídica, inclusive a norma tributária, se decompõe em uma hipótese de incidência ou previsão hipotética (suporte fático, fato gerador, *fattispecie*, *Tatbestand*) e uma regra ou preceito (regra de conduta). Como se acentuou, a incidência da regra jurídica é infalível, mas somente ocorre depois de realizada a sua hipótese de incidência" (*Isenções Tributárias*, Sugestões Literárias, 1969, p. 176).

13.14 Outra coisa não é o que afirma o insigne Alvino Lima, quando escreve: "As regras jurídicas são obrigatórias por essência, mas não temos obrigação de respeitá-las senão quando reunidas as condições de sua aplicação..." (*A fraude no Direito Civil*, 1965, p. 49). Quer dizer: só se verificada sua hipótese de incidência.

14. Sanção

14.1 A sanção não é sempre e necessariamente um castigo. É mera conseqüência jurídica que se desencadeia (incide) no caso de ser desobedecido o mandamento principal de uma norma. É um preconceito que precisa ser dissipado – por flagrantemente anticientífico – a afirmação vulgar, infelizmente repetida por alguns juristas, no sentido de que a sanção é castigo. Pode ser, algumas vezes. Não o é muitas vezes. Castigo, pena, penalidade é espécie do gênero sanção jurídica. Nem toda sanção é castigo, embora todo castigo (espécie) seja sanção.

14.2 O notável jurista argentino Augustin Gordillo o explica com seu admirável rigor, em tom categórico: "... as sanções nem sempre são penas (privação de liberdade, vida ou propriedade, a título não de reparação mas de castigo), posto que podem consistir no estabelecimento de uma relação jurídica nova, a extinção de uma relação jurídica preexistente, ou a execução coativa do dever jurídico violado. Querendo-se, em todos os casos há um *aliquid* de castigo, mas deve-se notar que salvo no caso do direito penal, o mais importante na sanção – ou "específica reação do direito ante a violação de um dever jurídico" – não é o castigo, mas a aplicação forçada do objeto do direito, vale dizer, o cumprimento ou execução coativa do dever não cumprido" (*Introducción al Derecho Administrativo*, 2ª ed., 1966, Abeledo-Perrot, Buenos Aires, pp. 69-70).

14.3 A sanção das normas tributárias é complexa. Consiste no desencadeamento de inúmeros outros preceitos jurídicos.

Descumprindo o mandamento "pague $ 1,00 ao estado", incidem automaticamente os preceitos que incrementam o volume do débito com juros, multas, correção monetária etc., e têm lugar procedimentos tendentes a preparar a execução coativa do total assim devido.

15. Divergência doutrinária quanto à estrutura da norma

15.1 Paulo Barros Carvalho pensa de modo ligeiramente diverso, não obstante suas conclusões, para efeito prático, conduzam a idênticos resultados que os obtidos com a adoção da nossa tese. Escreve esse estudioso: "Nada obstante, quer parecer-me que a sanção não integra a estrutura estática da norma jurídica. É outra norma de direito, com outra hipótese de incidência e outro mandamento. Tomemos um exemplo no campo tributário.

"Norma A: – hipótese de incidência: vender mercadorias – preceito: pague 15% sobre seu valor.

"Norma B: – hipótese de incidência: não cumprimento da (sanção) norma A – preceito: pague o imposto devido mais a multa de 100%.

15.2 "Vê-se que são regras diversas, na medida em que têm hipótese de incidência e mandamentos diversos.

"É noção cediça que toda classificação só tem valor realmente científico na proporção em que conduz a conseqüências de natureza prática. Essa colocaçao, inobstante, tem a virtude de demonstrar que a regra jurídica – analisada em si mesma, como realidade independente do todo sistemático em que se insere – não apresenta qualquer significação, porque destituída da coatividade, que só a ordenação total lhe pode conferir. Ao mesmo tempo, é confirmação irrefutável da unidade do sistema jurídico, como um todo incindível, indivisível. É demonstração eloqüente do cânone da totalidade do sistema jurídico.

15.3 "Se nos fora possível isolar algo que pudesse apresentar todos os elementos estruturais do sistema jurídico, só por isso, estaríamos reconhecendo outra unidade e, por conseguinte, haveria de ser o reconhecimento da divisibilidade do sistema. A ordenação jurídica total deixaria de ser una, indivisível, para ser formada de tantas partes quantas fossem as unidades isoladas.

15.4 "Desse modo, quando não traga conseqüências práticas sensíveis, haverá de ser, tal colocação, meio seguro de reafirmar princípio fundamental e vestibular da ciência jurídica, qual seja o de que a ordenaçao do direito forma um sistema pleno, unitário" ("A relação jurídica tributária e as impropriamente chamadas "obrigações acessórias", in *RDP* 17/382).

16. Incidência

16.1 Costuma-se designar por incidência o fenômeno especificamente jurídico da subsunção de um fato a uma hipótese legal, como conseqüente e automática comunicação ao fato das virtudes jurídicas previstas na norma.

16.2 Com as cautelas que as comparações impõem, é fenômeno parecido com uma descarga elétrica sobre uma barra de ferro. Recebendo a descarga, a barra passa a ter a força de atrair metais. Substancialmente, a barra persistirá sendo de ferro. Por força, entretanto, da descarga, adquirirá a propriedade de ser apta a produzir esse específico efeito de ímã. Incidência é a descarga elétrica.

16.3 A incidência do preceito normativo torna jurídico um fato determinado, atribuindo-lhe conseqüências jurídicas. Como o diz Pontes de Miranda, tratando do suporte fático, terminologia que introduziu oportunamente na nossa doutrina: "Para que os fatos sejam jurídicos, é preciso que regras jurídicas, isto é, normas abstratas, incidam sobre eles, desçam e encontrem os fatos colorindo-os, fazendo-os "jurídicos" (*Tratado de Direito Privado*, v. I, 2ª ed., p. 6, Borsoi, 1954).

16.4 A norma tributária, como qualquer outra norma jurídica, tem sua incidência condicionada ao acontecimento de um fato previsto na hipótese legal, fato este cuja verificação acarreta automaticamente a incidência do mandamento.

16.5 Ocorrido o fato "João receber honorários", incide o mandamento "quem receber honorários pagará 10% ao estado".

Hensel expressa, com a segurança e síntese que lhe são características: "O comando: deves pagar imposto é sempre condicionado à frase: se realizas o fato imponível..." (*Diritto Tributario*, Giuffrè, Milão, 1956, p. 148, trad. de Dino Jarach). Do que se vê que a incidência do comando "pague" dá-se pelo acontecimento do fato previsto na respectiva hipótese.

16.6 Três notáveis contribuições devem ser assinaladas, relativamente ao estudo mais aprofundado do tema da incidência da norma tributária: a de Alfredo Becker (1965), a de Souto Maior Borges (1969) e a de Paulo Barros Carvalho (1972).

16.7 Voltam sua preocupação, esses conceituados autores, para a essência do fenômeno fundamental que se põe como fulcro de toda construção do direito tributário. Não é sem relevo a circunstância de serem eles exímios estudiosos da teoria geral do direito. Felicitamo-nos por ter chegado a resultado semelhante, embora sem percorrer os mesmos caminhos.

16.8 Souto Maior Borges – investigando em profundidade o instituto da isenção – deixou, em linguagem incisiva e candente, sua censura, cujo alcance transcende aos próprios escritores e estudiosos pátrios:

16.9 "No campo do direito tributário, poucos assuntos foram tratados com tanta superficialidade teórica como o da incidência. Esta superficialidade é responsável pelos erros em que incorreu a análise das isenções" (ob. cit., p. 176).

A raiz das deficiências da nossa literatura, legislação e jurisprudência está na equivocada premissa da autonomia do direito tributário, que tanto atraso causou ao desenvolvimento de nossa prática, pela insegurança jurídica que aqui se instaurou. A conseqüência dessa posição tem sido o olvido da raiz constitucional desse ramo do direito administrativo e a incapacidade da doutrina de colocar adequadamente os problemas, para, então, oferecer-lhes solução, sempre a partir de dados positivos constitucionais.

Recordemos que os elaboradores do código tributário alemão (RAO), bem como os primeiros juízes do Tribunal Financeiro (RFM), construtores da sólida doutrina jurídico-tributária germânica foram professores e doutores em direito constitucional e administrativo. Por isso, desde 1920, na Alemanha, não se fala em autonomia do direito tributário. Recordemos que, na

Itália, quando os publicistas (constitucionalistas, administrativistas e até processualistas, como Gian Antonio Micheli) passaram a cuidar do direito tributário, superou-se tal infantil premissa.

Enquanto, no Brasil, não secundarmos as lições de Alfredo Becker, Souto Borges, Cleber Giardino e Paulo Barros Carvalho, abandonando essa postura primária, não teremos uma boa doutrina, que suporte correta legislação e adequada jurisprudência que nos ofereça segurança jurídica, condicional do grau de civilização que a Constituição de 1988 propõe-nos (v. Paulo B. Carvalho, *Curso...*, 3ª ed., p. 134).

SEGUNDA PARTE

ASPECTOS DA HIPÓTESE DE INCIDÊNCIA TRIBUTÁRIA

Capítulo Único

ASPECTOS DA HIPÓTESE DE INCIDÊNCIA TRIBUTÁRIA

17. Norma tributária. 18. Questão terminológica. 19. Hipótese de incidência como conceito legal. 20. Universalidade do conceito de h.i. 21. Unidade lógica da hipótese de incidência. 22. Fato imponível. 23. Fato imponível e sua subsunção à hipótese de incidência. 24. Nascimento da obrigação tributária. 25. Subsunção. 26. Fato imponível como fato jurídico e não ato jurídico. 27. Caráter unitário do fato imponível. 28. Aspectos da hipótese de incidência. 29. Aspecto pessoal. 30. Sujeito ativo. 31. Parafiscalidade. 32. Sujeito passivo. Desdobramentos do tema. 33. Sujeito passivo nos tributos vinculados. 34. Sujeição passiva indireta. 35. Aspecto temporal. 36 Colocação tradicional do tema. 37. Classificação dos impostos baseada no aspecto temporal da h.i. 38. Crítica ao critério de classificação. 39. Classificação científica das h.i quanto ao aspecto temporal. 40. Aspecto espacial. 41. Aspecto material. 42. Base imponível (questão terminológica). 43. Definição de base imponível. 44. Alíquota. 45. Alíquota e taxa. 46. Determinação do "quantum debetur". 47. Dinâmica da obrigação tributária.

17. Norma tributária

17.1 Direito tributário objetivo é o conjunto de normas jurídicas que regula a tributação, entendendo-se por tributação a ação estatal de tributar (isto é, de exigir tributos). Para que este conceito, provisório, não seja tautológico, mister se faz ter presente o conceito de tributo, examinado anteriormente.

17.2 O conceito jurídico de tributo é eminentemente formal. Como todos os conceitos jurídico-positivos – tal como conceituados por Celso Antônio Bandeira de Mello (v. *Natureza e Regime Jurídico das Autarquias*, pp. 77 e ss.) – só pode ser formulado a partir do desenho legal construído discricionariamente pelo legislador constituinte (já que, no Brasil, a Constituição adotou implicitamente um conceito de tributo, que o legislador infraconstitucional não pode alterar).

17.3 Dizendo-se que se trata de obrigação pecuniária, já se deixa claro seu objeto: a transferência de (comportamento do sujeito passivo consistente em "transferir") dinheiros. O cunho obrigacional já é salientado no enunciado, que mais se circunscreve e melhor se define quando se sublinha tratar-se de vínculo *ex lege*, isto é, resultante da vontade da lei, com abstração ou prescindência da vontade dos sujeitos afinal ligados pelo laço jurídico. Por derradeiro, completam o conceito de tributo tanto a noção do sujeito passivo, como sendo alguém submetido à lei, como a noção de sujeito ativo como pessoa pública, em regra (porque excepcionalmente o sujeito ativo pode ser pessoa privada, desde que delegada pela lei).

17.4 É norma tributária – compondo o conjunto que se convencionou designar direito tributário material – a que trata do tributo, na sua configuração e dinâmica, e rege o relacionamento que o instituto enseja estabelecer entre os sujeitos da obrigação tributária e dos deveres de contorno (assim designados por Renato Alessi).

17.5 Como afirmado, a estrutura de todas as normas do direito tributário é idêntica à das demais normas jurídicas, sendo passíveis de igual tratamento técnico.

Há um tipo de norma que forma o centro do direito tributário, em torno da qual todo ele se estrutura: é a que contém a descrição do fato a que se imputa o comando "entregue a importância x de dinheiro ao estado".

17.6 É evidente que não identifica a norma tributária o seu comando, porque outros casos há, de situações não tributárias, em que o comando é também esse, como em todas as situações em que alguém lhe cause (ao estado) dano e seja obrigado a indenização; ou de quem lhe adquire um bem ou serviço contratualmente e deva proceder ao respectivo pagamento; de quem, por infringir uma disposição legal, se torne devedor de multa.

17.7 Para ser possível isolar a norma tributária, mister se faz excluir, de um lado, as situações contratuais, cuja hipótese se perfaz pelo decisivo concurso da vontade livre das partes e, de outro lado, a sanção por ato ilícito, configuradora da multa, ou da obrigação de indenizar.

17.8 Em outras palavras, a norma cuja hipótese se refira à criação de obrigação por virtude de livre manifestação de vontade dos sujeitos, voltada precipuamente para a constituição de vínculo, não é tributária, e a obrigação nela baseada não é tributo. Nem é tributo a obrigação que, não obstante *ex lege*, configura sanção de ato ilícito.

17.9 Para que de tributo se trate, é mister que o comando "pague dinheiro ao estado" seja preso à hipótese "se acontecer um fato X, que não seja ilícito".

Ao legislador incumbe descrever esses fatos, com a discricionariedade que o sistema constitucional lhe concede (arts. 145, 153 a 156 da Constituição de 1988).

17.10 Em suma: se a norma jurídica tem a seguinte estrutura: 1) hipótese, 2) mandamento, 3) sanção, só é obrigação tributária a que nasce por força do (2) mandamento. Aquelas obrigações pecuniárias que decorrem da (3) sanção, não são tributárias.

Pois este comando só é obrigatório para a pessoa contemplada na hipótese legal; e só quando se configure, concreta e atualmente, o fato ou estado de fato previsto na respectiva hipótese.

O estudo desta hipótese, em nível conceptual, tal como se configura no direito tributário, é o objeto deste trabalho: examinar-lhe a estrutura, principais características e função, nos seus aspectos dinâmicos e estáticos.

18. Questão terminológica

18.1 Tributo é a expressão consagrada para designar a obrigação *ex lege,* posta a cargo de certas pessoas, de levar dinheiros aos cofres públicos. É o nome que indica a relação jurídica que se constitui no núcleo do direito tributário, já que decorre daquele mandamento legal capital, que impõe o comportamento mencionado.

Esta relação jurídica – que reveste todas as características estruturais da obrigação – por corresponder à categoria das obrigações *ex lege,* surge com a realização *in concretu,* num determinado momento, de um fato, previsto em lei anterior e que dela (lei) recebeu a força jurídica para determinar o surgimento desta obrigação.

18.2 Assim, uma lei descreve hipoteticamente um estado de fato, um fato ou um conjunto de circunstâncias de fato, e dispõe que a realização concreta, no mundo fenomênico, do que foi descrito, determina o nascimento de uma obrigação de pagar um tributo.

Portanto, temos primeiramente (lógica e cronologicamente) uma descrição legislativa (hipotética) de um fato; ulteriormente, ocorre, acontece, realiza-se este fato concretamente.

18.3 A obrigação só nasce com a realização (ocorrência) deste fato, isto é: só surge quando este fato concreto, localizado no tempo e no espaço, se realiza (*pressuposto, fattispecie, hecho imponible, hecho generador, Tatbestand, presupuesto de hecho, fait générateur*) (Misabel Derzi aprofunda, com rigor, o significado conceitual de *Tatbestand,* ao cuidar do "modo da pessoa tipificante", no seu excelente *Direito tributário, direito penal e tipo,* Ed. RT, 1988, pp. 45 e ss.).

18.4 A doutrina tradicional, no Brasil, costuma designar por fato gerador tanto aquela figura conceptual e hipotética – consistente no enunciado descritivo do fato, contido na lei – como o próprio fato concreto que, na sua conformidade, se realiza, *hic et nunc,* no mundo fenomênico.

Ora, não se pode aceitar essa confusão terminológica, consistente em designar duas realidades tão distintas pelo mesmo nome.

Não é possível desenvolver trabalho científico sem o emprego de um vocabulário técnico rigoroso, objetivo e unívoco. Por isso parece errado designar tanto a previsão legal de um fato, quanto ele próprio, pelo mesmo termo (fato gerador).

18.4.1 Tal é a razão pela qual sempre distinguimos estas duas coisas, denominando "hipótese de incidência" ao conceito legal (descrição legal, hipotética, de um fato, estado de fato ou conjunto de circunstâncias de fato) e "fato imponível" ao fato efetivamente acontecido, num determinado tempo e lugar, configurando rigorosamente a hipótese de incidência.

18.4.2 Hugo de Brito Machado também assim pensa: "a expressão *hipótese de incidência* designa com maior propriedade a descrição, contida na lei, da situação necessária e suficiente ao nascimento da obrigação tributária, enquanto a expressão *fato gerador* diz da ocorrência, no mundo dos fatos, daquilo que está descrito na lei. A *hipótese* é simples descrição, é simples previsão, enquanto o *fato* é concretização da hipótese, é o acontecimento do que fora previsto" (in *Curso de Direito Tributário,* Malheiros Editores, 16ª ed., 1999, p. 102).

18.5 A questão terminológica, aqui posta, tem atormentado, como visto, os nossos cientistas mais preocupados com o rigor conceitual que nossos estudos impõem. Por isso, o ínclito Rubens Gomes de Sousa, ao se referir a fato gerador, viu-se compelido a esclarecer, entre parêntesis: "concretização da definição legal da hipótese abstrata de incidência" ("Sujeito passivo das taxas", in *RDP* 16/350), ou a ele se refere como "fato gerador abstrato" (h.i.), em oposição a "fato gerador concreto".

18.6 A expressão fato gerador, predominantemente adotada por nossa doutrina, jurisprudência e legislação é merecedora das mais acerbas críticas. A. Becker, Souto Maior Borges, Amílcar Falcão e Paulo Barros Carvalho também censuram a expressão e reprovam sua adoção. A. Becker levou sua coerência até o ponto de rejeitá-la.

18.7 Deve-se esta terminologia, entre nós consagrada, de fato gerador, ao extraordinário prestígio de um dos maiores publicistas franceses, Gaston Jèze, cujas lições tiveram notável divulgação entre nós, tendo, aliás, contribuído para o incremento dos estudos científicos de direito tributário, no Brasil. Um seu artigo, publicado na *RDA* denominado "O fato gerador do imposto", marcou época e determinou imediata e total adesão a esta terminologia (*RDA* 2/50).

18.8 Este vício terminológico tem uma explicação psicológica, que deve ser a mesma que determinou, no direito penal, com relação à expressão "crime", uma equivocidade nominal, já que crime designa a descrição hipotética legal de um fato, da mesma forma que designa a própria prática daquele fato.

Quanto a nós, preferimos repudiar a expressão, levando as razões de rejeição até as últimas conseqüências: substituímo-la por hipótese de incidência, a exemplo de Becker, mas distinguimo-la do fato concreto que a ela se subsume.

18.9 Duas realidades distintas – quais sejam, a descrição hipotética e a concreta verificação – não devem ser designadas pelo mesmo termo. Esta terminologia equívoca é generalizada. Para efeitos didáticos, entretanto, e para bem discernir as duas hipóteses, tão distintas, julgamos conveniente designar a descrição legal, portanto hipotética, dos fatos idôneos para gerar a obrigação tributária, por hipótese de incidência. (Barros Carvalho optou por hipótese tributária, v. *Curso*, p. 134).

18.10 Há, portanto, dois momentos lógicos (e cronológicos): primeiramente, a lei descreve um fato e di-lo capaz (potencialmente) de gerar (dar nascimento a) uma obrigação. Depois, ocorre o fato; vale dizer: acontece, realiza-se.

Se ele revestir as características antes hipoteticamente descritas (previstas) na lei, então determina o nascimento de uma obrigação tributária colocando a pessoa (que a lei indicou) como sujeito passivo, ligado ao estado até obter a sua liberação, pela prestação do objeto da obrigação (tendo o comportamento de levar aos cofres públicos a quantia de dinheiro fixada pela lei).

Preferimos designar o fato gerador *in abstracto* por "hipótese de incidência" e *in concretu* por "fato imponível", pelas razões já expostas.

18.11 Perez de Ayala formula idêntica observação, embora não ofereça sugestão para solução da questão: "Sói empregar-se o termo "fato imponível" para designar tanto o conceito legal (fato imponível em abstrato) como a realização desse conceito legal (fato imponível real ou concreto). Já vimos como nos arts. 23 e 25 da lei geral tributária (espanhola) emprega-se a expressão "fato imponível" para designar ambas as noções" (*Derecho Tributario*, 1968, Madri, Ed. de Derecho Financiero, p. 150).

A adoção de uma só expressão – seja fato gerador ou outra qualquer – leva o escritor a situações difíceis. Até mesmo um jurista do porte de A. Becker se vê na contingência de ter que referir-se a "hipótese realizada" o que é um contra-senso, pois, se se trata de fato já acontecido, não é mais hipótese, e vice-versa.

18.12 Ao conceituar fato gerador, Hensel (ob. cit., p. 72) se vê forçado a frisar a dúplice perspectiva a que o termo se refere. Por isso, se vê obrigado a explicar "é o complexo de pressupostos abstratos, contidos nas normas tributárias materiais" (para nós, isso é hipótese de incidência) "de cuja concreta existência – realização do fato gerador – derivam determinadas conseqüências jurídicas".

18.13 E sublinha "o fato gerador é, por assim dizer, a imagem abstrata do concreto estado de coisas". Isto decorre da dificuldade terminológica resultante da equivocidade da expressão fato gerador, que nós pensamos ter superado. Efetivamente, Hensel viu-se obrigado a assinalar a diferença essencial entre a "imagem abstrata e hipotética contida na lei" e o "estado de coisas" (fato imponível) *realizado,* ocorrido efetivamente.

18.14 Tudo isto foi intuído com nitidez por Souto Maior Borges, com sua proverbial acuidade, quando escreveu, no seu clássico e primoroso *Isenções Tributárias*: – "A incidência supõe a regra jurídica e o fato, ou fatos sobre os quais ela incide, tornando-os fatos jurídicos... – "A norma jurídica enuncia abstratamente os fatos a cujo acontecimento condiciona a produção de efeitos jurídicos... "Suporte fático ou fato-conteúdo é o acontecimento legalmente previsto para que a regra jurídica incida" (p. 175).

18.15 Esse notável jurista – desejando fazer trabalho científico profundo e rigoroso, para poder examinar com objetividade um instituto jurídico-tributário – notou e denunciou a insuficiência e superficialidade da doutrina existente e desvendou as distinções objetivas, que sua argúcia foi surpreendendo. E se faz arauto das conclusões de Berliri e Trabucchi, quando bem discernem a norma do fato que a ela se pode subsumir, reproduzindo um notável trecho deste último: "O complexo dos elementos juridicamente relevantes para a especificação do "fato gerador" constitui a hipótese de incidência legal (*fattispecie* típica) isto é, aquele evento previsto pela norma em caráter hipotético que, concretizando-se no *fatto generatore* singular, dá lugar ao nascimento da relação jurídica tributária: hipótese de incidência típica (*fattispecie* típica) e fato imponível (*fatto generatore*) não são senão, portanto, espécies de dois gêneros mais vastos: a hipótese legal (*fattispecie*) e o "fato jurídico" (*Isenções Tributárias,* nota de rodapé à p. 179).

18.16 Souto Maior Borges sublinha a distinção expressa que Trabucchi formula entre *fattispecie* abstrata e concreta. Em seguida, assinala o que, sobre a matéria, escreveu Hensel: "Na doutrina alemã, Hensel define a "*fattispecie* do imposto" (*Steuetatbestand*) como o complexo dos pressupostos abstratos contidos em normas de direito tributário material, a cuja realização concreta (*realizzazione della fattispecie*: *Tatbestand Venvirklichung*) devem seguir-se determinadas conseqüências jurídicas" (ob. cit., p. 180).

E emprega, subseqüentemente, as expressões *hipótese de incidência* e *suporte fático*, no que revela seu inconformismo com a terminologia dominante que – mais do que imprecisão vocabular – trai certa confusão conceitual, comprometedora do rigor científico.

18.17 Dino Jarach se atribui a paternidade da locução *fato imponível* – não no sentido por nós adotado, mas como sinônima de "fato gerador" – designação assim de seu desenho legal como de sua concretização fática (v. *RDP* 16/338).

18.18 Tal expressão mereceu de A. Becker estas palavras: "Fato gerador: Esta é uma expressão que os cientistas das finanças públicas construíram, aglutinando vocábulos por eles mal compreendidos e catados na Teoria Geral do Direito ..." (*Teoria Geral do Direito Tributário*, p. 75).

18.19 É radical e candente esse notável cientista: "Esta última expressão é a mais utilizada pela doutrina brasileira de direito tributário e, de todas elas, a mais infeliz porque o "fato gerador" não gera coisa alguma além de confusão intelectual" (ob. cit., p. 288).

18.20 Após longa dissertação sobre a importância da eleição adequada de *nomina iuris*, escreve Becker: "No campo da doutrina do direito tributário, a expressão "fato gerador" é a que mais extensos prejuízos lhe tem causado, a tal ponto que é freqüente encontrarem-se autores que, embora dotados de vigorosa inteligência e brilhante erudição, escrevem – imersos numa atitude mental pseudojurídica – capítulos e livros destituídos de valor jurídico, os quais, todavia, são excelentes no plano pré-jurídico da ciência das finanças públicas e da política-fiscal" (ob. cit., p. 289).

18.21 Não há quem possa discordar dessas contundentes palavras. O equívoco mais grave, porém, não está nesse ou naquele nome. O que é mais gritante, mais chocante e anticientífico não é a designação adotada, mas a confusão conceitual de que a terminologia é sintoma: agem acriteriosamente os escritores, comportam-se de modo anticientífico quando empregam uma só designação para duas entidades cientificamente tão distintas, como a descrição legal de um fato e o próprio fato, concretamente considerado.

18.22 A norma tributária assume a seguinte configuração:

Hipótese – "se acontecer o fato Y".

Mandamento – "pague X, em dinheiro, ao estado" (ou pessoa designada pela lei).

Sanção – "se não pagar, incidirão as seguintes normas..."

Posta a norma, *se* e *quando* acontecerem os fatos descritos, incide o mandamento.

18.23 À descrição hipotética, contida na lei, do fato apto a dar nascimento à obrigação – fato jurígeno condicionante (Kelsen, *Teoría General del Estado*, trad. Luiz Legaz y Lacambra, México, 1959, p. 63) – chamamos de hipótese de incidência tributária.

Ao fato concreto, efetivamente ocorrido, na conformidade da previsão legal, designamos por fato imponível.

O fato imponível acarreta a incidência do mandamento que, ao determinar que alguém "pague X ao estado", cria um laço obrigacional ligando esse alguém ao estado.

18.24 No direito penal encontramos idêntica situação. Designa-se "crime" assim à descrição legal do fato, como ao próprio fato, a despeito da consciência que têm os penalistas, em maior ou menor grau, do discernimento entre uma e outra coisa.

18.25 Carnelutti, a propósito do direito penal, escreveu: "... como resultado del estudio de la ley y del hecho, los penalistas más recientes formulan la distinción entre el delito instituto-jurídico y el delito-hecho, ..." (Francesco Carnelutti, *El Arte del Derecho*, Ed. Jurídicas Europa-América, Buenos Aires, 1956, p. 64).

19. Hipótese de incidência como conceito legal

19.1 A h.i. é primeiramente a descrição legal de um fato: é a formulação hipotética, prévia e genérica, contida na lei, de um fato (é o espelho do fato, a imagem conceitual de um fato; é seu desenho).

É, portanto, mero conceito, necessariamente abstrato. É formulado pelo legislador fazendo abstração de qualquer fato concreto. Por isso é mera "previsão legal" (a lei é, por definição, abstrata, impessoal e geral).

19.2 O paralelismo feito por muitos autores com o conceito de crime, formulado pela lei penal, é rigorosamente apropriado. Na "figura típica", temos a descrição hipotética de um comportamento humano (fato), que, se concretizado, acarreta a incidência das conseqüências previstas pela própria lei.

19.3 A figura típica penal constitui-se num conceito legal, da mesma forma que a hipótese de incidência. A figura legal do crime é mera descrição legal, simples conceito legal hipotético. Há crime *in concretu*, *se* e *quando* alguém pratica o fato descrito abstratamente na lei.

19.4 A h.i. tributária é a hipótese da lei tributária. É a descrição genérica e abstrata de um fato. É a conceituação (conceito legal) de um fato: mero desenho contido num ato legislativo.

19.5 Perez de Ayala discorre sobre os "momentos" necessários para que haja uma obrigação tributária: "a definição por uma lei de certos supostos de fato a cuja hipotética e possível realização a lei atribua determinados efeitos jurídicos (obrigação de pagar o tributo), convertendo-os assim, numa classe de fatos jurídicos (fato imponível). A realização desse fato jurídico, o fato imponível, que origina a obrigação de pagar o tributo" (*Derecho Tributario*, 1968, Madri, Ed. de Derecho Financiero, p. 45).

19.6 Esse autor distingue bem a criação do tributo, abstratamente, pela lei, e o surgimento de cada obrigação tributária: "Fase de criação do tributo (função tributária abstrata). Promulgação de uma lei e criação do imposto como instituto jurídico (definição legal do fato imponível).

19.7 "Essa fase se decompõe, conceptualmente, em dois elementos:

"a) promulgação de uma lei tributária e definição, nela, de uma hipótese legal;

"b) a lei vincula a produção de certos efeitos jurídicos (a obrigação de pagar um tributo) à realização da hipótese legal que nela se contém, vale dizer, ao fato imponível.

"A hipótese legal é só uma definição contida numa lei. Pertence ao mundo dos valores jurídicos. Pelo contrário, o fato imponível real é a realização dessa hipótese legal. Pertence ao mundo da realidade fática" (ob. loc. cit.).

20. Universalidade do conceito de h.i.

20.1 O conceito de h.i. – como o de relação, sanção, preceito e pessoa – é universal, no sentido de que não decorre da observação de um sistema particular, nem se compromete com nenhum instituto jurídico localizado no tempo e no espaço (cf. Juan Manuel Teran, *Filosofía del derecho,* Ed. Porrúa, México, 1952, pp. 79 e ss.).

É aplicável assim ao direito vigente como ao revogado ou constituendo. É válido aqui, como alhures, onde haja direito, porque conceito lógico-jurídico.

20.2 É, enfim, categoria, arquétipo, protótipo, fórmula que fixa conceito operacional de ampla validade, com alcance lato e abrangente de parte essencial da realidade jurídica. É conceito formulado pela ciência do direito, como o expõe Celso Antônio, com alcance limitado ao universo jurídico (Teran, pp. 81 e ss.)

20.3 Não se podem confundir as qualidades de um fato material, com as qualidades de uma abstração, como o é o conceito em que a h.i. consiste.

Conceito é sinônimo de idéia, "forma abstrata e universal com que a inteligência pensa as coisas"(*Diccionario Manual de Filosofía,* de Arnáiz y Alcaide, Ed. Voluntad, Madri, 1927, p. 155). Estas coisas são o objeto do conceito.

20.4 "O objeto é o contraposto delineado pelo conceito. É o aspecto do real já trabalhado pelo pensamento. Precisamente porque o objeto é a matéria-prima elaborada por uma forma conceptual, a relação entre conceito e objeto é uma correlação" (Lourival Vilanova, *Sobre o Conceito do Direito,* p. 13).

20.5 A h.i. é conceito, no sentido de que é uma representação mental de um fato ou circunstância de fato. Mas, a h.i. não é mero e simples conceito – na acepção filosófica do termo – já que, por definição, é uma manifestação legislativa, é contida num enunciado legal. Não é mero conceito, mas um "conceito legal", isto é, constante de lei, contido numa proposição legislativa.

20.6 É, pois, uma categoria jurídica, um ente do mundo do direito. Como descrição hipotética, formulada pela lei, de um fato, é um conceito jurídico-legal, e não um conceito puro e simples.

20.7 Seus aspectos, portanto, não têm natureza ou qualidade diversa. São também conceituais, participam da natureza de conceitos legais e como entes jurídicos devem ser entendidos.

20.8 Deve-se distinguir o conceito, como ato de pensamento (como conteúdo de pensamento), do objeto do conceito.

"Por isso, o conceito funciona como um princípio de simplificação, constatando-se, aqui, como o conhecimento não é, nem poderia ser, uma duplicação do real" (Lourival Vilanova, *Sobre o Conceito do Direito,* p. 15).

Daí a inclinação dos filósofos a comparar o conceito ao *speculum* que não duplica, nem reproduz o objeto, apenas o espelhando.

20.9 "O conceito representa o objeto, não por suas propriedades ontológicas, mas enquanto o ato de pensamento leva em si, com existência ideal (só representada) um determinado conteúdo; o conceito significa o objeto, está intencionalmente dirigido a ele" (Walter Brugger, *Diccionario de Filosofía,* Ed. Herder, Barcelona, 1953, p. 60).

20.10 O conceito legal – como parece claro – designa (espelha) uma coisa, designação esta que é seu conteúdo. Por isso, o conteúdo da h.i. não é o estado de fato, mas sua designação ou descrição; a h.i., portanto, significa o estado de fato, dirige-se a ele, mas com ele se não confunde. A h.i. é conceito (legal).

20.11 É que o estado de fato, descrito pela h.i., é objeto do conceito legal em que ela se constitui. A h.i. é a descrição de um estado de fato. Este é objeto da descrição e não ela mesma. A descrição (h.i.) é uma coisa exterior, distinta e externa ao seu objeto (o estado de fato).

É muito importante entender isto, porque a categoria jurídica "hipótese de incidência" deve receber um tratamento científico inteiramente adequado, pena de prejudicar-se na sua função instrumental serviente do direito tributário.

20.12 Nesta seqüência de idéias é importante assinalar que "como representação abstrata, o conceito apresenta as coisas não em sua concreta e intuitiva plenitude, senão só mediante caracteres isolados dela extraídos" (Brugger, ob. loc. cit.), verificação lógica de inteira aplicação aos conceitos jurídicos.

20.13 Na verdade, como a h.i. é um conceito (legal), não tem nem pode ter as características do objeto conceituado (descrito), mas recolhe e espelha certos caracteres, isolados do estado de fato conceituado, dele extraídos, na medida necessária ao preenchimento da função técnico-jurídica que lhe é assinalada, como categoria jurídica conceitual-normativa.

20.14 Assim, a lei – ao descrever um estado de fato – limita-se a arrecadar certos caracteres que bem o definam, para os efeitos de criar uma h.i. Com isto, pode negligenciar outros caracteres do mesmo, que não sejam reputados essenciais à configuração de uma h.i. Pode, portanto, o legislador arrolar muitos ou só alguns dos caracteres do estado de fato, ao erigir uma h.i. Esta, como conceito legal, é ente jurídico bastante em si.

20.15 Só interessam ao exegeta, no fato concreto subsumido à hipótese de incidência, os caracteres que tenham sido contemplados pela lei (h.i.). Os demais são desprezíveis, por irrelevantes.

20.16 A multiplicidade de fatos concretos não é abrangida pelos conceitos legais (h.i.). Pelo contrário, só alguns fatos são objeto de conceitos legais, do que resulta que só um número muito reduzido constitui fato jurígeno ou fato jurídico relevante.

20.17 Vale, a propósito, recordar a advertência autorizada de Lourival Vilanova: "Mas, é preciso distinguir claramente o conceito e o seu objeto. As propriedades análogas, os caracteres comuns a um grupo de coisas ou fenômenos não entram na constituição do conceito. São elementos que pertencem ao objeto, que participam do tipo de cada esfera de objetividade, enquanto o conceito é, em todos os casos, um ente ideal" (Lourival Vilanova, *Sobre o Conceito...*, p. 16).

20.18 Souto Maior Borges, apoiado em Pontes de Miranda, ressalta esta circunstância: "A composição do suporte fático pode ser da mais variada natureza porque é incalculável o número de fatos do mundo que a regra jurídica, incidindo, faz entrar no mundo jurídico, tornando-os assim, fatos jurídicos. Esta é uma função classificadora da regra jurídica: dividir os fatos do mundo em fatos relevantes (fatos jurídicos) e fatos irrelevantes (fatos ajurídicos) para o direito" (ob. cit., p. 180).

20.19 Produziu-se, no Brasil, recentemente (1988) notável trabalho técnico – digno dos melhores centros acadêmicos europeus – sobre o conceito legal fechado em contraste com o tipo. Essa especulação da professora Misabel Derzi está publicada sob o título *Direito Tributário, direito penal e tipo*. Sobre o tema escreveu: "Grande parte daquilo que se chama tipo jurídico é convertido na realidade, em conceito fechado, pela lei ou pela Ciência do Direito. Assim acontece, por exemplo, no Direito Penal ou Tributário.

" É útil, desde logo, desfazer o equívoco.

"O pensar tipologicamente, o tipificar, em sentido técnico, ao contrário do que se supõe, não é estabelecer rígidos conceitos de espécies jurídicas, baluartes da segurança do Direito. Essa função compete aos conceitos fechados, determinados e classificatórios.

"Sendo assim, podemos encontrar, no Direito, o uso de tipo em sentido lato, não técnico, com o significado de *abstração generalizadora* (desprezo das diferenças individuais) ou *padrão* (modelo ou esquema que reproduz ou pode se reproduzir em série). O conceito de tipo *lato sensu* é, ao mesmo tempo, um conceito derivado, vale dizer, o que se extrai de comum dos três usos distintos de tipo no Direito.

"Os tipos propriamente ditos (ou apenas tipos), *stricto sensu,* além de serem uma abstração generalizadora, são ordens fluidas, que colhem, através da comparação, características comuns, nem rígidas, nem limitadas, onde a totalidade é critério decisivo para ordenação dos fenômenos aos quais se estende. São notas fundamentadas em leis do tipo, a abertura, a gradualidade, a aproximação da realidade e a plenitude de sentido na totalidade.

"Tipos", em sentido impróprio, são conceitos classificatórios, cujas notas se cristalizem em número rígido e limitado.

"Observe-se, mais uma vez, que o tipo, quer usado em sentido próprio, quer impróprio, tem sempre o significado nuclear de abstração generalizadora ou padrão, e oferece rica descrição do objeto. Nos tipos propriamente ditos, essas abstrações ou padrões apresentam-se em ordens, e nos impróprios, em conceitos fechados" (Misabel Derzi, *Direito Tributário ... e tipo,* cit., p. 48).

20.20 A h.i. é conceito determinado e fechado, por exigência constitucional, no Brasil. Não cabe, na matéria, falar-se em tipo; é errado invocar-se o princípio da tipicidade, que não satisfaz às exigências da segurança jurídica. Demonstra-o Misabel Derzi:

"A legalidade estrita, a segurança jurídica, a uniformidade e a praticidade determinam a tendência conceitual prevalente no Direito Tributário.

"Além desses princípios citados, a repartição constitucional do poder tributário, assentada, sobretudo, na competência privativa tem como pressuposto antes a forma de raciocinar por conceitos fechados do que por tipos.

"Os tributos são objeto de uma enumeração legal exaustiva de modo que aquilo que não está na lei, inexiste juridicamente. A diferenciação entre um tributo e outro se dá através de uma classificação legal, esgotante do conceito de tributo. Criam-se, a rigor, espécies tributárias como conceitos determinados e fechados que se distinguem umas das outras por notas fixas e irrenunciáveis.

"Não se admitem as ordens de estrutura flexível, graduável e de características renunciáveis que são os tipos. Esses, por sua vez, levariam à aceitação das formas mistas ou novas, deduzidas e descobertas, implicitamente, no ordenamento ou criadas, no tráfego jurídico, pela prática administrativa, segundo as necessidades do Tesouro, o que se chocaria com os princípios vigorantes no sistema tributário.

"Com essas afirmações, novamente insistimos, não se está a negar a existência de uma zona cinzenta ou da chamada zona de penumbra de Carrió, no Direito Tributário, tampouco asseverando a ausência de conceitos indeterminados ou carentes de especial valoração.

"Estas normas, quando presentes, são um ponto de difícil caracterização e uma transição entre o conceito determinado fechado e o tipo propriamente dito.

"Por essa razão, constata-se ser, como quer Leenen, meramente gradual e tipológica a distinção entre tipo e conceito, no campo jurídico.

"O importante é realçar que, no Direito Tributário, mesmo quando em presença de indeterminação e de uma 'zona de penumbra' os casos limites são submetidos, assim como aqueles claramente identificáveis, a uma subsunção alternativa. Ou se está em presença de uma taxa, ou de um preço; ou imposto sobre serviços ou sobre operação de circulação de mercadorias ...

"Há todo um esforço da Ciência do Direito nessa linha de raciocínio, que busca uma definição à qual não se conciliam um "mais ou menos" e um "tanto mais ... quanto mais", próprios do modo de pensar tipológico. Esse esforço não advém apenas de uma preocupação com a precisão conceitual e o rigor lógico, mas é inafastável diante dos princípios-valores consagrados nesse ramo jurídico.

"Resta indagar, como fizemos a propósito do Direito Penal, se haveria espaço para os tipos, aqui também no Direito Tributário.

"Pensamos que não se deve falar em tipo de imunidade ou de isenção, nem de outras formas de exoneração tributária (remissão, devolução de tributo pago, etc).

"Não é que o emprego do método tipológico de interpretação da imunidade ou da isenção prejudicasse a segurança jurídica. É que outro princípio jurídico aplicável coíbe a compreensão tipológica das diversas formas de exoneração tributária. Esse princípio é o da igualdade jurídica.

"O tributo representa um dever de caráter patrimonial e, por isso, um sacrifício pecuniário, legalmente imposto. As exonerações liberam alguns que, na maioria das vezes, poderiam suportar, economicamente, o encargo, em situações de interesse pesadas pelo legislador.

"Compreender tipologicamente essas situações é, de certa forma, admitir uma certa fluidez e, sobretudo, as formas mistas ou novas, deduzidas por analogia. Transferir-se-ia para o intérprete do Direito Tributário e para os Poderes aplicadores da norma, o papel criativo e seletivo da lei que põe as diversas formas de exoneração tributária.

"Sem dúvida, do ponto de vista da igualdade, uma exoneração só se justifica por razões e interesses superiores legislativamente valorados, porque representam a atenuação do sacrifício econômico que o tributo significa.

"Portanto, não é de se aceitar que os tributos e as formas de exoneração sejam tipos ou devam ser pensados por meio de tipos. Ao contrário, os tributos se especificam em conceitos determinados classificatórios, assim como as formas de exoneração tributária" (ob. cit., pp. 248 e ss.).

21. Unidade lógica da hipótese de incidência

21.1 Enquanto categoria jurídica, a hipótese de incidência é una e indivisível. Trata-se de ente lógico-jurídico unitário e incindível.

O legislador ao erigi-la, pode arrecadar inúmeros fatos e elementos de fato tirados do mundo pré-jurídico. Da perspectiva pré-jurídica, estes fatos compõem um todo complexo, integrado por diversos e variados elementos. Juridicamente considerados, entretanto, são uma unidade, uma coisa só, uma categoria só, não alterando esta sua feição, necessariamente unitária, a eventual multiplicidade de elementos do fato que por ela é descrito.

21.2 Como ente jurídico – entidade do mundo do direito – trata-se de uma só coisa: a "hipótese de incidência". Esta é que, no seu todo unitário, dá configuração ao tributo, e permite determinar, por suas características, a espécie tributária.

21.3 A conseqüência imediata e necessária do caráter unitário da hipótese de incidência está, em cada caso, na identificação de cada hipótese de incidência só consigo mesma no plano epistemológico-jurídico.

Como decorrência necessária, cada hipótese de incidência só é igual a si mesma e, portanto, inconfundível com todas as demais. Vale dizer – como a hipótese de incidência é o núcleo do tributo – cada tributo só é igual a si mesmo (Isto é, aliás, que permite classificar os tributos em espécies e subespécies).

21.4 Assim, uma e única é a h.i. "vender mercadorias", ou "receber rendimentos" ou "introduzir mercadorias no território do pais", embora se refira a atos complexos ou fatos constituídos de elementos heterogêneos e múltiplos. Una e incindível é a h.i., ainda quando a realidade que conceitua seja integrada por elementos vários, como, por exemplo "transmitir um imóvel". Não constitui h.i. só o ato de transmitir, nem só o imóvel, mas a conjugação dos dois termos, conceptualmente, que se reporta ao "ato de transmitir que tem por objeto um imóvel". Este complexo é que, pela lei, é qualificado como hábil a determinar o nascimento de obrigações tributárias, erigindo-se, pois, em hipótese de incidência tributária.

22. Fato imponível

22.1 A hipótese de incidência é a descrição hipotética e abstrata de um fato. É parte da norma tributária. É o meio pelo qual o legislador institui um tributo. Está criado um tributo, desde que a lei descreva sua h.i., a ela associando o mandamento "pague".

22.2 A competência para criar tributos é privativa do legislador, onde, como no Brasil, vige o princípio da legalidade (art. 150, I).

22.3 A criação de tributos – que se traduz na descrição hipotética dos fatos cuja ocorrência dá nascimento às obrigações tributárias concretas – é a mais solene e elevada manifestação da competência tributária de que são investidas as pessoas públicas políticas. Esta manifestação precede lógica e cronologicamente a atividade concreta e efetiva de tributar. É primária, no sentido de que, sem ela, não pode haver ação tributária (tributação). É o próprio início da ação tributária.

22.4 Renato Alessi, dos mais conceituados juristas italianos, expoente da literatura administrativista mundial, escreveu: "O poder tributário pode ser considerado em dois distintos planos jurídicos, em cada um dos quais dá origem a institutos e situações diversas:

22.5 "a) acima de tudo, pode ser considerado de um plano abstrato em relação a uma coletividade de sujeitos indeterminados, a respeito dos quais ele se desenvolve. Neste plano abstrato "exação coativa" significa simplesmente "instituição abstrata de uma contribuição coativa"; a atuação do poder tributário, aqui, significa somente emanação de normas jurídicas com base nas quais são instituídas as várias contribuições coativas. Aqui, o poder tributário, portanto, se manifesta mediante atos com valor e função normativa, dirigidos à ereção do ordenamento jurídico tributário. Neste plano abstrato, temos, portanto, o que podemos denominar poder tributário primário, em oposição àquele complementar do primeiro, que a seguir examinaremos;

22.6 "b) o poder tributário pode, por outro lado, ser considerado de um plano concreto, em relação a determinados membros singulares da coletividade. Aqui "exação coativa" significa "contribuição concreta", em aplicação concreta da norma que institui o tributo em abstrato; aqui portanto, o poder tributário se desenvolve em atividade de caráter administrativo, dirigida a obter – com a atuação concreta do comando abstrato da norma – a passagem material da quota de riqueza privada, a que o comando legislativo se refere.

22.7 "Nesta perspectiva e neste plano concreto, pode-se falar de um poder tributário complementar, meio de atuação do poder tributário primário acima exposto" (Alessi-Stammati, *Istituzioni di Diritto Tributario*, UTET, pp. 29-30).

22.8 O celebrado tributarista alemão Albert Hensel, ao estudar o poder tributário, afirma que seu exercício pressupõe "uma vontade, do Estado, de exercer a tributação" e expõe os dois modos de manifestação dessa vontade: "Num primeiro momento, o Estado usa de seu direito à imposição emanando normas tributárias, ou melhor: estabelece normativamente as hipóteses cuja concreta realização faz surgir a pretensão tributária em seu favor" (ob. cit., pp. 27-28).

Aí está a hipótese de incidência.

22.9 Em seqüência Hensel mostra que, pelo lançamento, o estado "providencia a execução efetiva da sua pretensão".

E assinala: "Entre estas duas principais atividades da pessoa titular da tributação há uma lacuna. A atividade administrativa, para execução da pretensão, não se segue imediatamente à emanação da norma; mas só se pode iniciar quando, em momento ulterior, se dê a concreta realização do fato descrito (previsto) na lei" (ob. loc. cit.).

22.10 Aí o fato imponível, que há de ser um fato concreto, ocorrido *hic et nunc,* no mundo fenomênico, como acontecimento fático, sensível, palpável, concreto, material, apreensível e que corresponde à "imagem abstrata" como diz A. D. Giannini que dele faz a lei.

22.11 Dino Jarach deixou bem claro o discernimento que estabelece entre hipótese de incidência e fato imponível, ao dizer: "Em todos os casos, entretanto, deve tratar-se de fatos que produzem, na realidade, a imagem abstrata que deles formulam as normas jurídicas" ("Estrutura e elementos da relação jurídica tributária", in *RDP* 16/339).

22.12 Estas linhas deixam manifesta a distinção entre a h.i. – descrição legal hipotética dos fatos aptos a determinarem o nascimento de obrigações tributárias – e fato imponível, como concretização, realização efetiva dos fatos descritos.

Ao "plano abstrato" a que se refere Alessi, corresponde a h.i. Ao "plano concreto", o fato imponível.

22.13 Na sua *Arte do Direito*, diz Carnelutti: "Los penalistas más vigorosos, en efecto, distinguen, como vimos, el delito instituto-jurídico y el delito hecho con el resultado de limitar su ciencia al estudio del primero; el delito-hecho deberá ser objeto de las investigaciones de los criminólogos y no de los juristas. Este movimiento hacia la purificación de la ciencia jurídica se ve menos claramente en la materia civil; pero también los civilistas comienzan a dejar a los cultivadores de la técnica mercantil el estudio de sus hechos principales y, en particular, del contrato" (Carnelutti, ob. cit., p. 68).

22.14 Aplicada a lição ao direito tributário, que está a exigir semelhante "purificação", fica saliente que o estudo do fato imponível e suas propriedades fáticas (não jurídicas) incumbe a economistas e financistas, transcendendo a esfera do direito.

Ao jurista basta assinalar que o fato imponível é fato jurígeno e que se deve subsumir à hipótese de incidência para ser tal.

23. Fato imponível e sua subsunção à hipótese de incidência

23.1 Fato imponível é o fato concreto, localizado no tempo e no espaço, acontecido efetivamente no universo fenomênico, que – por corresponder rigorosamente à descrição prévia, hipoteticamente formulada pela h.i. legal – dá nascimento à obrigação tributária.

Cada fato imponível determina o nascimento de uma obrigação tributária.

23.2 A lei (h.i.) descreve hipoteticamente certos fatos, estabelecendo a consistência de sua materialidade. Ocorridos concretamente estes fatos *hic et nunc,* com a consistência prevista na lei e revestindo a forma prefigurada idealmente na imagem legislativa abstrata, reconhece-se que desses fatos nascem obrigações tributárias concretas. A esses fatos, a cada qual, designamos "fato imponível" (ou fato tributário).

No momento em que, segundo o critério legal (aspecto temporal da h.i.), se consuma um fato imponível, nesse momento nasce uma obrigação tributária, que terá a feição e características que a h.i. ditar.

23.3 O fato imponível é, pois, um fato jurígeno (fato juridicamente relevante) a que a lei atribui a conseqüência de determinar o surgimento da obrigação tributária concreta. Em termos kelsenianos: é um suposto a que a lei imputa a conseqüência de causar o nascimento do vínculo obrigacional tributário.

Para que um fato (estado de fato, situação) seja reputado fato imponível, deve corresponder integralmente às características previstas abstrata e hipoteticamente na lei (h.i.).

23.4 Diz-se que o fato, assim, se subsume à imagem abstrata da lei. Por isso, se houver subsunção do fato à h.i., ele será fato imponível. Se não houver subsunção, estar-se-á diante de fato irrelevante para o direito tributário.

24. Nascimento da obrigação tributária

24.1 O vínculo obrigacional que corresponde ao conceito de tributo nasce, por força da lei, da ocorrência do fato imponível.

24.2 A configuração do fato (aspecto material), sua conexão com alguém (aspecto pessoal), sua localização (aspecto espacial) e sua consumação num momento fático determinado (aspecto temporal), reunidos unitariamente determinam inexoravelmente o efeito jurídico desejado pela lei: criação de uma obrigação jurídica concreta, a cargo de pessoa determinada, num momento preciso.

24.3 A ordenação tributária alemã vigente (RAO) diz incisivamente: "a dívida tributária nasce ao produzir-se a situação de fato que, segundo a lei, dá lugar ao imposto" (texto de acordo com a lei de adaptação tributária).

24.4 Pontes de Miranda designa o fato imponível por suporte fático. Escreve excelentemente: "A regra jurídica de tributação incide sobre o suporte fático, como todas as regras jurídicas. Se ainda não existe o suporte fático, a regra jurídica de tributação não incide; se não se pode compor tal suporte fático, nunca incidirá. O crédito do tributo (imposto ou taxa) nasce do fato jurídico, que se produz com a entrada do suporte fático no mundo jurídico. Assim, nascem o débito, a pretensão e a obrigação de pagar o tributo, a ação e as exceções. O direito tributário é apenas ramo do direito público; integra-se, como os outros, na Teoria Geral do Direito" (Pontes de Miranda, *Comentários à Constituição* de *1967, com a Emenda 1 de 1969*, Ed. RT, t. II, p. 366).

24.5 Ao estudarmos o aspecto temporal da h.i., teremos ocasião de investigar melhor os critérios para reconhecimento da consumação do fato imponível (v. P. Barros Carvalho, *Curso ...*, pp. 138 e ss.).

24.6 Renato Alessi expôs com clareza a função do fato imponível, ao escrever: "A concretização da obrigação tributária, e a seguir a sua constituição em concreto a cargo de sujeitos determinados, surge da simples circunstância de acontecer o pressuposto e da relação deste com o sujeito concreto. Pode-se dizer, portanto, que, assim como no plano abstrato é a norma que tem função constitutiva da obrigação tributária, também no plano concreto um fato material tem valor e função constitutiva da obrigação concreta que se torna, por isso – mediante um fenômeno bem conhecido – fato jurídico: a existência de um certo pressuposto que se encontra numa certa relação com o sujeito" (Alessi-Stammati, *Istituzioni de Diritto Tributario*, UTET, pp. 32-33).

25. Subsunção

25.1 Subsunção é o fenômeno de um fato configurar rigorosamente a previsão hipotética da lei. Diz-se que um fato se subsume à hipótese legal quando corresponde completa e rigorosamente à descrição que dele faz a lei.

É fato imponível um fato concreto, acontecido no universo fenomênico, que configura a descrição hipotética contida na lei. É a realização da previsão legal. O fato imponível está para a hipótese legal assim como, logicamente, o objeto está para o conceito.

25.2 Paulo Barros Carvalho – com o rigor de professor de teoria geral do direito, que é – depois de assinalar que a subsunção, como fenômeno lógico, só "se opera entre iguais", sublinha que o que se dá é a subsunção do conceito do fato ao conceito da norma, instância e automaticamente (v. *Curso ...*, p. 135).

25.3 Roque Carrazza pensa também assim: "Convém assinalar que só quando houver a *subsunção do fato* à norma (ou, em termos mais técnicos, *do conceito do fato ao conceito da norma,* como precisa Karl Engisch) é que nascerá o tributo. De conseguinte, ocorrido o fato imponível, nasce a obrigação tributária, que vincula o sujeito passivo ao sujeito ativo, conferindo, a este, o *direito subjetivo* à percepção do tributo e impondo, àquele, o dever jurídico de efetuar o pagamento do mesmo" (*O Regulamento ...*, p. 56).

25.4 A h.i. contém um arquétipo, um protótipo bem circunstanciado. O fato imponível é a materialização desse arquétipo legal. Os escritores de direito penal, ao desenvolverem a teoria da tipicidade, nada mais fizeram do que enfatizar a necessidade da subsunção de um fato ao tipo legal, para que esse fato pudesse ser reputado crime. Misabel Derzi, mostrando a insuficiência da tipicidade, expõe o princípio da conceituação legal estrita e fechada, única fórmula que atende à segurança jurídica (v. *Direito tributário, ... e tipo,* p. 282).

25.5 Amílcar Falcão se refere à doutrina alemã que estudou o "postulado da adequação", que implica só poder um fato ser reconhecido como imponível se se subsumir à hipótese de incidência (*Fato Gerador da Obrigação Tributária,* 2ª ed., 1971, p. 36).

26. Fato imponível como fato jurídico e não ato jurídico

26.1 Dizemos que a lei (h.i.) sempre descreve um fato, atribuindo-lhe se e quando acontecido, a forma jurídica de criar o vínculo obrigacional tributário, porque na lição de Jarach, Amílcar Falcão, A. R. Sampaio Dória e outros autorizados juristas só para a lei tributária, a situação posta como hipótese de incidência é sempre um fato (fato jurídico, fato de que decorrem efeitos jurídicos, por disposição do sistema).

26.2 "Na gênese das obrigações tributárias, situa-se, pois, sempre um fato a que a lei atribui a virtualidade de produzir determinadas conseqüências necessárias. Tratando-se de fato, os efeitos jurídicos que dele decorrem independem da vontade dos obrigados" (A. R. Sampaio Dória, *Da Lei Tributária no Tempo,* 1968, p. 266).

26.3 A. R. Sampaio Dória deixa bem explícito o fundamento desta tese: "... é evidente que um ato voluntário não pode se constituir em fonte de obrigações tributárias. Pois não está na vontade das partes determinar se do ato praticado há-de nascer uma conseqüência necessária (pagamento de um tributo), ou não. À primeira vista, pode-se confundir essa situação com a faculdade de o indivíduo decidir praticar certo ato de que resultem efeitos tributários que lhe parecem indesejáveis (a compra de mercadorias, por exemplo, sujeita a um imposto de vendas). Mas, veja-se bem, sua opção está na prática do ato (compra e venda) e não no surgimento de um efeito colateral (obrigação tributária), que deriva não do ato em si, em sua configuração jurídico-formal, mas de um fato econômico que ele exterioriza (circulação da riqueza)" (ob. cit., p. 267).

26.4 O fato imponível é fato jurídico. Disse-o com segurança e clareza Dino Jarach:

"A característica fundamental do fato imponível consiste, pois, na sua natureza de fato jurídico, a que a lei vincula o nascimento da obrigação. A esse respeito, deve-se dizer que a obrigação nasce da lei quando se verifica o fato imponível, sem a existência, na vida real, de fato imponível que se possa subsumir à definição legal. Por outra parte, o fato imponível não cria, por si só, a obrigação, mas o faz mediante a lei.

26.5 "Esta conexão – entre fato imponível e a norma que é fonte da obrigação – tem como conseqüência iniludível ser o fato imponível um fato jurídico, isto é, um fato produtivo de efeitos jurídicos, por vontade da lei" (*Estrutura...*, cit., p. 339).

26.6 Desse modo de ver não discrepa Amílcar Falcão, quando sustenta "Fonte de tal obrigação, obviamente, é a lei.

"Todavia, não basta a existência de lei para que a obrigação tributária se instaure. Para o nascimento da obrigação, necessário é que surja concretamente o fato ou pressuposto que o legislador indica como sendo capaz de servir de fundamento à ocorrência da relação jurídica tributária" (*Fato Gerador...* cit., p. 26)... "Não é o fato gerador quem cria, quem, digamos assim, gera a obrigação tributária. A fonte de tal obrigação, a energia ou força que a cria ou gera, é a própria lei" (*Fato gerador...*, p. 29).

26.7 O fato imponível é um fato jurígeno. Para o direito tributário, não é ato jurídico. Não quer isto dizer que seja fato econômico, que esta categoria o direito desconhece.

26.8 Não é "ato" jurídico, explica-o bem A. Becker: "Quando o sujeito passivo praticou o ato, ou consentiu no fato ou permaneceu no estado de fato (elementos integrantes da hipótese de incidência), não desejou o efeito jurídico tributário (dever jurídico), embora o tenha previsto (exemplo: evasão fiscal mediante escolha de fato jurídico cuja tributação seja menos onerosa que o fato jurídico de outro gênero). Sua vontade neste sentido (de prever ou até desejar o dever jurídico tributário) foi inteiramente neutra, ou melhor, indiferente para a incidência da regra jurídica tributária.

26.9 "Noutras palavras, na composição da hipótese de incidência da regra jurídica tributária, a vontade do sujeito passivo não entrou diretamente, mas só indiretamente, isto é, entrou porque foi elemento integrante de outra hipótese de incidência de outra regra jurídica (por exemplo: civil ou comercial); hipótese de incidência que, juridicizada por aquela outra regra jurídica, participou como ato ou fato jurídico na composição da hipótese da regra jurídica tributária" (ob. cit., p. 240).

26.10 Vê-se que a melhor doutrina é unânime na afirmação da tese segundo a qual o fato imponível é um fato jurídico e não um ato jurídico. Isto quer dizer: se a lei colocar como aspecto material da hipótese de incidência um fato que para outros ramos do direito é voluntário, para o direito tributário esse fato será fato jurídico simplesmente, sendo indiferente sua classificação como fato voluntário ou não.

26.11 Em outras palavras: para o direito tributário é irrelevante a vontade das partes na produção de um negócio jurídico. Tal vontade é relevante, para os efeitos privados (negociais) do negócio. Para o direito tributário a única vontade relevante, juridicamente, é a vontade da lei, que toma esse negócio (ou ato unilateral privado) como fato, ao colocá-lo, como simples fato jurídico, na h.i.

27. Caráter unitário do fato imponível

27.1 A principal conseqüência da unidade formal e substancial da hipótese de incidência está em que o fato imponível é também necessariamente – trata-se de postulado metodológico e axiomático exigido pela dogmática jurídica – uno e incindível.

27.2 Fato imponível é, como visto, aquele fato concreto do mundo fenomênico que é qualificado pelo direito como apto a determinar o nascimento da obrigação tributária – fato jurígeno, portanto. Esta qualificação contém-se em lei. Um fato empírico poderá assim ser qualificado quando se subsume, se enquadra na hipótese de incidência. Ou, como o diz Alfredo Becker, é a "realização da hipótese de incidência", a sua concretização.

27.3 Pois, cada fato imponível é um todo uno (unitário) e incindível e determina o nascimento de uma obrigação tributária.

É uma unidade lógica, entidade una, somente identificável consigo mesma. Por mais variados e diversos que sejam os fatos que o integram, como dados ou elementos pré-jurídicos, o fato imponível como tal – ou seja, como ente do mundo jurídico – é uno e simples, irredutível em sua simplicidade, indivisível e indecomponível.

27.4 Não há, em conseqüência, dois fatos imponíveis iguais: cada fato imponível só se identifica consigo mesmo e dá nascimento a uma obrigação distinta. Cada fato imponível se subsume inteiramente à hipótese de incidência a que corresponde.

27.5 Uma hipótese de incidência – enquanto viger a lei que a contém – pode cobrir milhões de fatos imponíveis. Cada qual será uno e inconfundível com os demais, por mais acentuados que sejam os traços de semelhança que apresentem entre si. Ainda quando as circunstâncias de tempo e lugar sejam as mesmas, bem como os sujeitos e a base imponível, ainda assim, cada fato imponível é uma individualidade. E nesta individualidade estarão todas as características previstas hipoteticamente pela hipótese de incidência a que corresponde.

27.6 Evidência disto está no imposto sobre vendas, por exemplo (ICMS). A h.i. é a "venda de mercadorias". Cada ato de venda é um fato imponível, não importa se seu objeto (objeto do ato de venda) é uma só mercadoria ou um lote (coletividade de mercadorias). (A circunstância de poder a lei autorizar a consideração conjunta de fatos iguais, bem como seu tratamento em bloco – como, p. ex., centenas de vendas de lápis, por um comerciante, no mesmo dia – não retira a individualidade de cada venda).

27.7 A unidade lógica do fato imponível não se altera pela eventual variação dos elementos de fato, ou sua extensão ou outras características, desde que o conjunto, como um todo unitário, se subsuma ao arquétipo legal (h.i.). Paulo Barros Carvalho designa à indecomponibilidade da h.i. por "integridade conceptual" (*Curso* ..., p. 138).

27.8 Assim, reiteradas vendas de um mesmo comerciante a um mesmo freguês, da mesma ou diferentes mercadorias, constituem cada qual um fato imponível, não obstante a identidade de pessoas, aspecto material, data, etc. Cada venda é um fato imponível, com individualidade completa, identificável por suas peculiaridades próprias. Na hipótese de incidência, tais características estarão enunciadas genericamente, de forma necessariamente abstrata. Em cada fato imponível estarão configuradas com nitidez, de forma particularizada e concreta, suas características básicas, legalmente definidas.

27.9 Na h.i. se prevê que o sujeito passivo será uma pessoa (física ou jurídica) que deve ter tais ou quais qualidades; que o fato contemplado deve ter tais ou quais características e que a base imponível é este ou aquele aspecto dimensível desse fato etc.

Cada fato imponível se configura concretamente num local e momento definidos e determinados; tem uma feição própria e definida, um modo particular e individual de ser; já surge fixando uma pessoa determinada como sujeito passivo e atribuindo-lhe um débito explícito e definido quanto ao montante.

27.10 O confronto das diferenças entre estas categorias permitirá evidenciar suas peculiaridades:

HIPÓTESE DE INCIDÊNCIA	*FATO IMPONÍVEL*
– descrição genérica e hipotética de um fato;	– fato concretamente ocorrido no mundo fenomênico, empiricamente verificável (*hic et nunc*);
– conceito legal (universo do direito);	– fato jurígeno (esfera tangível dos fatos);
– designação do sujeito ativo;	– sujeito ativo já determinado;
– critério genérico de identificação do sujeito passivo;	– sujeito passivo: Tício;
– critério de fixação do momento de configuração;	– ocorrência – dia e hora determinados;
– eventual previsão genérica de circunstâncias de modo e lugar;	– modo determinado e objetivo, local determinado;
– critério genérico de mensuração (base imponível ou base de cálculo).	– medida (dimensão) determinada (base calculada).

27.11 A comparação entre as características destes dois arquétipos enseja verificar bem as diferenças entre ambos e localizar cada qual em seu campo próprio; a hipótese de incidência como entidade conceitual, formulação hipotética do legislador. O fato imponível, pelo contrário, é um acontecimento concreto da vida prática, do mundo dos fatos, acontecimento que tem conseqüências jurídicas (fato jurígeno) porque a lei (h.i.) assim dispôs. O fato imponível é um fato jurígeno, e, como fato, empiricamente observável, apreensível, sensível, dimensionável, determinável, localizado no tempo e no espaço.

27.12 A h.i. é a expressão de uma vontade legal, que qualifica um fato qualquer, abstratamente, formulando uma descrição antecipada (conceito legal), genérica e hipotética. Fato imponível é um fato efetivo, localizado concretamente – porque acontecido, ocorrido – no tempo e no espaço e revestido de características individuais e concretas.

Assim, a lei formula a seguinte hipótese:

"comerciante realizar operação de venda de mercadoria no território X"

a que associa o mandamento:

"esse comerciante fica devedor de 1/10 do valor da operação ao estado".

27.13 Aí estão a hipótese e o mandamento. Pois em dia determinado (dia 10) Tício vende a Semprônio um receptor de televisão (mercadoria), pelo preço de 100.

Esse fato (a venda) – porque previsto rigorosamente na lei anterior – é um fato imponível, determinando o nascimento de uma obrigação, a cargo de Tício, de pagar 10 ao estado, em cumprimento ao mandamento a que a hipótese se liga.

27.14 Como mera previsão (descrição hipotética e genérica), a hipótese de incidência se limita a colocar os dados que caracterizam uma situação, dispondo o mandamento legal que, à sua verificação, se seguirá automaticamente o surgimento da obrigação de dar dinheiro ao estado. Por isso à h.i. Hensel se refere como "a imagem abstrata do concreto estado de coisas".

27.15 O fato imponível, como fato individual e concreto, caracteriza-se por localizar-se no tempo e no espaço, por ter peculiaridades individuais (forma própria, localização espacial e temporal, medida definida etc.) e por referir-se a pessoa determinada e individualizada (Tício).

É um fato da vida, do mundo dos fatos, um acontecimento empírico que recebe da lei (h.i.) a qualificação que o torna apto a determinar o nascimento de uma obrigação tributária. É, pois, um fato jurígeno.

27.16 A cada fato imponível realizado (acontecido) corresponde o surgimento de uma obrigação tributária. Cada fato imponível determina (acarreta) o nascimento de uma obrigação. Assim, haverá tantas obrigações tributárias quantos forem os fatos imponíveis.

Enquanto viger a lei que contém determinada h.i., os fatos nela previstos conceptual e hipoteticamente – desde que ocorram e sempre que ocorram – serão fatos imponíveis, dotados de força jurídica que os habilita a produzir esta relevante conseqüência jurídica: determinar o nascimento de uma obrigação tributária.

28. Aspectos da hipótese de incidência

28.1 Hipótese de incidência é a descrição legislativa (necessariamente hipotética) de um fato a cuja ocorrência *in concretu* a lei atribui a força jurídica de determinar o nascimento da obrigação tributária.

28.2 Pois esta categoria ou protótipo (hipótese de incidência) se apresenta sob variados aspectos, cuja reunião lhe dá entidade. Tais aspectos não vêm necessariamente arrolados de forma explícita e integrada na lei. Pode haver – e tal é o caso mais raro – uma lei que os enumere e especifique a todos, mas, normalmente, os aspectos integrativos da hipótese de incidência estão esparsos na lei, ou em diversas leis, sendo que muitos são implícitos no sistema jurídico. Esta multiplicidade de aspectos não prejudica, como visto, o caráter unitário e indivisível da hipótese de incidência. Percebe-o o jurista, utilizando o instrumental da ciência do direito.

28.3 Com palavras diversas, não é outra coisa o que diz A. Becker, formulando observação mais genérica

"Recorde-se: Não existe uma regra jurídica para a hipótese de incidência, outra para a regra, outra para a base de cálculo, outra para a alíquota etc.; tudo isto integra a estrutura lógica de uma única regra jurídica resultante de diversas leis ou artigos de leis (fórmula literal legislativa). É preciso não confundir regra jurídica com a lei; a regra jurídica é uma resultante da totalidade do sistema jurídico formado pelas leis" (ob. cit., p. 270). Sacha Calmon é enfático ao sublinhar que lei não é norma Esta contém-se naquela. A norma revela-se nos enunciados legais (v. *Teoria geral do tributo e da exoneração tributária,* Ed. RT, 1982, p. 211).

28.4 Paulo Barros Carvalho costuma socorrer-se de analogia muito ilustrativa, de notável alcance didático, para demonstrar que à incindibilidade do conceito de hipótese de incidência não repugna o reconhecimento de inúmeros "aspectos" na mesma

28.5 Se, numa aula de física, se propusesse como objeto de estudo uma esfera metálica, salientaria o professor inicialmente o caráter unitário e incindível desse objeto. Ela (a esfera) não tem elementos ou partes. Não pode ser decomposta ou desmontada. Se for cindida, já não será mais uma esfera, mas outro objeto: duas semi-esferas. Para manter sua identidade substancial, como objeto de estudo, há de ser considerada unitariamente.

Isto não obstante, a esfera pode ser examinada quanto a diversas propriedades, ou características ou aspectos, reconhecíveis na sua unidade substancial.

28.6 Efetivamente, a esfera pode ser estudada nos seus aspectos: forma, brilho, peso, simetria, matéria, mobilidade, tamanho, consistência, densidade, etc.

São aspectos ínsitos na sua unitária consistência. A consideração separadamente, de cada qual, não importa decomposição do indecomponível, nem separação do inseparável.

28.7 Só logicamente se estabelece separação entre estes diversos aspectos: é possível, e útil, o estudo e consideração de cada qual. A reunião dos estudos e conclusões, extraídos do exame de todos os aspectos mencionados, conduz a melhor, mais perfeito e mais minucioso conhecimento do objeto "esfera metálica" que, por ter propriedades, qualidades ou atributos inúmeros, não deixou de ser uno e incindível.

Assim a hipótese de incidência: não deixa de ser una e indivisível, pelo fato de possuir diversos aspectos, cuja consideração não implica sua decomposição em "partes" ou "elementos".

28.8 Não nos parece adequada a expressão *elementos* da hipótese de incidência, usada por alguns autores. É que esta expressão sugere a idéia de que se está diante de algo que entra na composição doutra coisa e serve para formá-la. Cada aspecto da hipótese de incidência não é algo *a se stante,* de forma que associado aos demais resulte na composição da hipótese de incidência, mas, são simples qualidades, atributos ou relações de uma coisa una e indivisível, que é a hipótese de incidência, juridicamente considerada. Sob esta perspectiva, a h.i. é um todo lógico unitário e incindível.

28.9 É sabido que a hipótese de incidência descreve um fato jurígeno. Como tal, é uma unidade, embora os elementos pré-jurídicos arrecadados pelo legislador, para descrevê-lo, possam ser múltiplos ou complexos.

Preferimos falar em aspectos da hipótese de incidência porque, na verdade, esta unidade conceitual pode ser encarada, examinada e estudada sob diferentes prismas, sem destituir-se de seu caráter unitário e sem que a compreensão, exame e estudo de um possa permitir negligenciar ou ignorar os demais, partícipes da unidade e nela integrados.

28.10 Se se considera, por outro lado, que a palavra *elemento* é, nesta acepção, sinônima de princípio, mais saliente parece ficar a objeção à sua adoção. É que "princípio" é tudo que, de alguma forma, influencia a existência de um ser. Ora, o princípio é necessariamente distinto do ser principiado. Por isso pode ser seu princípio, sua causa.

28.11 Ora, como veremos, os aspectos da hipótese de incidência não são suas causas, não lhe determinam o ser, mas só o modo (a maneira) de ser. Integram-na e não a originam. São pontos de vista sob os quais a inteligência considera o objeto – no caso, a hipótese de incidência – segundo suas relações (tomada esta palavra no seu sentido estático).

28.12 "Toda e qualquer hipótese de incidência, ao realizar-se acontece num determinado tempo e espaço. A regra jurídica ao preestabelecer os fatos que integralizarão a hipótese de incidência logicamente também predetermina as coordenadas de tempo e as de lugar para a realização da hipótese de incidência" (A. Becker, ob. cit., p. 238).

28.13 São, pois, aspectos da hipótese de incidência as qualidades que esta tem de determinar hipoteticamente os sujeitos da obrigação tributária, bem como seu conteúdo substancial, local e momento de nascimento. Daí designarmos os aspectos essenciais da hipótese de incidência tributária por: a) aspecto pessoal; b) aspecto material; c) aspecto temporal e d) aspecto espacial.

28.14 Ensina A. Becker "Os fatos (núcleo e elementos adjetivos) que realizam a hipótese de incidência, necessariamente, acontecem num determinado tempo e lugar, de modo que a realização da hipótese de incidência sempre está condicionada às coordenadas de tempo e às de lugar. O acontecimento do núcleo e dos elementos adjetivos somente terão realizado a hipótese de incidência se tiverem acontecido no tempo e no lugar predeterminados, implícita ou explicitamente, pela regra jurídica" (ob. cit., p. 301).

28.15 Giannini só dá saliência a dois aspectos da hipótese de incidência, aos quais, aliás, designa por elementos, como bem o salienta Souto Maior Borges: "Deve-se a Giannini, no campo do direito tributário, uma das tentativas de dissecação do fato gerador (hipótese de incidência) da regra jurídica, denominado, pelo mestre italiano, "pressuposto do tributo" e por ele dividido em dois elementos. O primeiro, o elemento material, é o que mais propriamente constitui o objeto do imposto e serve para diferenciar um imposto de outro; o segundo, o elemento pessoal do pressuposto, que consiste numa certa relação de fato ou de direito, na qual se deverá encontrar o sujeito passivo do imposto com o elemento material" (ob. cit., p. 181).

28.16 Dino Jarach designa por elementos os aspectos da h.i. Escreve: "Este pressuposto de fato se compõe, por sua vez, de diferentes elementos: em primeiro lugar, os fatos objetivos contidos na definição legal do pressuposto; em segundo, a determinação objetiva do sujeito ou sujeitos que resultem obrigados ao pagamento do gravame e o momento de vinculação do pressuposto de fato com o sujeito ativo da imposição; em terceiro lugar, a base de medição, chamada também base imponível, isto é, a adoção de parâmetros que servem para valorar quantitativamente os fatos, cuja verificação origina a obrigação; em quarto lugar, a delimitação, no espaço e no tempo, destes fatos; e em quinto, a quantidade expressada numa soma finita, ou numa percentagem ou alíquota aplicável à base imponível, que permite determinar como resultado, o *quantum* da obrigação tributária" (*Estrutura e Elementos...*, cit., p. 337).

28.17 E sublinha, em duas passagens, o caráter unitário da h.i. ao dizer: "Neste enfoque, todos os elementos subjetivos e objetivos da relação jurídica tributária se resumem no único conceito de "pressuposto de fato" definido pela lei" (ob. loc. cit.)... "Isto não implica desconhecer que também a base imponível constitui elemento do pressuposto de fato da obrigação, que, em seu conjunto, abarca todos os aspectos subjetivos, objetivos, quantitativos, espaciais e temporais que a lei define de forma expressa ou implícita" (ob. cit., p. 338).

28.18 Dino Jarach tem a visão mais completa e integrada da hipótese de incidência, entre os doutrinadores.

28.19 Ao intérprete cabe reconhecer e identificar os diversos aspectos da h.i., aplicando as noções científicas no seu trabalho exegético. Não incumbe ao legislador desdobrar sinoticamente, de forma didática, seus comandos e preceitos, esquematizando-os para facilitar a tarefa do hermeneuta. O legislador não é cientista, nem didata. Esgota sua tarefa formulando a hipótese e o respectivo comando, como melhor lhe pareça.

28.20 Isto é dito, com muita felicidade, por A. D. Giannini: "É natural que os vários elementos, até aqui indicados, da relação obrigatória não se apresentem em todas as espécies tributárias perfeitamente distintos, um do outro. Nos impostos, cuja estrutura é muito singela, quando reduzida à mais simples expressão a situação de fato a que se relacionam (a posse, *exempli gratia,* de um piano), os supraditos elementos, por serem conceitualmente diversos, vêm, de regra, a confundir-se materialmente; mas na maioria dos impostos os elementos supra-indicados (e as normas que lhes dizem respeito) surgem, mesmo exteriormente, perfeitamente distintos. Considere-se, por exemplo, o imposto sobre os contratos que contenham uma transferência de bens: o pressuposto objetivo, em sentido próprio, do tributo consiste no ato jurídico de transferir um bem, que é o objeto em sentido restrito; a relação do sujeito passivo do tributo com o pressuposto é dada pela participação no ato; a base imponível é fornecida pelo complexo das prestações pactuadas ou pelo valor na praça do bem transferido" (*I Concetti Fondamentali del Diritto Tributario*, UTET, 1956, p. 154).

29. Aspecto pessoal

29.1 O aspecto pessoal, ou subjetivo, é a qualidade – inerente à hipótese de incidência – que determina os sujeitos da obrigação tributária, que o fato imponível fará nascer. Consiste numa conexão (relação de fato) entre o núcleo da hipótese de incidência e duas pessoas, que serão erigidas, em virtude do fato imponível e por força da lei, em sujeitos da obrigação. É, pois, um critério de indicação de sujeitos, que se contém na h.i.

A determinação do sujeito ativo é discricionária; seu único limite é que se trate de pessoa com finalidades públicas (por força do princípio da destinação pública dos tributos, exposto por Aliomar Baleeiro e sublinhado por Antonio Roberto Sampaio Dória).

29.2 O sujeito passivo é, no direito constitucional brasileiro, aquele que a Constituição designou, não havendo discrição do legislador na sua designação. Só pode ser posto nessa posição o "destinatário constitucional tributário" (para usarmos a excelente categorização de Hector Villegas). Nos impostos, é a pessoa que revela capacidade contributiva, ao participar do fato imponível, promovendo-o, realizando-o ou dele tirando proveito econômico (CF, art. 145, § 1º).

Nas taxas, o administrado cuja atividade requeira o ato de polícia, ou que provoque, requeira ou, de qualquer modo, utilize o serviço público (CF, art. 145, II). Nas contribuições, o sujeito que receba *especial* benefício ou cause *especial* detrimento ao estado (CF, arts. 145, III e 149). Todo desvio desse critério material implica inconstitucionalidade da lei tributária, no Brasil.

29.3 Hensel sublinha que o sujeito passivo das obrigações, que nascerão dos fatos imponíveis previstos pela hipótese de incidência, é aquele cuja capacidade contributiva é revelada pelo fato imponível. Esta afirmação não pode ser generalizada; nos tributos vinculados (v. § 59) não cabe cogitação quanto à capacidade contributiva, já que o critério informativo das taxas e contribuições é outro, que não qualquer atributo ou qualidade dos contribuintes, como o é a capacidade contributiva, só aplicável aos impostos.

29.4 O legislador é que, explícita ou implicitamente, designa os sujeitos da obrigação tributária, na conformidade do desígnio constitucional. Alhures, ao contrário do Brasil, mostra-o Jarach, "... a atribuição do fato imponível ao sujeito principal depende de diferentes circunstâncias e, definitivamente, de um critério discricionário do legislador" (*Aspecto....* cit., p. 289). Na verdade, o legislador procede à eleição dos sujeitos (aspecto pessoal da h.i.) com certa discrição, exceto no Brasil, onde ele é obrigado, pena de inconstitucionalidade, a pôr como sujeito passivo o destinatário constitucional tributário.

É que, por ser extremamente minuciosa e quase exaustiva, a Constituição brasileira não deixa margem de liberdade ao legislador ordinário, seja para eleger a materialidade da h.i., seja para designar sujeitos passivos. Estes estão implícitos na Constituição: já estão designados no Texto Supremo, ou por dicção expressa, ou pela indicação sistemática, confirmadas pelos princípios da retribuição (art. 145, II), da proporcionalidade (arts. 145, III e 149), quanto às taxas e contribuições, ou capacidade contributiva (art. 145, § 1º), quanto aos impostos.

29.5 Dino Jarach põe a questão em termos claros: "O aspecto subjetivo da hipótese de incidência consiste na definição dos sujeitos ativo e passivo que estão relacionados com as circunstâncias objetivas definidas na lei, de forma tal que surja para uns a obrigação e para outros a pretensão ao imposto" ("Aspectos da hipótese de incidência tributária", in *RDP* 17/287).

No nosso sistema constitucional, isso é feito pelo legislador, preso estritamente ao estabelecido – embora implicitamente – na Constituição. Esta fixa imodificavelmente o destinatário da carga tributária, como o definiu Cleber Giardino, aprimorando as elaborações de Hector Villegas.

Daí que o sujeito passivo designado pelo legislador, no Brasil, só possa ser aquele já constitucionalmente *destinado,* ou alguém que possa transferir-lhe a carga tributária imediata e automaticamente (v. *RDT* 34/204).

29.6 O que, na lei, recebe a qualificação de aspecto pessoal da h.i. é a determinação – explícita ou implícita – do sujeito ativo e o estabelecimento do critério para identificar o sujeito passivo, critério esse que também pode vir explícito (o que é mais raro) ou implícito.

29.7 Arguta é a observação de Paulo Barros Carvalho no sentido de que a h.i. só designa o sujeito ativo (expressa ou implicitamente). Quanto ao sujeito passivo, limita-se a dar o critério para sua determinação. É que só o fato imponível irá concretizar em alguém a indicação genérica e abstrata da lei. Só depois do fato imponível, é possível determinar concretamente o sujeito passivo.

29.8 Por isso, devemos dizer que aspecto pessoal é o atributo da h.i. que determina o sujeito ativo da obrigação tributária respectiva e estabelece os critérios para fixação do sujeito passivo.

O fato imponível, por assim dizer, é que tem conexão física com alguém, que, em regra, é colocado, por força da lei, na situação de sujeito passivo.

29.9 A hipótese de incidência se limita a ditar o critério segundo o qual se vai determinar, *in concretu,* em cada caso, quem é o sujeito passivo.

Aí, mais uma vez, aparece a relevância da distinção entre h.i. e fato imponível. Na h.i. sujeito passivo é "quem vende", "quem recebe renda", "aquele que exporta", "aquele que tiver a propriedade". Diante do fato imponível, sabe-se que o sujeito passivo é João, é José, é Antônio etc.

29.10 A indicação do sujeito passivo é, na maioria dos casos, implícita. Decorre da configuração da h.i. Por isso Jarach escreve que o contribuinte "é o sujeito obrigado em virtude da própria natureza dos fatos imponíveis, que, de acordo com a lei, resultam atribuíveis a dito sujeito, por ser quem os realiza" ("Aspectos da hipótese de incidência tributária", in *RDP* 17/287).

29.10.1 É a imputação das conseqüências jurídicas de um fato a um sujeito: nos impostos é quem revela capacidade contributiva, participando do fato imponível: auferindo renda, sendo proprietário, vendendo etc. Nas taxas, utilizando serviço público ou provocando atos de polícia. Nas contribuições, recebendo benefício *especial* da ação pública, ou provando despesa *especial* do estado.

29.11 Assim A. Becker expõe o aspecto pessoal da hipótese de incidência: "Dentre a infinita variedade de elementos adjetivos que poderão ser escolhidos pelo legislador para especificar o núcleo da hipótese de incidência, existe um elemento adjetivo que sempre, expressa ou implicitamente, está presente na composição da hipótese de incidência. Este elemento adjetivo sempre constante é o que liga a hipótese de incidência a alguém. Esta vinculação da hipótese de incidência a uma ou mais pessoas, normalmente está implícita, quando ela compõe-se de atos; porém, quando seu conteúdo consiste de fato (estrito senso) ou em estado de fato, aquela vinculação surge expressa na composição da hipótese de incidência.

29.12 "A realização da hipótese de incidência está sempre ligada a alguém; entretanto esta ligação (que não necessita ser social, podendo ser de natureza física ou psicológica ou de proximidade etc.) não é relação jurídica" (ob. cit., pp. 299-300).

29.13 A. D. Giannini reconhece dois elementos em que a h.i. se "decompõe": o material – ou pressuposto objetivo – e o pessoal – subjetivo.

O primeiro é o fato em si; o segundo "a relação, preestabelecida na lei, na qual se deve encontrar o sujeito passivo diante do fato, para que possa surgir, para ele, o débito tributário" (*I Concetti Fondamentali del Diritto Tributario*, UTET, p. 152).

Ao sublinhar a circunstância de que essa "relação" é "preestabelecida pela lei" indicou aquilo que nós designamos por aspecto pessoal da hipótese de incidência.

29.13.1 Devemos, no Brasil, entretanto, ler com cautela a literatura do direito comparado (literatura estrangeira). É que, como sublinhado por nós (v. *Sistema constitucional tributário brasileiro,* Ed. RT, 2ª ed., 1990), o legislador, noutros países, tem liberdade para eleger os sujeitos passivos. No Brasil, não tem, porque a Constituição designa os "destinatários constitucionais tributários". Só as pessoas já implicitamente compreendidas no desígnio constitucional podem, pela lei, ser postas como sujeito passivo, na lição de Cleber Giardino.

29.13.2 Igual cuidado deve-se ter ao ler os autores brasileiros que – no afã de traduzir e transplantar a doutrina alienígena – não perceberam essa diferença de postura do constituinte, que tem tão sérias conseqüências práticas.

29.14 O tema comporta aprofundamento. Interessante, a propósito, é ler o excelente trabalho de Dino Jarach, aqui tantas vezes citado (in *RDP*, v. 17, especialmente pp. 296/297), bem como as meditações oportunas de Cleber Giardino (*RDT* 34/216 e ss.).

Os desdobramentos deste tema estão, adiante, nos ns. ***31.2*** e seguintes.

30. Sujeito ativo

30.1 Sujeito ativo é o credor da obrigação tributária. É a pessoa a quem a lei atribui a exigibilidade do tributo. Só a lei pode designar o sujeito ativo. Esta designação compõe a h.i., integrando seu aspecto pessoal.

30.2 A lei que contém a h.i. só pode ser expedida pela pessoa político-constitucional competente (União, Estados, Distrito Federal e Municípios), de acordo com os critérios de repartição de competências tributárias (discriminação de rendas) constitucionalmente estabelecidos. Não se confunde a competência para legislar, com a capacidade de ser sujeito ativo de obrigações tributárias (v. Roque Carrazza, *O sujeito ativo da obrigação tributária*).

30.3 A lei pode atribuir a titularidade de um tributo à própria pessoa pública de que ela (lei) é expressão, ou a pessoa diversa. No primeiro caso, não precisa mencionar expressamente o sujeito ativo. Sua determinação é implícita. Se lei do estado "x" cria um tributo e não explicita quem será o sujeito ativo das relações obrigacionais concretas que irão nascer, sabe-se que ele (sujeito ativo) será o próprio estado "x".

30.4 Sujeito ativo é, em regra, a pessoa constitucional titular da competência tributária. Nestes casos (regra geral), a lei não precisa ser expressa na designação do sujeito ativo. Se nada disser, entende-se que sujeito ativo é a pessoa titular da competência tributária. Em outras palavras: a regra geral é que o sujeito ativo é a pessoa cuja lei criou a h.i. (no Brasil, União Federal, Estados Federados, Distrito Federal e Municípios). Está ele implícito na h.i., não havendo necessidade de que seja sua indicação formulada explicitamente.

30.5 Se, entretanto, a lei quiser atribuir a titularidade da exigibilidade de um tributo a outra pessoa que não a competente para instituí-lo, deverá ser expressa, designando-a explicitamente; na maioria das vezes, assim se configura a parafiscalidade (v. Geraldo Ataliba, *Sistema Constitucional Tributário Brasileiro,* Ed. RT, 2ª ed., 1990)

30.6 No caso dos tributos não vinculados (impostos), presume-se sujeito ativo (quando não explicitamente designado pela lei) a pessoa competente para instituí-los. No caso dos vinculados, presume-se sujeito ativo a pessoa exercente da atuação posta no núcleo da hipótese de incidência.

30.7 Em outras palavras: se os tributos vinculados têm por hipótese de incidência uma atuação estatal, a pessoa que exerça essa atuação (União, Estados, D. Federal, Municípios, Autarquias, sociedades mistas e empresas públicas) será seu titular – e, em conseqüência, sujeito ativo.

Os critérios para fixação substancial do sujeito ativo, pelo legislador, são políticos, não exercendo nenhuma influência na exegese jurídica. A lei (h.i.) designará como sujeitos as pessoas que discricionariamente o legislador entender oportuno eleger, observados os critérios constitucionais.

30.8 Por isso, na lei do imposto de renda, ou do imposto sobre produtos industrializados (IPI), por exemplo, debalde se procurará expressa menção do sujeito ativo. É que, se a lei nada dispuser expressamente em contrário, estará dizendo implicitamente que sujeito ativo é a União, já que a Constituição lhe atribuiu competência para criar tal imposto. Se quisesse o legislador federal outorgar capacidade para exigi-lo a outra pessoa, devia fazê-lo expressamente. Em não o fazendo, está dispondo implicitamente que sujeito é a própria União.

30.9 Já quando foi criada a contribuição previdenciária federal, deveu a lei dizer expressamente que o sujeito ativo é a autarquia previdenciária federal. Se o não dissesse, sujeito ativo seria a União.

A taxa de pedágio exigida nas rodovias federais tem como sujeito ativo uma autarquia federal, o Departamento Nacional de Estradas de Rodagem, por expressa disposição legal (aspecto pessoal da h.i.).

30.10 A lei federal poderá dar ao DNER ou ao DNOCS, por exemplo, a titularidade (capacidade para ser sujeito ativo) de contribuição de melhoria, referente à valorização imobiliária causada por suas obras (federais).

30.11 Algumas vezes recebem (da lei) esta qualidade de ser sujeito ativo de obrigação tributária pessoas de direito privado, como é o caso do SESC, SENAC, SENAI. São expressamente indicadas pela lei tributária (h.i.) como titulares de certos tributos lançados e cobrados por si ou por outras pessoas (v. Roque Carrazza, *Sujeito ativo...*, p. 40).

31. Parafiscalidade

31.1 Surge aí o fenômeno que se convencionou designar pela expressão parafiscalidade.

Consiste isso em a lei atribuir a titularidade de tributos a pessoas diversas do estado, que os arrecadam em benefício das próprias finalidades. É o caso de autarquias dotadas de capacidade tributária ativa (INSS, DNER, OAB, CONFEA, CEF) ou de entidades paraestatais, pessoas de direito privado chamadas pela lei a colaborar com a administração pública, como as define Celso Antônio Bandeira de Mello (*Natureza e Regime Jurídico das Autarquias,* cit., p. 356).

31.2 Roque Carrazza conceitua a parafiscalidade nos termos seguintes: "... é a atribuição, pelo titular da competência tributária, mediante lei, de capacidade tributária ativa, a pessoas públicas ou privadas que persigam finalidades públicas ou de interesse público), diversas do ente imposto, que, por vontade desta mesma lei, passam a dispor do produto arrecadado, para a consecução dos seus objetivos" (*O sujeito ativo* ..., p. 40).

31.3 A circunstância de o sujeito ativo não ser a própria entidade estatal (União, Estado ou Município), mas outra pessoa designada pela lei – que arrecada o tributo em proveito das próprias finalidades – em nada altera o regime tributário, que deverá persistir sendo observado.

31.4 Rubens Gomes de Sousa faz excelente resenha do estado da questão na doutrina internacional e nacional, de inexcedível valor (v. *RDP* 17/314 e ss.).

31.5 Esta indicação explícita ou implícita, contida na lei tributária, da pessoa que irá ser sujeito ativo das obrigações nascidas dos fatos imponíveis, integra a h.i. e constitui seu aspecto pessoal, juntamente com o critério de determinação do sujeito passivo.

32. Sujeito passivo. Desdobramentos do tema

32.1 Sujeito passivo da obrigação tributária é o devedor, convencionalmente chamado contribuinte. É a pessoa que fica na contingência legal de ter o comportamento objeto da obrigação, em detrimento do próprio patrimônio e em favor do sujeito ativo. É a pessoa que terá diminuição patrimonial, com a arrecadação do tributo.

32.2 Dizemos que a hipótese de incidência indica o critério para identificação do sujeito passivo – e não o determina imediatamente – porque só o fato imponível se relaciona com alguém determinado *hic et nunc*. Por isso Jarach escreveu: "Os sujeitos da relação tributária não são um elemento *a priori*, nem desvinculado do pressuposto de fato objetivo. Não há uma relação intersubjetiva, com prescindência da obrigação tributária concreta, que surge da verificação dos fatos definidos pela lei" ("Estruturas e elementos da relação jurídica tributária", in *RDP* 16/337).

32.3 É sujeito passivo, em regra, uma pessoa que está em conexão íntima (relação de fato) com o núcleo (aspecto material) da hipótese de incidência. Ao exegeta incumbe desvendar esta conexão, nos casos em que a lei não explicita tal circunstância. Muitas vezes a lei contém indicação pormenorizada, explícita e precisa – embora conceitual – do sujeito passivo, simplificando a exegese.

O legislador – inspirado pela ciência das finanças – orienta-se por princípios financeiros na configuração da hipótese de incidência, quanto ao aspecto *subjetivo passivo*. Em todos os casos, no Brasil, só pode ser onerado o destinatário constitucional tributário, porque esse juízo político-financeiro foi exaurido pelo constituinte.

32.4 Tais critérios, pré-jurídicos, de nenhuma forma exercem influência na configuração da conexão, tal como afinal resulta no texto legal. Muitas vezes, porém, o seu conhecimento auxilia a exegese legal, principalmente nos casos duvidosos: é que, para se saber quem suportou a carga tributária – para verificar-se se foi o destinatário constitucional – às vezes as elaborações de ciência das finanças são esclarecedoras.

32.5 A indicação do critério para identificação do sujeito passivo nem sempre é expressa. Neste caso, é implícita e deve ser deduzida, pelo intérprete, do sistema constitucional, sempre tendo em vista o fato imponível.

Disse-o, com outras palavras, o autorizado Dino Jarach: "... há impostos que, como se viu, nem sequer contêm, nas disposições legais pertinentes, a definição dos sujeitos. Por outra parte, quando a lei define e estabelece seu grau de responsabilidade, relativamente ao pagamento do tributo e ao alcance de sua pretensão – tratando-se de sujeitos ativos – o faz, exclusivamente, em conexão com os fatos objetivos que constituem o pressuposto legal da obrigação" ("Estrutura e Elementos" ... cit., pp. 337-338).

32.6 Quanto ao aspecto pessoal, assinalamos com Cleber Giardino:

"Em princípio, só pode ser posta, pelo legislador, como sujeito das relações obrigacionais tributárias, a pessoa que – explícita ou implicitamente – é referida pelo texto constitucional como 'destinatário da carga tributária' (ou destinatário legal tributário, na feliz construção de Hector Villegas, cf. artigo in *RDP* 30/242).

"Será sujeito passivo, no sistema tributário brasileiro, a *pessoa que provoca, desencadeia ou produz* a materialidade da hipótese de incidência de um tributo (como inferida da constituição) ou 'quem tenha relação pessoal e direta' – como diz o art. 121, parágrafo único, I do CTN – com essa materialidade. Efetivamente, por simples comodidade ou por qualquer outra razão, não pode o Estado deixar de colher uma pessoa, como sujeito passivo, para, discricionária e arbitrariamente, colher outra" (*RDT* 34/216)

"De tudo se vê que não é livre o legislador ordinário na escolha dos sujeitos passivos. Pelo contrário, ele é obrigado a colher como tal *somente aquela pessoa que realmente corresponda às exigências do aspecto pessoal da hipótese de incidência*, tal como determinada (pressuposta), em seus contornos essenciais, pelo próprio texto constitucional: o 'realizador' da operação tributável" (*RDT* 34/217).

32.7 O legislador deve colocar como sujeito passivo, nos impostos, a pessoa cuja capacidade contributiva é manifestada (revelada) pelo fato imponível. No Brasil, é a Constituição (art. 153, § 1º) que obriga tal proceder, identicamente, nos regimes constitucionais que consagram, de modo restritivo para o legislador ordinário, o princípio da capacidade contributiva, como a Itália e a Espanha.

32.8 Nos impostos, o sujeito passivo é alguém de alguma forma relacionado com o fato posto como aspecto material da hipótese de incidência, de modo que se infira ser o titular da capacidade contributiva onerada.

A importância do aspecto pessoal fica bem saliente, nos casos em que a modificação do sujeito passivo pode alterar até a classificação de um imposto.

32.9 Exemplo expressivo disto está no imposto sobre remessas de juros para o exterior. Enquanto o contribuinte era o beneficiário, tinha-se imposto sobre a renda. Com a superveniência da lei que definiu o remetente como contribuinte, já não se está mais diante de imposto sobre a renda, mas sim imposto sobre despesa.

32.10 O saudoso Amílcar Falcão começou a vislumbrar a significação da questão com admirável nitidez, embora de forma ainda incipiente. Teve oportunidade de escrever: "Dir-se-á que a alusão ao sujeito passivo da obrigação tributária, como a faz Seabra Fagundes, é importante para aferir-se a identidade dos impostos considerados. É e não é: depende do caso. A figura do sujeito passivo é relevante, *in hypothesi,* quando dela resulta, conforme a situação, a alteração da natureza do fato gerador e, pois, do próprio imposto" (*Sistema Tributário Brasileiro*, Ed. Financeiras, p. 112).

32.11 Em suma, o critério para determinação do sujeito passivo está na hipótese de incidência. A ocorrência do fato imponível irá fixar (revelar, declarar) concretamente a Tício ou Caio, em cada caso concreto.

O critério legal obedece a princípios que conduzem o legislador – ao formular a h.i. – a sujeitar quem, de algum modo, esteja em conexão com o fato imponível, de forma a ter sua riqueza, por ele, revelada. Será o destinatário constitucional tributário.

33. Sujeito passivo nos tributos vinculados

33.1 Quanto aos tributos vinculados, é mais intuitiva e fácil a determinação do sujeito passivo. É a pessoa que utiliza um serviço, tem-no à disposição ou é atingida por um ato de polícia ou ainda a que recebe especial benefício de uma atividade pública, ou a provoque.

Estas diferentes configurações da h.i. – determinando critérios diversos para a designação do sujeito passivo – decorrem da classificação dos tributos em espécies.

33.2 De modo geral, certa conexão fática (provocar, requerer, exigir, utilizar) entre uma pessoa e a atuação posta no núcleo da h.i. – nos tributos vinculados – autoriza o legislador a colocá-la como sujeito passivo da correspondente obrigação tributária. Como o princípio básico da tributação é a isonomia, a equivalência é o critério do legislador e do intérprete da lei tributária.

33.3 O legislador aqui é orientado por critérios pré-jurídicos de ciência das finanças. Os princípios constitucionais implícitos servem de limite à sua faculdade, nesta matéria. Efetivamente, a sistemática constitucional exige que o legislador ponha, como sujeito passivo dos tributos vinculados, só as pessoas que se relacionem, de algum modo, com a atuação estatal que figura no núcleo da respectiva h.i. Não tem, nesta matéria, nenhum arbítrio o legislador. Seu guia é o princípio da equivalência (nas taxas) ou da compensação (nas contribuições) (v. capítulo III).

34. Sujeição passiva indireta

34.1 Por razões metajurídicas – que não importa aqui recordar precisamente porque juridicamente irrelevante – o legislador muitas vezes dispõe que seja sujeito passivo pessoa que não corresponde rigorosamente à configuração supradescrita, ou ainda desloca a qualidade de sujeito passivo de uma pessoa para outra, que fica na posição jurídica daquela.

Assim, ou a obrigação já nasce tendo como sujeito passivo alguém que não corresponde à configuração indicada pela Constituição – quando prevê o destinatário tributário – ou a sujeição passiva desloca-se, por força de lei, para outra pessoa. Isto só é possível quando o desígnio constitucional não seja desacatado.

34.2 O estudo da sujeição passiva, em todas as suas configurações, não é objeto deste tópico. Importa, porém, observar as balizas constitucionais à discrição – jamais arbítrio – do legislador, nesta matéria.

34.3 O importante é, a este propósito, sublinhar bem que a determinação do sujeito passivo da obrigação tributária depende da hipótese de incidência, que é prefixada – no Brasil – pela Constituição. Com Cleber Giardino, escrevemos:

34.4 "Na verdade, a substituição é, entre nós, figura de difícil delineamento. É um instituto excepcional que exige da parte do legislador ordinário extremos cuidados, para não incidir em inconstitucionalidades, pela violação de princípios ou desobediência a preceitos expressos ou implícitos, constantes do texto constitucional, que se opõem, como desdobramentos ou corolários das características do sistema constitucional tributário" (*RDT* 34/216).

34.5 "Não pode a lei atribuir a sujeição passiva a quem não tenha sido nitidamente referido no desígnio constitucional; a quem não seja o destinatário da carga tributária, segundo a referência constitucional (peculiaridade do nosso sistema de Constituição minuciosa e exaustiva, de descriminação tributária rígida).

"Na própria designação constitucional do tributo já vem implicitamente dito 'quem' será o seu sujeito passivo. No quadro dos contornos fundamentais da hipótese de incidência dos tributos – que estabelece a Constituição Federal ao instituir e partilhar competências tributárias, entre União, Estados e Municípios – está referido o sujeito passivo do tributo, aquela pessoa que, *por imperativo constitucional,* terá seu patrimônio diminuído, como conseqüência da tributação (v. Hector Villegas, in *RDP* 30/271).

"É óbvio, assim, que só pode ser sujeito passivo da relação obrigacional tributária de imposto de renda aquele que recebe renda. Do imposto de exportação, quem exporta. Do de importação, quem importa. Do sobre serviços, o prestador. Como só pode ser sujeito passivo do imposto predial o dono do prédio. E assim por diante" (p. 217).

34.6 "Parece de evidência total que não pode a lei exigir de alguém – que mora no primeiro andar de um prédio – o imposto de renda devido por todos os moradores do prédio, simplesmente porque a cobrança, assim, se torna mais fácil! Nem exigir de quem more na esquina, o imposto predial de todos os contribuintes daquele quarteirão – ou ainda que, depois, se lhe assegurem mecanismos de reembolso junto aos demais – só porque tal expediente é cômodo à Administração.

"Seria supremo arbítrio exigir tributo de alguém, simplesmente pela circunstância de que é mais fácil colhê-lo do que ao destinatário da carga tributária, como induzido pela Constituição. Esse raciocínio nos leva à conclusão de que há *exigência constitucional implícita,* no sentido de que um imposto somente pode ser cobrado daquela pessoa cuja capacidade contributiva seja revelada pelo acontecimento do fato imponível ou, nos casos de tributos vinculados, somente daquela pessoa a que a atuação estatal se refira de alguma maneira" (idem).

34.7 "Do contrário, o 'fato tributável', referido constitucionalmente como '*necessário*' e 'suficiente' para a exigência do tributo, se converterá em mero 'pressuposto' de tributação. Pois é no que se resumiria se, acontecido, estiver facultado ao Poder Público cobrar tributo de quem (a lei) quiser e do modo como (a lei) quiser. A perspectiva do 'esvaziamento' – da verdadeira 'inutilidade' da discriminação constitucional de competências tributárias – diante da compreensão deste conteúdo, postula obrigatória coordenação dos raciocínios correntes sobre essa matéria" (p. 218).

34.8 "Há 'responsabilidade tributária, sempre que, pela lei, ocorrido o fato imponível, não é posto no pólo passivo da obrigação conseqüente (na qualidade de obrigado tributário, portanto) o promovente ou idealizador do fato que suscitou a incidência (o contribuinte *stricto sensu* – art. 121, parágrafo único, I, do CTN, o sujeito passivo 'natural' ou 'direto' como usualmente designado), se não um terceiro, expressamente referido na lei. Assim, *v.g.*, o despachante aduaneiro (o contribuinte do imposto de importação é o importador); o transportador (contribuinte do IPI é o industrial vendedor), a fonte pagadora (contribuinte do imposto sobre a renda é o beneficiário do rendimento) etc. Em todos esses casos é um terceiro, diverso do 'destinatário legal tributário' (Villegas) ou seja, diverso do 'realizador' do fato imponível, quem assume, na relação jurídico-tributária, a posição de obrigado ao pagamento do tributo. Há, portanto, visivelmente, nesses casos, obrigação de pagar 'tributo alheio', tributo pertinente a outrem, logicamente atribuível ao sujeito passivo 'natural', o contribuinte, na expressiva designação de Jarach. Dessa natureza a carga tributária exigível ao 'responsável'" (p. 219).

34.9 "Exatamente por isso é que, nos casos em que se institui 'responsabilidade' ou 'substituição':

"a) a obrigação é estruturada tendo em consideração as características objetivas do fato imponível implementado pelo contribuinte. O responsável, na verdade, não realiza o fato relevante para determinar o surgimento da obrigação – tão-só é posto, pela lei, no dever de prover o recolhimento de tributo decorrente de fato *provocado* ou *produzido* por outrem;

"b) os elementos subjetivos que eventualmente concorram na realização do fato, ou na formação da obrigação, são estabelecidos em consideração à pessoa do contribuinte (e não à pessoa do responsável ou substituto). Assim, *v.g.*, os casos de isenções ou imunidades subjetivas, gradações pessoais do imposto de renda na fonte etc.;

"c) a carga do tributo não pode – e não deve – ser suportada pelo terceiro responsável. Por isso é rigorosamente imperioso que lhe seja objetivamente assegurado o direito de haver (percepção) ou descontar (retenção), do contribuinte, o *quantum* do tributo que deverá pagar por conta daquele" (idem).

34.10 "Ora, é natural que tais implicações (da chamada 'sujeição passiva indireta') obrigam revestir seu regime jurídico de extremas limitações e restritíssimo âmbito de aplicação. Daí que – assegurando a observância desses princípios fundamentais do exercício da tributação – tenha disposto o art. 128 do CTN só pode ser imputada 'responsabilidade tributária' a quem esteja *vinculado* ao fato imponível (o chamado 'fato gerador'). Isto é, somente pessoas que – pela proximidade material com os elementos fáticos determinantes da incidência – possam adequadamente conhecer os contornos e características dos fatos produtores das relações jurídicas (em que se envolvem) é que podem ser postas, pela lei, na condição de 'responsáveis'. Nesse restrito quadro fático, necessariamente, terão controle sobre os dados objetivos contidos no fato acontecido; conhecerão as notas subjetivas eventualmente influentes da obrigação de que são titulares passivos; poderão, eficazmente, exercer as faculdades regressivas implicadas no regime. Terão, enfim, adequadas condições de exercer todos os direitos subjetivos que, no campo da tributação – atividade rigidamente vinculada – são constitucionalmente reconhecidos aos que devem pagar tributos, seja a título próprio, seja por conta de terceiros" (idem).

34.11 "Visível, portanto, que nas hipóteses de 'responsabilidade tributária' tem-se fenômeno de pagamento (juridicamente considerado) de 'tributo alheio' por terceiro (não-contribuinte) diverso do realizador do fato sujeito à incidência (este sim, o contribuinte). Nesse sentido, o instituto atina, a mutações no pólo passivo de relações jurídico-tributárias, elegendo, como obrigado tributário, pessoa que, *por definição,* é diversa daquela usada constitucionalmente" (p. 220).

"Tudo deve passar-se desse modo na substituição tributária (modalidade de responsabilidade tributária).

"Em primeiro lugar, o regime jurídico aplicável será o *regime do substituído* e não o regime do substituto. O substituto está pagando tributo alheio, vai pagar o que deve outro sujeito, nas condições pessoais dele, o substituído. É imperativo que o regime jurídico, legal e constitucional, aplicável seja o da outra pessoa.

"Se o substituído é imune, ou isento, se tem direito a redução ou dilação tributária, o substituto exercitará os direitos correspondentes (Baleeiro, *Direito Tributário Brasileiro,* Forense, 10ª ed., p. 480).

"Em segundo lugar, a lei aplicável é a vigente na *data das operações sujeitas à substituição* e não a vigente na data da operação do substituto. É de evidência solar que não se pode sequer invocar o modelo da substituição, se a lei aplicável não é a da data da oneração do substituído. Isso está dito, no art. 144 do CTN, de modo patente, claro, insofismável e explícito. Não haveria necessidade de frisar essa exigência. A lei aplicável, no caso da substituição, é a lei do *momento do acontecimento do fato imponível,* ocorrido por obra e graça do substituído.

"Em último lugar, requer a Constituição que a lei estabeleça mecanismos expeditos, ágeis, prontos e eficazes de ressarcimento do substituto, *sob pena de comprometimento da validade da substituição.*

"Isto por força de três exigências constitucionais. A primeira, o princípio da igualdade de todos perante a lei, em cujas dobras se contém o princípio da capacidade contributiva. Se o fato imponível é imputável ao substituído, dele é a manifestação de capacidade contributiva revelada pela sua ocorrência, como sublinha Amílcar Falcão.

"A segunda, o princípio constitucional que proíbe o confisco. Se não houver ressarcimento do substituto, pelo substituído, de modo ágil, eficaz, imediato e expedito, o substituto estará pagando o tributo cujo destinatário é outrem. Estará arcando com carga tributária correspondente a uma capacidade econômica (revelada pelo fato imponível) que não revelou, e que portanto, somente a outrem (e não a ele) poderia ser imputada.

"A terceira – estes argumentos se harmonizam no contexto constitucional – porque a Constituição sempre designa implicitamente quem é o sujeito passivo do tributo. A designação é implícita, porém nem por isso é menos categórica.

"Ao fazê-lo, o texto constitucional já estabelece que a capacidade contributiva a ser atingida pelo tributo é a do sujeito 'vinculado' ao fato imponível (como o explicita o art. 128 do CTN).

"Não teria sentido a Constituição fazer menção a uma determinada figura, e consentir desprezar as necessárias conseqüências jurídicas do reconhecimento da existência, em concreto, dessa figura.

"Importa deixar sublinhado que as exigências constitucionais rigidíssimas em matéria da sujeição passiva de tributos *obrigam* regime estrito e excepcional para as figuras (restritivamente admissíveis) da responsabilidade e da substituição tributária.

"A ausência de respeito pela lei, *pelo menos,* aos requisitos *mínimos* acima apontados, inutiliza a cláusula legal instituitória da substituição ou responsabilidade, inibindo sua aplicação e eficácia.

"Todos os estudos elaborados a respeito da discriminação de competências tributárias, a partir das robustas meditações de Rubens Gomes de Sousa, Aliomar Baleeiro e Gilberto de Ulhoa Canto, até os mais recentes trabalhos de Antônio Roberto Sampaio Dória e Paulo Barros Carvalho, mostram que o fato imponível não é, nem pode ser mero 'pretexto' para tributação; muito mais que isso, deve ser entendido como expressão de *conteúdos normativos rigorosamente desejados, previstos e incluídos* nos desígnios constitucionais em matéria de tributação. Ora, a Constituição é *sempre* expressa implícita ou explicitamente em prescrever quem são os sujeitos passivos de tributos (e, na verdade, em ambas as hipóteses, a eficácia dos comandos constitucionais é a mesma).

"Por isso, a 'deslocação' do sujeito passivo é absolutamente excepcional no sistema brasileiro, exigindo rigoroso e extremo cuidado do legislador exatamente para que não se vulnerem, sejam os desígnios constitucionais referidos, sejam os diversos preceitos que harmonicamente – compondo o sistema constitucional tributário – têm em vista assegurar a eficácia daqueles mesmos princípios (entre eles, o da capacidade contributiva e o da igualdade)."

35. Aspecto temporal

35.1 A lei continente da h.i. tributária traz a indicação das circunstâncias de tempo, importantes para a configuração dos fatos imponíveis. Esta indicação pode ser implícita ou explícita. Na maioria das vezes é simplesmente implícita.

35.2 Acontecendo concretamente fatos descritos na h.i., depois da vigência da lei em que inserida – e enquanto perdure esta – tais fatos serão "fatos imponíveis", aptos, portanto, a darem nascimento a obrigações tributárias.

35.3 Raramente a lei tributária estabelece condições especiais explícitas de tempo, restringindo o âmbito da h.i. e, portanto, limitando a só alguns fatos – cabentes na descrição em que a h.i. consiste – a qualificação de fatos imponíveis.

35.4 A mais importante função do aspecto temporal diz respeito à indicação – necessariamente contida na hipótese de incidência – do momento em que se reputa ocorrido o fato imponível (e, pois, nascida a obrigação tributária).

35.5 Não é este aspecto, pois, em regra, um fator destacado dos demais que conformam a h.i., mas, tão-somente uma implicação da própria configuração geral da h.i.

35.6 Define-se o aspecto temporal da h.i. como a propriedade que esta tem de designar (explícita ou implicitamente) o momento em que se deve reputar consumado (acontecido, realizado) um fato imponível.

Os modos mediante os quais o legislador se expressa são os mais variados. Isto é relevante, para fins de exata apuração da lei aplicável (questões de vigência e eficácia da lei), da observância da irretroatividade (art. 150, III, "a") e anterioridade (art. 150, III, "b"), além da contagem dos prazos de decadência e prescrição.

35.7 Pode a lei mencionar uma data (caso dos impostos imobiliários), uma circunstância determinável no tempo; isto se dá com o imposto sobre operações mercantis (ICMS). Sua h.i. é a realização, por comerciante ou equiparado, de operação jurídica mercantil que importe (impulsione, provoque) circulação – entendida juridicamente como mudança de titular – de mercadoria. O aspecto temporal da h.i. é explicitamente disposto pela lei como sendo a sua saída do estabelecimento do sujeito passivo. A referência à saída é uma indicação – não da materialidade da h.i. – mas do momento em que deve ser reputado consumado o fato imponível. Se a lei assim não dispusesse expressamente, o momento a ser considerado seria o da prática do ato jurídico mercantil posto como aspecto material da h.i.

35.8 Enfim, é o legislador que discricionariamente estabelece o momento que deve ser levado em consideração para se reputar consumado um fato imponível. E esta indicação legislativa (que pode ser, repita-se, explícita ou implícita) recebe a designação de aspecto temporal da h.i.

35.9 Se o legislador se omitir, estará implicitamente dispondo que o momento a ser considerado é aquele em que o fato material descrito ocorre (acontece). Deve-se entender, pois, que sempre há aspecto temporal da h.i. Este é, em todos os casos, disposto pelo legislador, ainda que nem sempre explicitamente.

35.10 Há um limite constitucional intransponível à discrição do legislador, na fixação do aspecto temporal: não pode ser anterior à consumação (completo acontecimento) do fato. Isto violaria o princípio da irretroatividade da lei (art. 150, III, "a"). Daí a inconstitucionalidade das antecipações de tributos (algumas vezes camufladas sob a capa da substituição tributária).

35.11 A determinação do momento do nascimento da obrigação tributária (aspecto temporal da h.i.) está nas disposições legislativas. Dino Jarach é incisivo, ao sublinhá-lo: "Para a delimitação temporal das hipóteses de incidência, o legislador pode adotar diferentes posturas: pode atribuí-las ou imputá-las – para os efeitos da obrigação tributária que nasce – a um período, ou ainda pode considerá-las no resultado último, ao finalizar o processo; ou bem adotar um momento qualquer do próprio processo inicial ou final" (*RDP*, v. 17, cit.).

36. Colocação tradicional do tema

36.1 A doutrina costuma sustentar que, conforme a sua estrutura (da h.i.) seja singela ou complexa – isto é, segundo os dados de fato arrecadados pelo legislador para erigi-la se constituam de um fato ou acontecimento singelo, único e simples, ou de um estado de fato, ou situação de fato ou conjunto de fatos – poderemos classificar a h.i. como simples ou complexa.

36.2 Classificar-se-ia – de acordo com a literatura dominante – como simples aquela que se conforma pela conceituação de um fato ou acontecimento uno e singelo. A implicação temporal está em que, ocorrido o fato (acontecido empiricamente), verifica-se o fato imponível (nasce, portanto, uma obrigação tributária). A eclosão do efeito jurídico magno e principal da h.i. se dá a cada ocorrência concreta do fato previsto.

36.3 Já h.i. complexa seria a que se configura pela conjunção de diversos acontecimentos ou fatos, pela compreensão de uma situação integrada por variados elementos e os reúne numa só figura (h.i.). Neste caso, o fato imponível só se daria com a completa realização de todos os elementos de fato. Reputa-se ocorrido o fato imponível, só no momento em que o último dos fatos requeridos pela h.i. se verificar, integrando a figura, isto é: subsumindo-se inteiramente à h.i.

36.4 Estas duas possíveis configurações da h.i. têm – para essa corrente doutrinária – relevante significado, em termos temporais: é que o momento em que se deve reputar consumado o fato imponível depende do acontecimento do fato simples, no primeiro caso, ou perfeição (perfazimento) integral da situação prevista, no segundo.

Exemplo do primeiro caso se aponta no imposto sobre vendas; do segundo, incidente sobre a renda, tal como juridicamente conceituada.

36.5 Em termos de aplicação da lei tributária no tempo – de que cuidou, entre nós, com mestria A. R. Sampaio Dória – este discernimento é de supina relevância para os doutrinadores que adotam tal posição.

Outra classificação que se costuma fazer – não já das hipóteses de incidência, quanto ao seu aspecto temporal, mas – dos fatos imponíveis, concerne não tanto à estrutura dos fatos, mas, mais propriamente, à sua dinâmica. Segundo esta forma de classificá-los, os fatos imponíveis podem ser instantâneos ou periódicos.

36.6 Instantâneos seriam os fatos imponíveis que consistem em fatos consumáveis definitivamente no tempo, fatos que se esgotam num átimo. O fato imponível ocorre, acontece, realiza-se num instante, num momento determinado, esgotando concretamente a previsão constante da h. i. Com isto, a determinação do momento de sua verificação ou ocorrência se resolve na apuração do momento de sua exteriorização, que realiza o conceito legal em instante determinado e determinável. A cada repetição do mesmo fato, tem-se fato imponível autônomo e distinto dos antecedentes. Como conseqüência, tantas obrigações quantos forem os fatos imponíveis.

36.7 Ao contrário destes casos – em que os fatos, por sua própria natureza, se definem, se colocam e se localizam objetivamente no tempo – outros haveria em que os fatos arrecadados pelo legislador (para erigir a hipótese de incidência) não teriam por sua própria natureza nenhum compromisso com o tempo, nenhuma situação temporal definida: são fatos persistentes. São as h.i. que consistem em situações ou estados, como "ser titular de domínio", "ser titular de direito de posse", etc.

36.8 Nestes casos, embora haja um momento inicial do estado ou situação, bem como um momento de modificação ou extinção desta, a própria consistência da h.i. é uma situação permanente, que, enquanto não alterada é imutável e persistente, sem nenhum compromisso temporal. Estas situações estáticas não podem ser definidas, relativamente ao tempo, senão pelo legislador, que há de expressamente referidas a coordenadas arbitrárias de tempo, como que artificialmente estabelecidas (pelo próprio legislador). Nestes casos, o fato imponível só é reputado consumado (exaurido, verificado) no momento fixado na lei (h.i.).

36.9 A. D. Giannini, embora sem muita ênfase, parece prestigiar esse pensamento ou, pelo menos, os que assim pensam podem em suas palavras encontrar apoio. Escreveu o grande mestre italiano: "Porém, como já se teve ocasião de advertir, a reprodução da obrigação tributária de período em período não deve induzir a considerar que se cuida de uma só obrigação, cujo cumprimento seja repartido no tempo. Para cada período, pelo contrário, surge uma nova obrigação, de tal forma que, uma vez determinado o período tributário, a obrigação periódica não se distingue mais das instantâneas, senão nisto que para esta perdura, nos limites supra-indicados, a eficácia do lançamento relativo da obrigação inicial, onde, para cada obrigação instantânea, se requer necessariamente um distinto lançamento" (*I Concetti Fondamentali del Diritto Tributario*, UTET, 1956, p. 177).

36.10 Amílcar Falcão dedica excelentes páginas à exposição desta mesma classificação e seus fundamentos, invocando autorizada doutrina estrangeira.

Para esse autor, "instantâneos são os fatos geradores... que ocorrem num momento dado de tempo e que, cada vez que surgem, dão lugar a uma relação obrigacional tributária autônoma. Exemplo: o fato gerador venda, em relação ao imposto de vendas ...; o fato gerador importação (isto é, transposição de lindes, limites ou barreiras aduaneiras em relação ao imposto de importação, etc.". Por outro lado, "complexivos ou periódicos são os fatos geradores... cujo ciclo de formação se completa dentro de um determinado período de tempo (*Zeitabschnitt, Stseuerabschnitt, periodo d'imposta*) e que consistem num conjunto de fatos, circunstâncias ou acontecimentos globalmente considerados. Exemplo: o fato gerador renda (isto é, o fluxo de riqueza que vem ter às mãos do seu destinatário e que importa um aumento do seu patrimônio, durante um período de tempo determinado), em relação ao imposto de renda" (*Direito Tributário Brasileiro*, Ed. Financeiras, 1960, p. 287).

36.11 Salienta que essa distinção permite determinar-se que ocorre a incidência "quando se realiza cada fato isolado... ou quando se completa o ciclo de formação de um fato ou situação globalmente considerados..." (ob. cit., p. 288). Aí o critério para se identificarem casos de retroatividade (vedada constitucionalmente) da lei. Aí também o critério para – segundo o mesmo autor – distinguirem-se os impostos sobre atos jurídicos.

36.12 Esta argumentação – a despeito de parecer profícua e rentável – além de ter perdido qualquer possível utilidade, com o desaparecimento da menção constitucional a impostos sobre "atos e instrumentos regulados por lei" federal, estadual e municipal (arts. 15, 19 e 29 da Constituição de 1946), toma por pressuposto um discernimento entre hipóteses de incidência cujas consistências sejam atos ou fatos.

36.13 Ora, o próprio Amílcar Falcão ensina que a hipótese de incidência, para o direito tributário, é um fato jurídico, não importando se, para outros ramos do direito, se configura como ato ou fato. É sua esta excelente e categórica afirmação: "É o fato gerador um fato jurídico em sentido estrito. Pode exprimir-se a mesma idéia, afirmando não ser ele, para o direito tributário, um ato jurídico de conteúdo negocial ou um negócio jurídico" (*Fato Gerador...*, 2ª ed., p. 63).

37. *Classificação dos impostos baseada no aspecto temporal da h.i.*

37.1 Toda a utilidade destas classificações estaria no estabelecimento de um critério para reconhecimento do momento em que se reputa ocorrido o fato imponível – momento do nascimento da obrigação tributária (aspecto temporal da h.i.).

A doutrina tradicional costuma classificar os "fatos geradores", quanto à estrutura, em simples e complexos e, quanto ao processo de sua formação, em complexivos, instantâneos e continuados.

37.2 Antônio Roberto Sampaio Dória – um de nossos mais autorizados doutrinadores – escrevendo sobre o imposto de renda, expôs o raciocínio dos sustentadores dessa posição, pela seguinte forma: "Fixa-se aqui, de modo nítido, que o imposto se torna devido em um dado exercício financeiro sobre a renda líquida percebida no ano civil imediatamente anterior. Por conseguinte, o fato gerador do imposto ocorre a 1º de cada ano (data inaugural do exercício financeiro) e sua base de cálculo é dada pela renda líquida auferida no período de 1º de janeiro a 31 de dezembro imediatamente anteriores (rendimentos menos deduções e abatimentos verificados no ano civil precedente).

37.3 "De evidência, pois, que o fato gerador do imposto de renda brasileiro sobre as pessoas físicas é da natureza dos complexivos, cujo processo de formação se aperfeiçoa após o transcurso de unidades sucessivas de tempo, resultando de um conjunto de fatos, atos ou negócios renovados durante o ano civil imediatamente anterior àquele em que o imposto é devido" (artigo in "Cadernos de Direito Tributário", *RDP* 18/362).

E, logo adiante, prossegue:

37.4 "Ora, dada a natureza própria de cada imposto, determinada pela realidade econômica em que assenta, pode o legislador eleger, dentro de um espectro mais ou menos amplo de alternativas ou opções válidas, qual o momento em que um específico fato gerador se exterioriza, desprezando outras componentes de fato que integram a mesma realidade econômica e cuja manifestação, antes ou depois, é juridicamente irrelevante para caracterizar ou modificar a obrigação tributária respectiva. A propósito, segundo dispõe o CTN, em seu art. 114, "fato gerador da obrigação principal é a situação definida em lei como necessária e suficiente à sua ocorrência".

37.5 "O imposto de renda é tributo que se presta excelentemente para ilustrar essa situação. Seu fato gerador é complexivo, pois o acréscimo patrimonial (*substractum* econômico do imposto) normalmente se apura após a verificação de uma cadeia de fatos, atos ou negócios, que tiveram lugar em unidades sucessivas de tempo. Ora, o legislador poderia preferir identificar na realização de cada um desses fatos ou negócios, uma exteriorização autônoma de acréscimos patrimoniais e, nesse ensejo, impor uma obrigação tributária (como, aliás, o faz em relação ao imposto na fonte). Mas pode também o legislador dar preferência a um cômputo conjunto daquelas hipóteses indicadoras de capacidade contributiva, representada por um aumento do patrimônio. No primeiro caso, portanto, teremos fatos juridicamente relevantes de per si, cuja verificação faz nascer um débito fiscal na conformidade da lei contemporânea ao mesmo fato. Enquanto, na derradeira hipótese, ocorrem certos fatos ainda juridicamente irrelevantes de per si, embora potencialmente relevantes em conjunto, para fins jurídico-tributários, ao fim de determinado período de tempo.

37.6 "Destarte, tais fatos preliminares ou, para empregar a terminologia corrente no direito intertemporal, tais fatos pendentes, por serem juridicamente inócuos no momento de sua ocorrência, não podem ser disciplinados pela lei fiscal contemporânea à sua verificação. Entender de forma contrária, condicionando os efeitos tributários de um fato integrante de um processo de constituição de um débito futuro à lei vigente no instante de sua ocorrência, seria subverter toda a estrutura jurídica acolhida entre nós, pois se atribuem conseqüências fiscais a um fato ainda não efetivamente relevante na esfera do direito, quando considerado isoladamente. Acresce notar que a matéria já foi resolvida pelo CTN, cujo art. 105 determina: "A legislação tributária aplica-se imediatamente aos fatos geradores futuros e aos pendentes, assim entendidos aqueles cuja ocorrência tenha tido início mas não esteja completa nos termos do art. 116" (ob. loc. cit.).

37.7 Pouco depois, sublinha enfaticamente: "Mas cumpre não perder de vista que o objeto do imposto não é fato isolado, que produza até mesmo acréscimos patrimoniais, mas sim o conjunto de tais fatos isolados, verificados num certo lapso de tempo. Assim, não se pode jamais dissociar, na sistemática do imposto de renda, o elemento fato do elemento tempo, nem olvidar que o tributo incide sobre uma situação constatada após o decurso de um período e não anteriormente a ele" (ob. loc. cit.).

37.8 Não é científica ou útil a classificação dos fatos imponíveis em instantâneos e periódicos; tanto é assim que o notável Hector Villegas pode escrever: "En ciertos casos, los hechos imponibles son circunstancias de hecho de verificación instantánea. Por ejemplo en el impuesto inmobiliario el hecho imponible surge de la mera circunstancia de ser propietario o poseedor a título de dueño del inmueble, al comienzo del año fiscal. De igual manera, en el impuesto substitutivo del gravamen a la transmisión gratuita de bienes, el hecho imponible es la posesión de capital y reservas tomados en determinado momento. Se trata de hechos imponibles de verificación instantánea" (*Curso de Finanzas, Derecho Financiero y Tributario*, Depalma, p. 161).

37.9 Aquilo precisamente que os defensores da classificação que acabamos de expor sustentam ser exemplo típico de "fato gerador" continuado, esse excelente tributarista argentino aponta como paradigma de fato instantâneo. Só isto, já mostra a inconsistência do critério. Pior: seu cunho perturbador da compreensão da eficácia constitucional específica da lei tributária.

38. Crítica ao critério de classificação

38.1 Esta teoria foi refutada por Paulo Barros Carvalho ao formular severa crítica – que principia por deixar saliente sua inconformidade com a expressão ambígua e anticientífica "fato gerador", que, nesse passo, emprega "entre aspas" – em tom categórico e termos candentes:

38.2 "No que diz com a primeira classificação, havemos de convir que não tem o menor fundamento jurídico, porque os "fatos geradores" são todos simples ou todos complexos. Senão, vejamos. O "fato gerador" do IPI é considerado como fato simples, por isso que se consubstancia na simples saída de produto industrializado, do estabelecimento industrial ou que lhe seja equiparado (tomemos esta entre outras hipóteses). Por outro lado, o "fato gerador" do imposto de renda seria da natureza dos complexos porque dependeria de vários fatores, que se entreligam, no sentido de determinar o resultado, que é a renda líquida tributável.

38.3 "Na verdade, a incidência tributária atinge somente o resultado, seja o fato representado pela saída do produto industrializado de certo estabelecimento, ou o saldo final que determina renda líquida tributável, no caso do imposto de renda, pois se não for possível concebermos renda líquida tributável independentemente das receitas e despesas relativas a determinado exercício, igualmente inviável será aceitarmos um produto industrializado independentemente do processo de industrialização" (aula proferida no II Curso de Especialização em Direito Tributário, promovido pela Universidade Católica de São Paulo, em 1971).

38.4 Tem razão esse professor. O que é relevante para a lei tributária é o resultado, sendo ilegítimo pretender-se extrair do processo que o causa, antes de consumado, efeitos tributários.

38.5 Por isso, merece transcrição a restante argumentação desse conceituado cientista: "Em suma o que interessa para a lei tributária é determinado resultado sobre o qual incidirá o preceito, desencadeando efeitos jurídicos. Óbvio será que, na condição de resultado, estará sempre a depender dos elementos que o determinaram.

38.6 "O mesmo raciocínio pode ser feito em relação ao "fato gerador" do imposto predial e territorial urbano. Quer saber a lei quem é o proprietário ou quem tenha o domínio útil ou detenha a posse de bem imóvel, no perímetro urbano. Tal "fato" é considerado como "fato gerador" simples – "ser proprietário". Todavia ninguém será proprietário sem antes haver adquirido o bem imóvel, por uma das formas previstas em nossa ordenação jurídica. Tal processo, contudo, é irrelevante. A lei não se preocupa em saber dos momentos anteriores à condição de proprietário. Cura apenas do resultado: "ser proprietário" do mesmo modo com que se preocupa somente com o resultado final do cotejo entre receitas e despesas, o que consubstancia a renda líquida tributável.

38.7 "Por tudo isso, entendemos ser totalmente infundada a classificação dos "fatos geradores" em simples e complexos. Ou todos serão simples ou todos complexos, como queiram.

"Da mesma forma, merece acerbas críticas a classificação dos "fatos geradores" em instantâneos, continuados e complexivos.

38.8 "Quando ocorre o fato imponível, dá-se a incidência do mandamento de modo automático e infalível. Não há, portanto, falar-se em "fatos geradores" instantâneos, continuados e complexos. Segundo a doutrina dominante, instantâneo seria o "fato gerador" que se realiza numa unidade de tempo e, sempre que se realize, dá nascimento a uma obrigação tributária autônoma. Continuado, aquele que tende a persistir no tempo e complexivo aquele formado por vários fatos que se entreligam, de modo que somente com a conjugação de todos eles é que estaria completa a figura típica.

"Para que os senhores bem sintam a fragilidade de tal classificação, convém lembrar que a palavra "complexivo" nem existe na língua portuguesa. É, talvez, uma das muitas traduções impensadas que campeiam nas coisas do direito tributário.

38.9 "Mas essa segunda classificação é infundada, como salientara, precisamente porque ignora dado fundamental, qual seja, o da incidência automática da lei tributária. Para que fosse possível, mister seria que pudéssemos conceber um fato que vai acontecendo aos poucos, sendo que a ordem jurídica, concomitantemente, vai reconhecendo, de modo parcial, os eventos que foram ocorrendo, o que, evidentemente, seria um grande absurdo. Por mais complexo que seja o fato objeto de consideração pela lei tributária, só se poderá falar em "fato gerador" no momento exato em que estiver completa a figura típica. Se for constatado, digamos, por 100 elementos e apenas 99 ocorrerem, nada existirá de relevante para o direito. É como se nada houvera acontecido. Seria o mesmo que nenhum dos 99 jamais houvesse ocorrido.

"Por tudo isso se pode concluir que todos os fatos são instantâneos, não tendo cabimento a classificação tripartida adotada pela doutrina" (ob. loc. cit.).

39. Classificação científica das h.i. quanto ao aspecto temporal

39.1 Após tão bem fundamentada refutação das classificações tradicionais, Paulo Barros Carvalho expõe sua classificação, fundada em critério puramente jurídico: "A única classificação que me parece reunir dados científicos é a que vislumbra, nas hipóteses de incidência, a previsão ou não de sua ocorrência em determinado momento.

39.2 "Efetivamente, hipóteses de incidência há que prevêem a ocorrência do fato imponível para determinado momento. Se ocorrerem em instante diverso, não se dá por realizado o fato imponível. Desse tipo, temos a hipótese de incidência do imposto de renda. Interessa, apenas, saber qual a renda líquida, mas no último dia do exercício. Em qualquer outra data será de todo irrelevante. Também desse tipo, o nosso imposto predial e territorial urbano. Releva saber quem é o proprietário, quem tem o domínio útil ou detém a posse, mas no primeiro dia do exercício.

39.3 "Por outro lado, hipóteses de incidência existem que não prevêem momento exato para que se realize o fato imponível. Assim sendo, em cada momento em que ocorrerem darão nascimento a uma obrigação tributária autônoma. É o caso do IPI, ICMS etc.

"Como conclusão, sugiro que seja adotada a classificação das hipóteses de incidência em: a) hipóteses de incidência que prevêem momento exato para a ocorrência do fato imponível e b) hipóteses de incidência que não fazem alusão ao momento em que deva ocorrer o fato imponível.

39.4 "Segundo me parece, esta é a única classificação com base científica, de vez que nasceu do exame do próprio aspecto temporal das hipóteses de incidência dos diversos tributos.

"De todo irrelevante sermos proprietários de imóvel urbano no dia 4 de maio, posto que a hipótese de incidência do imposto predial e territorial urbano exige que tal fato ocorra no dia 1º de janeiro. Igualmente, de nada valerá fazer minha declaração de rendimentos no dia 27 de outubro, uma vez que o resultado previsto na lei do IR é o apurado no dia 31 de dezembro" (ob. loc. cit.).

39.5 Esta longa transcrição teve em mira – além de assegurar absoluta fidelidade ao reproduzir o pensamento de Paulo Barros Carvalho – deixar patente nossa adesão irrestrita à tese assim exposta.

39.6 Do acerto desta crítica e da excelência da classificação que se propõe em substituição, diz eloqüentemente o seguinte trecho de Alfredo Becker: "A mesma regra jurídica não pode incidir, mais de uma vez, sobre a sua hipótese de incidência realizada. Esta se realiza pelo acontecimento do fato (ou complexo de fatos) que forma o seu conteúdo e, sobre este fato existente (e no qual consiste a hipótese de incidência realizada), a mesma regra jurídica incidirá apenas uma vez. Entretanto, se fato idêntico novamente acontecer, então, a mesma regra jurídica voltará a incidir porque houve segunda realização de sua hipótese de incidência" (ob. cit., p. 292).

39.7 Na verdade, aí está dito, com toda simplicidade, o que interessa considerar, não importando ao intérprete se o fato qualificado pela lei se consuma num átimo ou se depende de penoso e lento processo pré-jurídico para se consumar. Só o que é relevante é o momento de sua consumação. Só então é ele fato jurídico, fato imponível.

Este mesmo categorizado escritor deita por terra a classificação tradicional, ao dizer: "Quando o fato (sentido lato) que realiza a hipótese de incidência consiste num estado de fato, poderia parecer, à primeira vista, que a mesma regra jurídica estaria incidindo duas ou mais vezes sobre a mesma hipótese de incidência realizada, pois o estado de fato é o fato que aconteceu e permanece e que, por isto, pode ser contemplado: ou no momento em que aconteceu (portanto, como fato estrito senso) ou sob ângulo de sua duração continuada (portanto, como estado de fato).

39.8 "Entretanto, refletindo-se, verifica-se que não é a mesma hipótese de incidência realizada que está sofrendo a segunda e sucessivas incidências da mesma regra jurídica. Esta poderá incidir tantas vezes (anualmente ou diariamente) enquanto durar o estado de fato; o número de incidências dependerá das coordenadas de tempo de realização da hipótese de incidência, isto é, a hipótese de incidência poderá consistir no estado de fato com duração de um ano ou de um dia, de modo que, ao término do segundo ano ou do segundo dia, logicamente ocorre uma segunda realização da hipótese de incidência. Por exemplo: o chamado imposto sobre a propriedade territorial e predial tem como hipótese de incidência um estado de fato: a existência permanente, durante um ano civil, de imóvel objeto de direito de propriedade privada, todos os anos, enquanto o imóvel for objeto de direito de propriedade privada, o imposto será cobrado uma única vez e, durante aquele ano, não será cobrado outra vez o mesmo imposto, ainda que o imóvel, cada dia, tenha um proprietário diferente" (ob. cit., pp. 292-293) (v. também, *Curso...,* Paulo Barros Carvalho, pp. 138 e ss., especialmente pp. 151 e ss.).

40. Aspecto espacial

40.1 Designa-se por aspecto espacial a indicação de circunstâncias de lugar, contidas explícita ou implicitamente na h.i., relevantes para a configuração do fato imponível.

Os fatos imponíveis – como fatos concretos da vida real, inseridos no mundo fenomênico – acontecem num determinado lugar. A ubicação dos fatos imponíveis é essencial à configuração da obrigação tributária.

40.1.1 Como descrição legal – condicionante de um comando legislativo – a h.i. só qualifica um fato, como hábil a determinar o nascimento de uma obrigação, quando este fato se dê (se realize, ocorra) no âmbito territorial de validade da lei, isto é, na área espacial a que se estende a competência do legislador tributário. Isto é conseqüência do princípio da territorialidade da lei, perfeitamente aplicável ao direito tributário.

40.2 Pois, as conotações espaciais da hipótese de incidência são decisivas para a conformação do fato imponível.

Essa perspectiva genérica do aspecto espacial da h.i. está presa ao (dependendo) âmbito de competência do legislador ordinário: a lei municipal só tem eficácia no território do Município; a lei estadual só no próprio estado. Só a lei federal tem abrangência nacional.

40.2.1 Um determinado fato, ainda que revista todos os caracteres previstos na h.i., se não se der em lugar nela previsto implícita ou – o que é raro e em geral dispensável – explicitamente, não será fato imponível. Vale dizer: não determinará o nascimento de nenhuma obrigação tributária.

Será um fato juridicamente irrelevante.

40.3 Por outro lado, a lei pode dar saliência ou relevo ao aspecto espacial da h.i., acrescentando a este condicionamento genérico um fator específico de lugar, posto como decisivo à própria configuração dos fatos imponíveis.

Na Itália, a circunstância de uma indústria nova instalar-se no "Mezzogiorno" exclui a incidência de certos tributos. No Brasil, o mesmo acontece relativamente à sua região Nordeste ou à Zona Franca de Manaus (ZFM). Dão-se, nessas áreas, fatos subsumíveis à h.i., não configurando, porém, fatos imponíveis, por faltar o aspecto espacial da h.i., ou seja, porque o aspecto espacial não abrange (não atinge) fatos localizados nessas áreas. O mesmo ocorre, *verbi gratia,* nas zonas francas ou portos francos.

40.4 Escreve A. Becker: "As coordenadas de lugar podem condicionar que o núcleo e elementos adjetivos devam acontecer no mesmo lugar ou cada um em distintos lugares (exemplo: imposto de venda de mercadoria fabricada em Estado diverso daquele onde foi celebrado o contrato)" (ob. cit., p. 301).

40.5 No direito brasileiro são inúmeros e freqüentes os problemas referentes a esse importante aspecto da h.i.

Critério geral da circunscrição global dos âmbitos das leis tributárias dá a Carta Constitucional ao deixar patente que a lei federal é aplicável em todo o território nacional; as estaduais, no âmbito de cada estado; as municipais, no território do respectivo Município.

40.6 Persistem sendo problemas a prestação de serviços de firma registrada em um Município, em outro; certas operações mercantis com sujeitos sitos em dois Estados, etc.

A própria Constituição se encarregou de resolver alguns desses problemas, ao dispor expressamente sobre competências, em casos que seriam duvidosos (arts. 155, § 1º, I, II, III, VIII, e 156, § 2º, II). Implicitamente, porém, a Constituição tem critério para solução de todas as questões.

40.7 O aspecto espacial tem, além disso, âmbito específico, quando abrange o próprio local físico onde a lei reputa consumado o fato imponível. Quando a lei menciona estabelecimento, depósito, filial, sucursal etc., está fixando condições de situação do fato imponível relevantes para se qualificar a incidência e a isenção, conforme o caso.

40.8 Se a lei nada disser, estará implicitamente dispondo que lugar relevante é aquele mesmo em que se consuma o fato imponível. Dentro de certos limites, a lei pode estabelecer presunções ao atribuir efeitos diversos a fatos imponíveis ocorridos em lugares diferentes (desde que no território do legislador).

40.9 Dino Jarach adverte que, algumas vezes, sob aparência de designação de condições de lugar, o que está efetivamente fazendo a lei é indicando o sujeito ativo do tributo. Estar-se-ia, então, diante do aspecto pessoal e não espacial da h.i.

40.10 Dino Jarach salienta que, algumas vezes, quando a lei menciona fatos "situados em determinada área, não há uma definição do aspecto objetivo do fato imponível; há uma vinculação deste aspecto objetivo com o sujeito ativo da imposição, porque, como se vê, se estabelece uma relação entre o aspecto objetivo – que é a disposição da propriedade de um imóvel determinado – e a entidade político-territorial, que é o sujeito ativo; delimita-se assim o âmbito de imposição daqueles imóveis que se achem localizados no território que é próprio do sujeito ativo" (*Aspectos...*, p. 296). No Brasil, o legislador – seja complementar, seja ordinário – não tem liberdade de manipular esses dados. Todos vêm já implícitos na Constituição e são inderrogáveis.

41. Aspecto material

41.1 O aspecto mais complexo da hipótese de incidência é o material. Ele contém a designação de todos os dados de ordem objetiva, configuradores do arquétipo em que ela (h.i.) consiste; é a própria consistência material do fato ou estado de fato descrito pela h.i.; é a descrição dos dados substanciais que servem de suporte à h.i.

Este aspecto dá, por assim dizer, a verdadeira consistência da hipótese de incidência. Contém a indicação de sua substância essencial, que é o que de mais importante e decisivo há na sua configuração.

41.2 É o mais importante aspecto, do ponto de vista funcional e operativo do conceito (de h.i.) porque, precisamente, revela sua essência, permitindo sua caracterização e individualização, em função de todas as demais hipóteses de incidência. É o aspecto decisivo que enseja fixar a espécie tributária a que o tributo (que a h.i. define) pertence. Contém ainda os dados para fixação da subespécie em que ele se insere.

As classificações jurídicas dos tributos encontram critério e fundamento na configuração do aspecto material da hipótese de incidência.

41.3 Sua importância é intuitiva e tão evidente que a maioria dos autores nela se fixam, negligenciando o cuidado dos demais, ou mesmo não os considerando. Deveras, a maioria dos autores fica ao trato do aspecto material, desconsiderando os demais aspectos da h.i.

41.3.1 Aspecto material é a imagem abstrata de um fato jurídico: propriedade imobiliária, patrimônio, renda, produção, consumo de bens, prestação de serviços, ou uma atuação pública (como o estado realizar obra, produzir um serviço, conceder uma licença, uma autorização, uma dispensa, etc.)

41.4 Tão íntima é a conexão entre o aspecto material e o pessoal – os dois mais importantes – da h.i., que não se pode cuidar de um, com abstração de outro.

Assim, não se pode considerar a propriedade imobiliária, com abstração do proprietário, nem a renda, sem a pessoa que a recebe, etc. (por isso Cleber Giardino reconhece, pela regra-matriz constitucional, o destinatário constitucional tributário).

41.5 Conforme a lei dê ênfase maior ou menor a um ou outro aspecto – sem jamais poder excluir um ou outro – altera-se substancialmente a própria natureza da h.i. Há uma classificação, muito divulgada, dos impostos – de grande importância em alguns sistemas tributários alienígenas, porque critério de repartição de competências – em pessoais e reais, que repousa precisamente na tônica que o legislador põe no aspecto pessoal ou material, para efeito de modular o *quantum* do tributo.

41.6 No Brasil, tal classificação passou a ter maior significação com a Constituição de 1988. É importante assinalar que, por maior que seja a ênfase posta num, o outro não desaparece, nem pode deixar de ser considerado, dado o caráter necessário dos quatro aspectos da hipótese de incidência.

Pela sua função capital, o aspecto material da h.i. merece o estudo mais desenvolvido.

Fornece o critério básico, para se responder "quanto é devido", além de servir de fulcro para o discrímen que permite formular a única classificação *jurídica* dos tributos, desdobrando-os em espécies e subespécies.

42. Base imponível (questão terminológica)

42.1 A perspectiva dimensional da hipótese de incidência se costuma designar por base de cálculo, base tributável ou base imponível. A base imponível é ínsita à hipótese de incidência. É atributo essencial, que, por isso, não deixa de existir em nenhum caso. Todo tributo tem base de cálculo, por exigência constitucional (sublinhada por Paulo Barros Carvalho, ao demonstrar a inconstitucionalidade dos chamados tributos fixos – v. *Curso* ..., p. 207). Ela fornece critério para determinação do *quantum* tributário.

42.2 Aires Barreto – aplicando nossos discernimentos conceituais entre hipótese de incidência e fato imponível (plano abstrato e plano concreto; universo do direito e mundo fenomênico) – distingue base de cálculo de base calculada, colocando a primeira no plano legal e a segunda no nível fático (v. *Base de cálculo, alíquota e princípios constitucionais,* Ed. RT, pp. 37 e ss.).

Souto Maior Borges prefere empregar a terminologia "base tributável" (*Lançamento Tributário*, 2ª ed., Malheiros Editores, 1999, pp. 148 e ss.).

42.3 Roque Carrazza pensa da mesma forma: "A base de cálculo *in abstracto* está para a hipótese de incidência do tributo (fato gerador *in abstracto*), assim como a base de cálculo *in concretu* está para o fato imponível (fato gerador *in concretu*).

"Do mesmo modo pelo qual não se confundem a hipótese de incidência (descrição normativa do fato que, *se e quando* acontecido, fará surgir o tributo) e o fato imponível (o fato acontecido que, por ajustar-se à hipótese legal, determina o nascimento do tributo), também não se superpõem a descrição normativa da base de cálculo (base de cálculo *in abstracto*) e a real apuração do valor nela indicado (base de cálculo *in concretu*)" (parecer in *RDT*, 29/128).

43. Definição de base imponível

43.1 Base imponível é uma perspectiva dimensível do aspecto material da h.i. que a lei qualifica, com a finalidade de fixar critério para a determinação, em cada obrigação tributária concreta, do *quantum debetur*. "É padrão ... ou referência para medir um fato tributário" (Aires Barreto, ob. cit., p. 38).

A base imponível é a dimensão do aspecto material da hipótese de incidência. É, portanto, uma grandeza ínsita na h.i. (Alfredo Augusto Becker a coloca, acertadamente, como cerne da h.i.). É, por assim dizer, seu aspecto dimensional, uma ordem de grandeza própria do aspecto material da h.i.; é propriamente uma medida sua.

O aspecto material da h.i. é sempre mensurável, isto é, sempre redutível a uma expressão numérica. A coisa posta na materialidade da h.i. é sempre passível de medição.

43.1.1 Aires Barreto, sublinhando que "não se mede o abstrato", esclarece que base de cálculo é fundamento ou apoio para cálculo, "critério para medir" o fato imponível (ob. cit., p. 38). Daí definir: "descrição legal de um padrão ou unidade de referência que possibilite a quantificação da grandeza financeira do fato tributário".

43.2 O aspecto material, além de necessariamente referir-se a qualidades físicas (consistência e forma), e outros atributos, é suscetível também, direta ou indiretamente, de apreciação quantitativa. A base é, pois, uma grandeza apreciável mensurável do aspecto material da h.i. Tem caráter uniforme, abstrato e genérico; tem cunho normativo (Aires Barreto) como toda a h.i.

43.2.1 O aspecto material da hipótese de incidência é a conceituação legal de uma determinada consistência e forma, que constituem o seu próprio núcleo essencial. Pois os atributos dimensórios (ou a grandeza) deste aspecto se designam base imponível. Esta é sempre mensurável, podendo ser dimensionada, segundo critérios de relação estabelecidos na lei.

43.3 Juridicamente, a base imponível é um atributo do aspecto material da h.i., dimensível de algum modo: é o conceito de peso, volume, comprimento, largura, altura, valor, preço, custo, perímetro, capacidade, superfície, grossura ou qualquer outro atributo de tamanho ou grandeza mensuráveis do próprio aspecto material da h.i.

43.4 Por isso, Amílcar Falcão qualifica a base imponível como "verdadeira e autêntica expressão econômica" da hipótese de incidência (*Fato gerador...,* cit., p. 138).

A este atributo a lei designa o papel de base imponível; ou seja: a lei qualifica um ou alguns atributos dimensionáveis do aspecto material da h.i. e lhes confere a função jurídica de base imponível.

43.5 Os atributos dimensíveis (ou mensuráveis) do aspecto material podem ser diversos, ou podem ser medidos segundo diferentes critérios. A lei pode designar a um só, ou a alguns, ou a todos estes atributos a função de base imponível: função jurídica (para efeitos jurídicos) de medir a materialidade da base.

43.5.1 Note-se bem que estamos tratando de um atributo de um aspecto da h.i. A hipótese de incidência é uma descrição hipotética de um fato ou estado de fato, contida em lei (feita pela lei). É, portanto, um mero conceito, necessariamente abstrato. Desta natureza abstrata obviamente participam seus aspectos e respectivos atributos. Por isso, estes – os atributos – são eminentemente conceptuais (o que ficou bem frisado por Aires Barreto).

43.6 Daí por que – enquanto aspecto da h.i. – a base imponível é um conceito-legal, a que fica preso o intérprete. É qualidade jurídico normativa da h.i. A mensuração do fato imponível só pode ser feita de acordo com o critério normativo que na base de cálculo (legal) se adota.

43.6.1 Aires Barreto diz: "É por lei que se indica a base de cálculo *in abstracto*, mero conceito normativo. A lei, ao descrever a hipótese legal que, *se e quando* acontecida, dará nascimento à obrigação tributária, já terá erigido a base de cálculo.

"Na expressão base de cálculo, a partícula 'de' indica relação atributiva 'de fim' cujo emprego tornaria mais explícito o seu próprio objeto".

43.6.2 Agrega Aires Barreto: "Base de cálculo quer dizer 'fundamento para calcular', 'apoio para contar', 'estimar' ou 'avaliar'. Exprime o critério para a realização de uma operação, ou de combinação destas, sobre números. Equivale a dizer: expressa o padrão para medir, por comparação, grandezas da mesma espécie".

43.6.3 E arremata, com sua proverbial clareza: "Base de cálculo é a definição legal da unidade de medida, constitutiva do padrão de referência a ser observado na quantificação financeira dos fatos tributários. Consiste em critério abstrato para medir os fatos tributários que, conjugado à alíquota, permite obter a *dívida* tributária" (*Base de cálculo, alíquota e princípios constitucionais*, Ed. RT, 1987, pp. 39/40).

43.7 A lei é que qualifica uma, dentre as perspectivas dimensíveis da h.i., para exercer as funções de base imponível. Com isto concorda A. Becker: "A base de cálculo foi escolhida pela própria regra jurídica, por isso ela é critério objetivo e jurídico. E porque esta escolha procedeu-se dentre os múltiplos elementos da hipótese de incidência, a base de cálculo é o núcleo da hipótese de incidência que estrutura a regra jurídica de tributação" (ob. cit., p. 343).

43.8 Insistimos em sublinhar o aspecto conceptual da base imponível, para afastar claramente a idéia de que se trate de algo "material", inerente ao objeto a que o conceito legal "hipótese de incidência" se refere. Pelo contrário, a base imponível é um atributo de um aspecto (o material) da h.i. e, como tal, um conceito legal também.

Esta verificação tem uma conseqüência imediata: a base imponível pode abranger inteiramente as perspectivas dimensíveis do fato objeto do conceito em que a h.i. se constitui ou somente algumas. Pode também dar-lhes configuração jurídica própria, diversa da que, em realidade, e no mundo fenomênico, elas têm.

Assim, um estado de fato pode ter diversos atributos dimensíveis; a base imponível estabelecida pelo legislador pode considerar somente um, ou alguns – e não necessariamente todos.

43.9 A. Becker desenvolve longo raciocínio, para mostrar – como já o fizeram Rubens Gomes de Sousa, Amílcar Falcão e Gilberto de Ulhoa Canto – que, no caso de o aspecto material ser muito complexo, será essencialmente importante e decisivo o elemento de fato cuja perspectiva dimensível for qualificada pelo legislador como base imponível (ob. cit., p. 331).

43.10 Nessas páginas deixa este insigne mestre expressa sua bem fundamentada convicção de que as duas espécies tributárias (tipos de imposto) se determinam pela investigação da base imponível, que repousa no núcleo da h.i.

43.11 O lúcido Hector Villegas leciona, a propósito da base imponível da taxa: "A taxa também tem limites que são naturais à sua própria conformação objetiva e que estão referidos ao seu montante. Estes limites devem partir da noção básica, segundo a qual a mesma é um tributo vinculado, sendo sua hipótese de incidência uma determinada atividade estatal suscetível de ser individualizada, relativamente a determinada pessoa. Daí por que a fixação do montante não poder levar em conta circunstâncias inerentes à pessoa ou aos bens do obrigado (que são hipótese de incidência de imposto), mas só circunstâncias atinentes à atividade em si mesma, por ser ela, e não outra coisa, a hipótese de incidência da obrigação correspondente às taxas".

43.12 Prossegue Villegas: "Resulta, portanto, indiscutível que a base imponível das taxas deve estar relacionada com sua hipótese de incidência (a atividade vinculante), assim como nos impostos tal base de medição se conecta com situação relativa ao sujeito passivo, a seus bens ou atividades que são consideradas hipóteses de incidência pela lei

"Em conseqüência, tais critérios de graduação levarão em conta uma série de aspectos relativos à atividade que o Estado desenvolve e ao serviço que resulta prestado como conseqüência de tal atividade" ("Verdades e ficções em torno do tributo denominado taxa", in *RDP* 17/337).

43.13 Efetivamente, fica evidente a posição central da base imponível – relativamente à hipótese de incidência – pela circunstância de ser impossível que um tributo, sem se desnaturar, tenha por base imponível uma grandeza que não seja ínsita na materialidade de sua hipótese de incidência.

Efetivamente, não é possível que um imposto sobre o patrimônio tenha por base imponível a renda do seu titular. Tal situação – essencialmente teratológica – configuraria um imposto sobre a renda e não sobre o patrimônio. Daí a advertência de Amílcar Falcão:

"De outro modo, a inadequação da base de cálculo pode representar uma distorção do fato gerador e, assim, desnaturar o tributo" (*Fato gerador...*, cit., p. 138).

43.13.1 Uma taxa por serviços municipais de conservação de rodovias não pode tomar por base o valor dos veículos ou sua idade, mas só o seu peso ou outras características que provoquem desgaste maior ou menor das rodovias (o que, indiretamente, vai determinar o vulto do serviço de conservação).

43.13.2 Se a lei tomar por base o valor do veículo, desnatura inteiramente a taxa configurando imposto sobre o patrimônio. Em outros sistemas isso pode ser irrelevante. No nosso, essa lei municipal seria inconstitucional, porque imposto sobre bem patrimonial representado por veículo pertence exclusivamente à competência tributária dos Estados (art. 155, I, "c").

43.14 A decisiva importância da base imponível e sua posição nuclear – exatamente porque é um atributo do aspecto material da h.i. – não escaparam ao ínclito Rubens Gomes de Sousa, que teve oportunidade de escrever: "... a escolha, pelo legislador, de uma base de cálculo inadequada pode desvirtuar não só a natureza específica do tributo, transformando-o, por exemplo, de imposto sobre a renda em imposto sobre o capital, mas também a sua natureza genérica, transformando-o de imposto em taxa, ou vice-versa" ("Um caso de ficção legal no direito tributário: a pauta de valores como base de cálculo do ICM", publicado in *RDP* 11/16).

43.15 Esse notável mestre e pioneiro já manifestara tal convicção, anteriormente: "Se um tributo, formalmente instituído como incidindo sobre determinado pressuposto de fato ou de direito, é calculado com base em uma circunstância estranha a esse pressuposto, é evidente que não se poderá admitir que a natureza jurídica desse tributo seja a que normalmente corresponderia à definição de sua incidência. Assim, um imposto sobre vendas e consignações, mas calculado sobre o capital da firma, ou sobre o valor do seu estoque, em vez de o ser sobre o preço da mercadoria vendida ou consignada, claramente não seria um imposto de vendas e consignações, mas um imposto sobre o capital ou sobre o patrimônio".

43.15.1 Continua Gomes de Sousa: "Por outras palavras, a ordem normal das coisas é que o pressuposto material ou jurídico da incidência defina a natureza do tributo e determine a escolha da sua base de cálculo. Mas, quando a base de cálculo adotada pela lei fiscal seja incompatível com o pressuposto material ou jurídico da incidência, então a ordem normal das coisas se inverte, e a natureza jurídica do próprio tributo passa a ser determinada pela base de cálculo, e não pela definição legal da incidência. Esta última fica, assim, reduzida a uma simples afirmação vazia de sentido, porque desmentida pela determinação legal de se calcular o tributo sobre circunstâncias outras, que com ela não tenham relação, ou que dela não decorram necessariamente" (Rubens Gomes de Sousa, parecer, in *RT* 227/65-66).

43.16 Enfim, tão importante, central e decisiva é a base imponível que se pode dizer que – conforme o legislador escolha uma ou outra – poderemos reconhecer configurada esta ou aquela espécie e subespécie tributária.

43.17 Efetivamente, em direito tributário, a importância da base imponível é nuclear, já que a obrigação tributária tem por objeto sempre o pagamento de uma soma de dinheiro, que somente pode ser fixada em referência a uma grandeza prevista em lei e ínsita no fato imponível, ou dela decorrente ou com ela relacionada.

A própria classificação geral dos tributos em espécies e destas em subespécies depende visceralmente deste tão importante aspecto da h.i.

O mais completo estudo da "base imponível fática", no direito comparado, é do jurista espanhol Juan Ramallo Massanet (in *RDT* 11/11).

43.18 Base calculada – A base calculada resulta da aplicação concreta da base imponível (esta no plano legal, aquela no plano da aplicação da lei). A contribuição científica criativa de Aires Barreto leva a conceituar base calculada como "o resultado expresso em moeda da aplicação do critério abstrato (base de cálculo) a um caso concreto" (ob. cit., p. 91).

43.19 Ramallo diz da base calculada que ela é "o resultado quantitativo a que se chega para um contribuinte concreto".

43.20 A base de cálculo é um conceito legal de tamanho; base calculada é magnitude concreta, é a precisa medida de um fato.

44. Alíquota

44.1 A alíquota é um termo do mandamento da norma tributária, mandamento esse que incide *se* e *quando* se consuma o fato imponível dando nascimento à obrigação tributária concreta.

Deve receber a designação de alíquota só esse termo que se consubstancia na fixação de um critério indicativo de uma parte, fração – sob a forma de percentual, ou outra – da base imponível.

44.2 A própria designação (alíquota) já sugere a idéia que esteve sempre na raiz do conceito assim expresso: é a quota (fração), ou parte da grandeza contida no fato imponível que o estado se atribui (editando a lei tributária).

44.2.1 Aires Barreto mostra que a idéia de fração, parte, cota está na raiz do termo alíquota, mas não é o seu significado técnico preciso: a) a alíquota é critério para atribuir ao estado uma soma de dinheiro. Essa soma é o *quantum* devido; b) é a dívida tributária que, em certos casos, pode ser parcela da base. Não da base de cálculo – que é abstrata – mas da base calculada; c) genericamente, o *quantum* devido é apenas parcela da riqueza do contribuinte atribuída ao estado, porque quando o percentual for superior a 100% não se pode dizer que o *quantum* é parcela da base calculada, embora seja parcela da riqueza do contribuinte (p. 93).

44.3 Na maioria dos impostos, essa grandeza é uma expressão de riqueza do sujeito passivo tributário, da qual o estado se atribui (mediante a lei tributária) uma quota (parte, fração, quota, alíquota).

44.3.1 Assim, a lei tributária imputa ao estado 10% da renda de alguém; 15% do valor de um produto; 10% do preço de uma operação mercantil, etc. Na maioria das vezes, a alíquota é expressa sob a forma de percentual do valor de uma coisa. Evidentemente, só tem cabimento a alíquota *ad valorem,* quando a base imponível seja o *valor* da coisa posta como aspecto material da h.i. Quer dizer: se a perspectiva dimensível do aspecto material da h.i. for um valor, expresso em dinheiro, então a alíquota poderá ser um percentual.

44.4 Se – como é, hoje, raro – a base imponível for outra (peso, volume, tamanho, capacidade, etc.) já a alíquota deverá ser expressa diretamente em dinheiro, cuja expressão numérica será multiplicada pela base imponível. Assim, por exemplo, a lei tributária dirá: "pague $ 1,00 por quilo", ou "por metro", etc.

44.5 Por isso, Renato Alessi define o poder tributário como "poder de exigir coativamente uma alíquota de riqueza privada" (ob. cit., pp. 33-34).

44.6 Não basta para a fixação do *quantum debetur,* a indicação legal da base imponível. Só a base imponível não é suficiente para a determinação *in concretu* do vulto do débito tributário, resultante de cada obrigação tributária.

A lei deve estabelecer outro critério quantitativo que – combinado com a base imponível – permita a fixação do débito tributário, decorrente de cada fato imponível. Assim, cada obrigação tributária se caracteriza por ter certo valor, que só pode ser determinado mediante a combinação de dois critérios numéricos: a base imponível e a alíquota.

44.7 O objeto de cada obrigação tributária (individual e concreta) é o pagamento de uma soma determinada. A fixação dessa soma depende integralmente da lei. Nem a administração nem o contribuinte concorrem com qualquer margem de liberdade no processo de sua formação.

44.8 Aires Barreto analisa a alíquota no *plano normativo* e no *plano* da aplicação da lei. No plano normativo, para Aires, "alíquota é o *indicador da proporção a ser tomada da base de cálculo*".

"Nesse *patamar,* alíquota esgota-se 'no ser mero indicador' porque só passível de conjugação com um dado abstrato (no sentido de não numérico): a base de cálculo. Enquanto não se der a ocorrência do fato a ser medido, nao se presta a alíquota à obtenção do *quantum* devido a título de tributo".

44.8.1 Continua Aires Barreto: "Alíquota, no plano da aplicação da lei, é o fato que deve ser conjugado à base calculada para a obtenção do objeto da prestação tributária. Neste estádio, a alíquota já atua como um dos termos da multiplicação cujo produto é, concretamente, o *quantum debetur*.

"Só no momento da aplicação da lei ao caso concreto é que se terá a transformação da incógnita matemática (valor venal, preço do serviço, valor da operação, valor da renda, da importação etc.) em cifra; e, só depois de conhecida esta, será possível obter concretamente a dívida tributária" (*Base de cálculo, alíquota e princípios constitucionais*, Ed. RT, 1987, p. 44).

44.9 Por essa forma, a lei serve de instrumento para que o estado retire – de acordo com o critério objetivo, genérico e abstrato – uma quota de uma riqueza da pessoa posta como sujeito passivo da obrigação.

44.10 Merece transcrição Renato Alessi: "O exercício do poder tributário se apresenta, portanto, como logicamente condicionado à existência concreta – junto ao particular, em relação ao qual o próprio poder deve se expressar atualmente – desta riqueza da qual se deve retirar uma alíquota, na forma e natureza determinada pela norma institutiva de cada contribuição coativa específica ..." (Alessi-Stammati, *Istituzioni di Diritto Tributario,* UTET, pp. 33/34).

44.11 A alíquota – disse-o implicitamente A. Becker – é uma quota ou parte ideal do fato posto como aspecto material da h.i. São suas palavras: "... o tributo – sempre e logicamente – consiste numa parcela daquele fato que foi transfigurado em cifra (base de cálculo) por escolha e determinação da *regra* que estrutura a regra jurídica de tributação" (ob. cit., p. 343).

44.12 Explica-o melhor em outra passagem: "A alíquota será aplicada somente depois que o fato escolhido para base de cálculo, sob a ação do método de conversão, transfigurou-se em cifra, de modo que a alíquota sempre representa uma parcela deste fato já transfigurado em cifra e não daquele outro fato que condicionou a variação da alíquota" (ob. cit., p. 344).

44.13 A base calculada é um fator individual de determinação da grandeza de cada débito. A alíquota um fator genérico. Dizemos "individual" a base porque o dado numérico por ela fornecido varia conforme cada fato individual (fato imponível) realizado. Sendo a perspectiva dimensível do aspecto material, fornece um dado essencial à individualização do débito, dado este que varia de fato concreto para fato concreto (cada fato imponível tem a sua dimensão).

44.13.1 Já a alíquota – por ser estabelecida objetivamente em lei – é um fator estável e genérico. Assim, a combinação do dado numérico individual e específico (base calculada) com o dado numérico genérico (alíquota) permite a fixação do débito correspondente a cada obrigação.

44.14 Do exposto se vê que a base calculada é uma grandeza ínsita à coisa tributada, que o legislador qualifica com esta função. Alíquota é uma ordem de grandeza exterior, que o legislador estabelece normativamente e que, combinada com a base imponível, permite determinar o *quantum* do objeto da obrigação tributária.

44.15 Amílcar Falcão relaciona alíquota e base, conceituando esta como a "grandeza econômica ou numérica sobre a qual se aplica a alíquota para obter o *quantum* a pagar" (*Fato gerador da Obrigação Tributária,* cit., p. 137).

44.16 O estudo da alíquota, a rigor, não pertence ao capítulo "hipótese de incidência", mas sim ao da estrutura dinâmica da obrigação tributária. A alíquota é, na verdade, integrante da parte mandamental da norma; a alíquota não está na hipótese legal, mas no mandamento. O mandamento principal, na norma tributária não é simplesmente "pague", mas "pague x% sobre a base calculada", ou "pague uma moeda por quilograma", ou "uma moeda por metro", ou "ou uma moeda por litro" etc.

O resultado da aplicação da alíquota sobre a base imponível, em cada fato imponível, é que enseja determinar o *quantum* correspondente a cada obrigação tributária.

45. Alíquota e taxa

45.1 De tudo que vem sendo exposto, já se vê que alíquota não é conceito igualmente aplicável a todos os tributos. Base imponível todos os impostos e algumas contribuições e taxas a têm, enquanto em inúmeros casos, não há cálculo a ser feito (contribuições e taxas fixas).

45.2 As taxas nem sempre têm alíquotas. Na verdade, não se trata de "atribuição ao estado pela lei, de parcela de riqueza alguma". Esta explicação não é aplicável às taxas, cujo princípio informativo é totalmente diverso: decorre da Constituição (art. 145, II) que o princípio regente da taxa é a remuneração. Assim, o custo de um serviço público não geral (específico) deve ser repartido entre seus usuários, na medida em que cada administrado o utiliza.

45.2.1 Muitas taxas não têm alíquota. A lei, nesses casos, dispensa essa técnica e já estabelece o *quantum* devido, antecipadamente (pedágio, certidões etc.).

Em muitos outros casos, encontrar-se-ão alíquotas de taxa. Ao tratarmos das taxas aprofundaremos esse aspecto. Alíquota, nas taxas, é o critério legal de repartição, pelos administrados, do custo dos serviços públicos, ou do custo da atividade administrativa condicional do exercício do poder de polícia.

46. Determinação do "quantum debetur"

46.1 Na lei devem conter-se os critérios para determinação dos fatos que fazem nascer obrigações (h.i.), sua realização genérica e específica, momento, identificação do sujeito passivo e quantia devida.

A base imponível é uma grandeza inerente ao assim chamado objeto do imposto (aspecto material da h.i.). Como base calculada, tem um tamanho diferente em cada caso individual.

A alíquota é uma grandeza (um fator, um número) exterior ao objeto; é uma grandeza criada pela lei. É, portanto, genérica, imutável.

46.2 A aplicação da lei fixa e qualifica uma grandeza da coisa e permite estabelecer a base calculada. Sobre esta aplica-se outra grandeza, exterior a ela, a alíquota, número fixado na lei. A combinação das duas permite a individualização do débito, ou seja, fixação do *quantum* devido em cada caso concreto.

46.3 Está criado um tributo desde que expedida a lei que lhe descreve a h.i. Abstrata e genericamente, todos os que se encontrem na situação legalmente prevista serão devedores.

Acontecidos concretamente os fatos, a obrigação abstrata legal concretiza-se e individualiza-se. Para determinação do montante de cada obrigação, há necessidade de aplicação dos critérios gerais da lei ao caso concreto.

46.4 A quantia de dinheiro objeto de cada obrigação concreta, emergente de cada fato imponível, se determina pela aplicação da alíquota à base calculada, que resulta do dimensionamento do fato imponível, segundo os critérios da base de cálculo.

46.5 Alfredo Becker demonstra os elementos a serem considerados para o estabelecimento do *quantum debetur*:

"Para obter esta determinação do objeto da prestação jurídica tributária, a própria regra escolhe:

a) o elemento (dentre os múltiplos que integram a composição da hipótese de incidência) que deverá servir de base de cálculo;

b) o método (peso, ou medida, ou valor) para converter a base de cálculo em cifra;

c) a alíquota que, calculada sobre a base de cálculo, já convertida em cifra, dará como resultado uma segunda cifra, a qual corresponde à grandeza do objeto (tributo) da prestação jurídica tributária" (ob. cit., p. 341).

46.6 Destarte, pode-se dizer que a lei (h.i.) fixa – mediante o estabelecimento de critérios – os débitos abstratamente (base de cálculo). O fato imponível determina individualizadamente o débito tributário (base calculada), em cada caso. O lançamento vai se limitar a reconhecer os efeitos do fato imponível, em função dos critérios legais, aplicando a alíquota à base calculada (v. Aires Barreto, *Base* ..., cit., pp. 90 e ss.).

47. Dinâmica da obrigação tributária

47.1 Tributo é a exigência unilateral e coativa de dinheiro, feita pelo estado às pessoas submetidas à lei, com fundamento na Constituição (arts. 145 a 156).

O dever de entregar dinheiro aos cofres públicos decorre da incidência da lei tributária – material e formalmente conforme à Constituição – e de sua aplicação, segundo procedimentos de direito administrativo tributário.

47.2 As questões práticas que a chamada ciência do direito tributário material se propõe a resolver são: se se deve pagar tributo, a quem se deve pagar, quem deve pagar, quando nasce o dever de pagar e quanto deve ser pago.

47.3 Assim, *determinar concretamente* "se, quem, para quem, quando, e quanto", só é possível à vista da lei, "interpretada corretamente" – como adverte Hensel – à luz dos princípios, categorias e técnicas da ciência do direito tributário (que só didaticamente é autônomo).

À indagação: "como se deve pagar", dá resposta o direito administrativo tributário, que cuida, entre outras questões, do lançamento administrativo.

47.4 A determinação concreta, em cada caso, dos elementos objetivos de resposta à primeira série de questões, depende da qualificação jurídica – a ser procedida mediante cuidadosa exegese – de cada fato imponível.

47.5 Os critérios para cabal desempenho desse trabalho estão na lei: na hipótese de incidência e no mandamento. Na hipótese de incidência, a indicação do sujeito ativo e dos critérios para determinação do sujeito passivo (aspecto pessoal); a indicação da materialidade ou consistência material do fato descrito (aspecto material); a qualificação das coordenadas de tempo (aspecto temporal) e de lugar (aspecto espacial) juridicamente relevantes e a fixação da perspectiva dimensível do aspecto material (base imponível) que deve ser considerada, no fato, pelo intérprete. Aplicada a alíquota – inserida no mandamento – à base calculada, obtém-se, em cada caso, o *quantum* devido, objeto da obrigação, nascida do fato imponível.

47.6 A forma solene e legalmente regulada de se operar a aplicação concreta, mediante este trabalho exegético, da lei ao fato imponível (lançamento) é matéria de direito administrativo, que, por conveniência prática e didática, se expõe nos compêndios de direito tributário, na parte que cuida do chamado direito administrativo tributário.

TERCEIRA PARTE

CLASSIFICAÇÃO JURÍDICA DOS TRIBUTOS

Capítulo I

CRITÉRIO DE CLASSIFICAÇÃO

48. Considerações gerais. 49. Importância da classificação. 50. Critérios correntes de classificação. 51. Proposições metodológicas. 52. O critério jurídico de classificação dos tributos está na consistência do aspecto material da hipótese de incidência.

48. Considerações gerais

48.1 Quanto à natureza, os tributos podem ser classificados em duas grandes espécies, que se distinguem pela radical diversidade de regimes jurídicos a que se submetem. O critério jurídico para esta classificação está na consistência da h.i., ou seja, no seu aspecto material.

A classificação jurídica dos tributos tem como único fundamento o dado legislativo, em que se constitui a h.i., descrita pelo legislador.

48.2 O ponto de partida de qualquer especulação jurídica é a lei. Assim, as considerações políticas, econômicas, financeiras, administrativas etc. que motivaram o legislador e lhe determinaram o comportamento se esgotam na fase pré-legislativa e nenhuma influência exercem sobre os processos exegéticos, de cunho dogmático, que informam o trabalho científico-jurídico que tem lugar depois de posto o direito (*ius positum*).

48.3 Como, entretanto – conforme a espécie de tributo – diversos são os regimes tributários, deverá o exegeta determinar qual a espécie diante da qual se encontra, a fim de lhe aplicar o regime jurídico correto e adequado, em face das normas constitucionais e à luz dos princípios que a Constituição prestigia ou adota.

Em outras palavras: não basta, não é suficiente reconhecer o tributo. Deve o intérprete determinar qual a espécie tributária ("natureza específica do tributo", conforme o diz o art. 4º do CTN), dado que a Constituição prescreve regimes diferentes, conforme a espécie. Tais regimes caracterizam-se por princípios e regras especiais, constitucionalmente estabelecidos.

49. Importância da classificação

49.1 E estes regimes erigem-se sobre princípios constitucionais impostergáveis pela administração e pelo próprio legislador. Daí a absoluta necessidade de sua estrita observância. De outro lado, esses regimes próprios, específicos e exclusivos constituem um esquema balizador da tributação, que engendra direitos públicos subjetivos dos contribuintes, que não podem ser, pelo legislador e pelo administrador, ignorados, diminuídos, modificados, alterados, comprimidos ou deformados.

49.1.1 Aí está a magnitude da importância da classificação dos tributos, principalmente quando tão extensa e minuciosamente prestigiada pelo próprio texto constitucional, como ocorre no Brasil (ao contrário de outros sistemas, onde a escassez de regras constitucionais resulta em ampla liberdade legislativa).

49.2 O próprio sistema constitucional adota uma classificação dos tributos e faz derivarem conseqüências do discernimento que estabelece entre as espécies e subespécies tributárias. Isto é: o texto constitucional consagra uma determinada classificação e atribui regimes jurídicos diferentes a serem aplicados às espécies tributárias. No próprio texto constitucional estão princípios e regras diferentes, e peculiares, aplicáveis com exclusividade – e relevantes efeitos – às diversas espécies e subespécies de tributos.

49.3 Conforme um tributo se configure como inserto numa ou noutra categoria, as conseqüências serão diferentes. No Brasil, é de fundamental importância proceder com rigor na tarefa de identificar as peculiaridades de cada espécie, porque a rigidez do sistema constitucional tributário (v. nosso *Sistema Constitucional Tributário Brasileiro*, Ed. RT, 1990, Capítulo 1) fulmina de nulidade qualquer exação não obediente rigorosamente aos moldes constitucionais estritos.

49.4 É imperioso distinguir os impostos das taxas e das contribuições e reciprocamente: "Se o conceito de taxa, expressamente previsto na ... Constituição, não for fielmente acatado pelos legisladores e tribunais, arruinar-se-á o sistema de separação de receitas que o constituinte delineou, no propósito de assegurar a autonomia dos Estados e Municípios e também garantir os indivíduos contra as bitributações que infernam a vida dos contribuintes norte-americanos" (Aliomar Baleeiro, *Direito Tributário Brasileiro*, 4ª ed., p. 293).

49.5 Qualquer classificação que se pretenda fazer, no Brasil, deve atender não só às exigências científicas como aos cânones constitucionais, sob pena de resultar inútil e inoperante. Qualquer equívoco, nesta matéria, leva à inconstitucionalidade.

A classificação que propomos é rigorosamente aquela adotada pela Carta Magna. Colhe sua inspiração e desdobra-lhe as conseqüências. Torna mais fácil, segura e expedita a aplicação dos critérios constitucionais e a exegese do sistema, como um todo, e de cada norma ou princípio que o compõe.

49.6 A Constituição de 1988 refere-se a impostos, taxas e contribuições, adotando o critério tricotômico. Na verdade, com notável coerência, ao estabelecer os princípios (explícitos e implícitos) e regras informadoras do regime de cada espécie, desdobra-os harmonicamente.

50. Critérios correntes de classificação

50.1 Se o desconhecimento das conseqüências da classificação dos tributos pode levar aos mais graves erros, é decisivamente importante estudar solidamente a questão.

Como se trata, neste plano, de um problema exegético (problema de tratamento jurídico de categorias jurídicas constitucionais), de pouco valem os critérios financeiros – pré-legislativos, – que informaram o legislador constituinte na elaboração legislativa e que esgotaram sua função quando da edição da Constituição.

50.2 Oportuna é a lição de Celso Antônio Bandeira de Mello: "Em direito, a operação lógica de classificar, por força há de se ater às características de 'direito', isto é, dos institutos e categorias, cujos ingredientes componentes são sistemas de normas, processos que definem um conjunto de efeitos, imputáveis a determinadas situações e relações" (*Natureza...*, cit., p. 361).

50.3 Muitas definições de imposto, de taxa e de contribuição, encontradiças nos compêndios e manuais de direito tributário, são censuráveis por conterem preconceitos de ciência das finanças ou por misturarem caracteres jurídicos com financeiros (pré-jurídicos), traduzindo imprecisão, que resulta em insegurança para os aplicadores do direito positivo.

50.3.1 As definições jurídicas devem tomar por ponto de partida o dado jurídico supremo: a lei constitucional. A partir do desenho constitucional dos tributos é que o jurista deve construir o seu conceito; deve ater-se exclusivamente aos aspectos normativos, constitucionalmente prestigiados. Por isso procuramos evitar postura não dogmática, informada por critérios pré-jurídicos, de grande valia para o legislador, mas secundários para o jurista, que tem como ponto de partida de sua tarefa exegética o texto normativo.

50.4 Só depois de vigente a Constituição – como fundamento da ordenação jurídica global – é possível elaborar uma classificação dos tributos. Esta toma, portanto, como ponto de partida, como ponto inicial, o supremo dado jurídico: a Constituição.

Começa, portanto, onde termina a tarefa da ciência das finanças (essencialmente informativa do legislador), ciência eminentemente pré-legislativa.

50.4.1 Compartilhamos, pois, a opinião de A.D. Giannini que – ao estabelecer a classificação dos tributos, no seu clássico *Istituzioni di Diritto Tributario* – sublinha que o seu fundamento é exclusivamente jurídico. Que coincide com a classificação financeira, porém, com ela não se identifica. É que "uma é qualificada por elementos (econômicos) diversos dos (formais) que caracterizam a outra: assim como a análise dos atos da vida econômica não se compenetra com a dos correspondentes negócios jurídicos" (nota de rodapé, à p. 35, 8ª ed., 1960).

50.5 A classificação dos tributos, segundo critérios jurídicos, é uma sombra da classificação financeira. Assim como a ciência do direito elaborou um conceito próprio de tributo, assim, também, com critérios próprios, elaborou uma classificação, com validade absoluta, no seu campo. As considerações metajurídicas (de ciência das finanças) podem, quando muito, coadjuvar em certos pontos em que as decisões constituintes foram menos explícitas, o que, no Brasil, deu-se em raras passagens (como é o caso das contribuições).

51. Proposições metodológicas

51.1 O conceito jurídico de tributo assim como sua classificação jurídica são resultado de interpretação jurídica da Constituição e não reprodução de conceitos formulados em instância econômica ou financeira.

Celso Antônio Bandeira de Mello apóia-se em Santi Romano para formular a advertência: "Convém distinguir os aspectos jurídicos, que interessam ao estudioso do direito, daqueles históricos, sociológicos ou de outra ordem. Santi Romano pontifica com exemplar clareza: "Non si confonda l'origine giuridica di un istituto con gli ementi su cai esso poggia e che possono essere anche spontanei e naturali. Il legislatore può formare una circoscrizione traendola dalla sua mente, senza che prima non esistesse traccia o semplicemente riconoscendo e dando effetti giuridici a quanto già era nell'ordine naturale" (*Scritti Minori*, v. II, 1950, p. 38)" (*Natureza e Regime Jurídico das Autarquias*, Ed. RT, p. 42).

51.2 O conceito de tributo bem como de suas espécies deve ser construído a partir do sistema positivo, sem nenhuma influência de noções ou formulações estranhas ou impertinentes, como são as econômico-financeiras. Cabe aqui a censura que Celso Antônio Bandeira de Mello aplicou a claudicações semelhantes, que praticam alguns adminstrativistas: "Sucede, no entanto, que para o estudioso do direito é sumamente importante distinguir o ente jurídico – isto é, a figura que resulta de um sistema de normas – naquele ser diverso, que lhe serviu de engaste, mas cuja realidade é apreensível fora do raciocínio jurídico. Com efeito, a lamentável confusão entre os dois ocasiona procedimentos metodológicos defeituosos, inviáveis para se alcançarem os fins a que se propõem" (ob. cit., p. 52).

51.3 A perplexidade que se nota ainda na nossa incipiente literatura tributária – com raras exceções – no atinente à identificação das espécies tributárias, perplexidade essa que ecoa nos tribunais e só penosamente encontra solução adequada, se deve precisamente à incompreensível dificuldade que têm relevado os aplicadores em discernir o jurídico do pré-jurídico. Tal dificuldade, no nosso setor, mais se aguça, tornando-se gravíssima, precisamente quando se cuida de reconhecer, num caso concreto, uma espécie tributária.

51.4 O mistifório de dados pré-jurídicos engendra situações fantásticas que bem explicam – embora não possam justificar – a grande quantidade de decisões as mais disparatadas de nossos tribunais, nessa matéria. Ao se pretender deslindar uma questão jurídica, as soluções não são harmônicas, não têm coerência com as premissas, não têm regularidade nem constância, não satisfazem nem a vencidos, nem a vencedores (a observação é de Gilberto de Ulhoa Canto) e dão ao contribuinte terrível insegurança kafkiana.

51.5 Isto certamente porque não se têm presentes os ensinamentos da melhor doutrina, explicitados por Celso Antônio Bandeira de Mello: "O que é necessário, preliminarmente, é isolar o objeto que se pretende conhecer; ou um objeto jurídico, uma figura do direito, um instituto composto pelos elementos de sua dogmática, ou o ser extrajurídico, substante, infra-estrutural. Só o primeiro interessa ao cultor da jurisprudência e pode ser conhecido, unicamente, através da metodologia consentânea com sua natureza. Os instrumentos utilizados serão as noções lógico-jurídicas e os conceitos qualificados juridicamente. O segundo é irrelevante para a ciência do direito e sua apreensão se faz mediante a utilização de critérios e noções de diversa natureza. A confusão dos dois temas leva os autores a verdadeiros círculos viciosos ou petições de princípios" (ob. cit., p. 55).

51.6 É despropositado, anticientífico e absurdo o jurista recorrer a qualquer critério não jurídico, pré-jurídico ou metajurídico, para estabelecer uma classificação jurídica dos institutos que estuda. Não é lícito ultrapassar os limites do fenômeno que se põe como objeto do nosso estudo: o direito positivo. A realidade jurídica esgota-se no fenômeno jurídico, cansaram de proclamá-lo Pontes de Miranda, Cleber Giardino, Barros Carvalho e Alfredo Becker, reproduzindo as melhores lições dos clássicos da ciência do direito. A mesma coisa diz Lourival Vilanova:

51.7 "O objeto possível do conhecimento jurídico deve ser o dado positivo, o direito histórico ou o direito de vigência atual. O fenômeno é o direito positivo, cujos limites não é lícito ultrapassar. Há que limitar-se, o sujeito, ao dado, como ele aparece e nos limites em que aparece. Toda a realidade jurídica esgota-se no fenômeno jurídico. Não existe, em conseqüência, uma hipotética realidade absoluta como *suppositum* do fenômeno. E o fenômeno jurídico sempre se dá, temporalmente, sujeito à variação e à heterogeneidade" (Vilanova, p. 45).

51.8 Se o ponto de partida do cuidado do jurista é a lei – dado fundamental de seu trabalho exegético – já se vê que ele começa sua tarefa onde o financista encerrou a sua. Daí a necessidade de um critério jurídico para a classificação jurídica dos tributos.

51.9 A advertência do ínclito Souto Maior Borges, a propósito, é peremptória: "Um dos equívocos que podem geralmente contaminar a pureza do método de estudo dos conceitos jurídicos é a utilização inadvertida de critérios de análise válidos apenas para a ciência econômica" ("Isenções do ICM por convênio e o art. 23, § 6º, da Emenda Constitucional n. 1 de 1969", in *RDP* 17/352/353).

51.10 É inaceitável e anticientífico pretender colher elementos no mundo pré- jurídico, para influir na exegese de normas jurídicas ou construção de conceitos jurídicos, que deve ser procedida exclusivamente à luz dos desenhos normativos:

"O estudioso, quando procura um fundamento político para dado regime, *ipso facto* está se norteando em função daquilo que se encontra sob as normas e daquilo que deverá se encontrar futuramente sob elas. Não procura o direito existente, mas aquilo que existe por baixo do direito e aquilo que deverá existir. Não age como jurista, porque persegue o embasamento de um sistema de normas. Age como sociólogo, moralista ou político, o que lhe pode ser de elevada utilidade para muitos fins, sem que lhe proporcione grande proveito para compreensão do direito.

51.10.1 "Mesmo quando supõe haver encontrado o que se acha por debaixo de um sistema jurídico, isto é, a razão pela qual se consagram tais ou quais regras, não se terá encontrado com as regras, mas simplesmente com as razões pelas quais se consagram; e não é este o seu objeto, como jurista" (Celso Antônio Bandeira de Mello, *Natureza...*, cit., p. 166).

51.10.2 "O direito não considera as coisas e os seres em geral, e não os toma em sua realidade natural; ele os reelabora. Atribui-lhes um significado especial, um sentido jurídico e cria destarte novos seres, seres lógicos, que vivem, transitam, unicamente no universo do direito" (ob. cit., p. 192).

51.11 Talvez seja a propósito do tema classificação dos tributos – que fornece o critério para reconhecimento das espécies tributárias – que se verifique a maior dificuldade dos tributaristas em libertarem-se dos preconceitos financeiros. Incidem aqui na censura de Carnelutti, lembrada por Alfredo Becker, que – com sua proverbial franqueza – vitupera tal contaminação que condena porque "prostitui a atitude mental jurídica".

51.12 Transcrevemos este notável mestre do direito tributário que é o gaúcho A. Becker.

"Há juristas – adverte F. Carnelutti – que quase sempre cometem o erro de aceitar e utilizar empiricamente os conceitos das ciências pré-jurídicas, sem cuidarem de pesquisar o novo e diferente conteúdo (significado) que elas passam a vestir no momento em que entram no mundo jurídico. Este mau costume – lamenta F. Carnelutti – tem gerado dentro do direito dificuldades numerosas e graves.

51.13 "Ora, em nenhum outro ramo do direito, estas dificuldades são tão numerosas e tão graves quanto as que este mau hábito tem gerado dentro do direito tributário. O maior equívoco no direito tributário é a contaminação entre princípios e conceitos jurídicos e princípios e conceitos pré-jurídicos (econômicos, financeiros, políticos, sociais, etc.)" (ob. cit., p. 35).

51.14 "Os critérios financeiros (de ciência das finanças) são certos no plano pré-jurídico. No plano jurídico são inservíveis e imprestáveis" (v. A. Becker, ob. cit., p. 337).

52. *O critério jurídico de classificação dos tributos está na consistência do aspecto material da hipótese de incidência*

52.1 Por isso, na própria lei tributária – situado em posição essencial e nuclear – haverá de ser encontrado o elemento decisivo de classificação. Efetivamente, este está na h.i., mais precisamente, no seu aspecto material.

52.2 É a materialidade do conceito do fato, descrito hipoteticamente pela h.i. que fornece o critério para classificação das espécies tributárias.

52.3 O principal e decisivo caráter diferencial entre as espécies tributárias está na conformação ou configuração e consistência do aspecto material da hipótese de incidência.

52.4 Conforme, pois, a consistência do aspecto material da h.i., será possível reconhecer as espécies de tributos.

52.5 Quando fazemos repousar a nossa classificação dos tributos na consistência material do fato descrito pela h.i., damos formulação nova a velha indagação de autorizados precursores, como é o caso de Otto Mayer e Dino Jarach. Este é incisivo no trato do assunto.

52.6 "O problema jurídico, assim colocado, consiste em determinar a natureza e o conteúdo substancial dos pressupostos legais da obrigação tributária. Trata-se, pois, de determinar a natureza substancial dos fatos imponíveis, ou bem, dos fundamentos que caracterizam os fatos imponíveis" (*Estrutura...*, cit., p. 340).

52.7 A classificação dos tributos pela consistência do aspecto material da h.i. é também adotada – embora com formulação explicitada de forma diversa – por Roque Carrazza, Aires Barreto, Paulo Barros Carvalho, Cleber Giardino, Misabel Derzi, Diva Malerbi, Sacha Calmon, Estevão Horvath, Eduardo Bottallo.

52.8 Examinando-se e comparando-se todas as legislações existentes – quanto à hipótese de incidência – verificamos que, em todos os casos, o seu aspecto material, das duas, uma: a) ou consiste numa atividade do poder público (ou numa repercussão desta) ou, pelo contrário, b) consiste num fato ou acontecimento inteiramente indiferente a qualquer atividade estatal.

Esta verificação permite classificar todos os tributos, pois – segundo o aspecto material de sua hipótese de incidência consista ou não no desempenho de uma atividade estatal – em tributos vinculados e tributos não vinculados.

52.8.1 É que esta averiguação enseja afirmar que – no primeiro caso – o legislador vincula o nascimento da obrigação tributária ao desempenho de uma atividade estatal e, no segundo, não. No Brasil, tal critério é constitucionalmente consagrado de modo expresso, impedindo postura diversa do legislador ordinário.

52.8.2 A Constituição obriga o legislador a pôr no cerne (aspecto material) da h.i. ou (a) o conceito de um fato consistente numa ação estatal, ou (b) um fato desta independente, remoto.

52.9 Pode-se dizer, portanto, que são tributos (1) vinculados aqueles cuja hipótese de incidência consiste na descrição de uma atuação estatal (ou uma conseqüência desta). Neste caso, a lei põe uma atuação estatal no aspecto material da h.i.

São tributos (2) não vinculados aqueles cuja h.i. consiste na descrição de um fato qualquer que não seja atuação estatal. Isto é, a lei põe, como aspecto material da h.i., um fato qualquer não consistente em atividade estatal.

52.9.1 Em outras palavras: a materialidade do fato descrito pela h.i. (aspecto material da h.i.) de todo e qualquer tributo ou é uma (1) atividade estatal ou (2) outra coisa qualquer. Se for uma atividade estatal o tributo será (1) vinculado. Se um fato qualquer, o tributo será (2) não vinculado.

52.10 Rubens Gomes de Sousa sustenta a opinião de que os tributos podem ser "vinculados" ou "não vinculados" em função da natureza do seu fato gerador, nome que se dá à situação material ou jurídica definida em lei como necessária e suficiente para gerar a obrigação de pagá-los ("Natureza Tributária do FGTS", in *RDP* 17/309).

52.11 Este critério não discrepa do adotado por A. Becker. Quando estudamos a base imponível, conceituamo-la como "perspectiva dimensível do aspecto material da h.i.". Classificamos os tributos pela consistência do aspecto material da h.i.; Becker, pela base imponível. O critério é o mesmo. Só que ele se restringe à perspectiva dimensível – que é uma função – e não à própria consistência material da h.i. Escreve esse autor:

"Demonstrar-se-á que o critério objetivo e jurídico é o da base de cálculo (base imponível). Este, sempre e necessariamente, é o único elemento que confere o gênero jurídico do tributo. Noutras palavras, ao se investigar o gênero jurídico do tributo, não interessa saber quais os elementos que compõem o pressuposto material ou quais as suas decorrências necessárias, nem importa encontrar qual o mais importante daqueles elementos ou decorrências. Basta verificar a base de cálculo; a natureza desta conferirá, sempre e necessariamente, o gênero jurídico do tributo.

52.11.1 "O critério de investigação da natureza jurídica do tributo, que se demonstrará ser o único verdadeiramente objetivo e jurídico, parte da base de cálculo para chegar ao conceito do tributo. Este só poderá ter uma única base de cálculo. A sua conversão em cifra é que poderá variar de método: ou peso, ou medida, ou valor. Quando o método é o do valor, surge facilmente o perigo de se procurar atingir este valor mediante a valorização de outro elemento que consistirá, logicamente, em outra base de cálculo e, com isto, *ipso facto,* desvirtuou-se o pretendido gênero jurídico do tributo. Haverá tantos distintos gêneros jurídicos de tributos quantas diferentes bases de cálculo existirem" (ob. cit., p. 338).

52.12 Quando, pois, indagamos se a h.i. de um tributo (a) consiste ou (b) não numa atividade estatal, estamos desempenhando tarefa jurídica; estamos buscando situá-lo numa destas categorias: tributo (a) vinculado ou (b) não vinculado. E, na lei – e só nela – está a consistência da h.i.

52.13 O cunho rigorosamente jurídico desse critério é salientado por Jarach: "Não se trata, pois, de uma investigação de tipo extrajurídico mas, pelo contrário, da determinação da essência mesma dos fenômenos jurídicos em exame" (*Estrutura*..., cit., p. 340).

52.14 Tributos vinculados são as taxas e contribuições (especiais) e tributos não vinculados são os impostos.

52.15 Definem-se, portanto, os tributos vinculados como aqueles cuja hipótese de incidência consiste numa atividade estatal; e impostos como aqueles cuja hipótese de incidência é um fato ou acontecimento qualquer não consistente numa atividade estatal.

52.16 A consistência da h.i. é que permite classificar os tributos em vinculados e não vinculados a uma atuação estatal. Se a h.i. consistir numa atuação estatal, o tributo será uma taxa ou contribuição (tributo vinculado); se consistir em outro fato qualquer, o tributo será não vinculado (imposto).

52.17 Este quadro sinótico bem evidencia o critério da classificação jurídica dos tributos.

VINCULADOS	NÃO VINCULADOS
(taxas e contribuições)	(impostos)
– *h. i. consistente numa atuação estatal* (ou numa repercussão desta)	– *h. i. consistente num fato qualquer que não uma atuação estatal*

exemplos:	exemplos:
– o estado fornecer água, certidão	– alguém vender
" expedir documentos	" exportar
" realizar obra que valoriza imóvel particular	" ser proprietário
" conceder licença	" transmitir imóvel
" " autorização	" prestar serviço
" " permissão	" receber rendimentos
" etc.	" importar
	" etc.

52.18 A terminologia adotada advém da observação que nos autoriza a afirmar que no primeiro caso (tributos vinculados) o legislador (1) vinculou o nascimento da obrigação a uma atuação estatal e, no segundo (2) não estabeleceu tal vinculação, fixando casos de nascimento de obrigações tributárias independentes e indiferentes a qualquer atuação estatal (tributos não vinculados).

Contemplando esse quadro sinótico, vê-se que, no caso dos tributos (1) vinculados, a consistência do aspecto material é uma atividade estatal, um ato jurídico ou material do estado, uma obra pública, um serviço público ou uma repercussão ou conseqüência deste ou daquele.

52.18.1 Já no segundo caso – tributos (2) não vinculados – tem-se um fato outro qualquer, não consistente numa atuação do poder público, mas, via de regra, num fato ligado a uma pessoa qualquer, um fato que se desenvolve na esfera jurídica do sujeito que vai ser o contribuinte. É um fato jurídico produzido (provocado) pelo particular, ou que nela repercute.

52.19 Estes dados, que permitem o imediato, seguro e fácil reconhecimento das espécies de tributo, estão imediatamente à disposição do jurista: estão no texto legal, dispensando – e até mesmo repugnando – qualquer investigação ou preocupação pré ou metajurídica, que pretenda ir às suas causas, motivos ou fundamentos. Por outro lado, repelem qualquer indagação quanto ao ulterior destino que venha o poder público dar aos dinheiros obtidos.

52.20 O exame das particularidades do aspecto material da h.i. também enseja discernir subespécies entre os vinculados (taxas e contribuições) e entre os não vinculados (impostos). Conforme peculiaridades secundárias ou acessórias, dentro destas espécies engendram-se subespécies.

52.21 O que permite este discernimento é precisamente o exame do aspecto material da hipótese de incidência, que enseja, assim, uma classificação puramente jurídica dos tributos, com base exclusivamente no dado jurídico fundamental, por excelência, que é a lei (que traça a h.i.).

52.21.1 Esta classificação puramente jurídica decorre como conseqüência natural das lições de A.D. Giannini e do próprio tratamento normativo que às espécies tributárias dispensou o código tributário nacional, que se deve à cultura privilegiada e inteligência peregrina de Rubens Gomes de Sousa.

52.22 Esta formulação é acolhida pelo professor Souto Maior Borges, do Recife, pelo professor Hector Villegas, de Córdoba, Argentina, e adotada, inclusive, por Rubens Gomes de Sousa (v. "Cadernos de Direito Tributário", in *RDP*, v. 17), que escreveu: "Nesta linha de pensamento enquadra-se a opinião, que adoto, de Geraldo Ataliba (*RDP* 9/43), de que os tributos podem ser "vinculados" ou "não vinculados" em função da natureza do seu fato gerador, nome que se dá à situação material ou jurídica definida em lei como necessária e suficiente para gerar a obrigação de pagá-los (Código Tributário Nacional, Lei 5.172, de 25.10.1966, art. 114).

"Assim, invertendo a ordem:

"a) o tributo é "não vinculado" quando o seu fato gerador independa de qualquer atividade específica do governo tributante em relação ao contribuinte: é o caso dos impostos (CTN, art. 16); ao contrário:

"b) o tributo é "vinculado" quando o seu fato gerador seja uma atividade específica do governo tributante, a qual, por sua vez, pode ser (1) diretamente relativa ao contribuinte, como exercício do poder de polícia ou a prestação ou disponibilidade de um serviço; é o caso das taxas (CTN, art. 77); ou pode ser (2) apenas indiretamente relativa ao contribuinte: é o caso das contribuições (CTN, arts. 81 e 217)" (parecer, in *RDP* 17/309, "Cadernos de Direito Tributário").

52.23 O art. 16 do CTN diz que "imposto é o tributo cuja obrigação tem por fato gerador uma situação" (aspecto material da h.i.) "independente de qualquer atividade estatal..."

52.24 Aí está a definição legal de imposto (tributo não vinculado) formulada em termos negativos. É imposto o tributo que, por exclusão, não seja vinculado; isto é: aquele cuja consistência tem por h. i. uma situação independente de qualquer atividade estatal. Como o conceito de tributo, assim como de suas espécies, é constitucional (está claramente implícito na Constituição), não devia a lei formulá-lo.

52.24.1 Não incumbe ao legislador formular definições. Isto cabe à doutrina. É perigosa toda definição legislativa de conceitos constitucionalmente pressupostos. O legislador não é mais lúcido que a doutrina. Por acaso, por sorte. o conceito do art. 16 do CTN é correto.

52.24.2 Se fosse errado, não poderia prevalecer contra a Constituição. Muitos conceitos do CTN são errados e, pois, inconstitucionais. Não obrigam. Não são norma. O legislador não tem autoridade para ampliar ou restringir os conceitos constitucionais.

52.25 Para A. Becker o aspecto material da h. i. é a chave do discernimento entre as espécies tributárias: "Na composição da hipótese de incidência o elemento mais importante é o núcleo. É a natureza do núcleo que permite distinguir as distintas naturezas jurídicas dos negócios jurídicos. Também é o núcleo que confere gênero jurídico ao tributo" (ob. cit., p. 298).

52.26 Ao estabelecer a distinção entre o imposto e a taxa, Giannini, no seu clássico *Conceitos Fundamentais do Direito Tributário*, escreve: "O elemento diferencial das duas espécies de tributos é dado pela natureza do pressuposto (hipótese de incidência)"; isto é: "o imposto se prende a uma situação de fato ... enquanto considerada manifestação direta ou indireta de certa capacidade contributiva; uma situação, portanto, que se refere exclusivamente à pessoa do obrigado e à sua esfera de atividade, sem qualquer relação, nem mesmo de fato, com a atividade do poder público. Já o pressuposto da taxa consiste em uma situação de fato que determina ou necessariamente se liga a uma atuação do poder público relacionada com o obrigado" (ob. cit., p. 103).

52.27 Esse mestre, aliás, já escrevera: "A distinção jurídica (entre imposto e taxa), ainda que coincida no resultado com a financeira, não pode utilizar senão parcial e imperfeitamente os elementos materiais da ciência financeira. Efetivamente, a conexão entre a taxa e os serviços ditos divisíveis se torna juridicamente relevante, não enquanto o seu produto se destine ou sirva para cobrir o custo daqueles serviços, mas só enquanto a *taxa* constitui uma prestação devida pela *atuação de uma atividade da pessoa pública que diz respeito particularmente ao obrigado* o que ocorre com os serviços considerados divisíveis, pela ordenação administrativa dessa pessoa. Enquanto a obrigação de imposto não tem outro fundamento que a justifique senão a sujeição do contribuinte ao poder financeiro da pessoa pública, a obrigação relativa à taxa tem seu pressuposto necessário no fato de ser ou dever ser desenvolvido (atuado) um serviço público que concerne pessoalmente ao obrigado" (*I Concetti*..., p. 98).

52.28 A Amílcar Falcão não escapou também essa peculiaridade; escreveu quanto às taxas, que "... o seu fato gerador há de ser alguma ocorrência diretamente ligada à utilização, disposição ou requisição do serviço ou atividade determinada do estado. Pelo contrário, o fato gerador do imposto há de ser alguma ocorrência da vida comum, não ligada diretamente a qualquer atividade específica recebida ou fruída, mas simplesmente reveladora da capacidade contributiva" (*Introdução ao Direito Tributário*, Ed. Financeiras, Rio de Janeiro, 1959, p. 152).

52.29 Hector Villegas reconhece a taxa pelo seu caráter de tributo vinculado: "Em terceiro lugar, a caracterização proposta conceitua como hipótese de incidência a atividade que o Estado desempenha e que está vinculada à pessoa obrigada ao pagamento. A atuação estatal vinculante é talvez o elemento caracterizador mais importante para saber se, ao enfrentarmos um determinado tributo, estamos realmente diante de uma taxa" ("Verdades e ficções em torno do tributo denominado taxa", in *RDP* 17/324).

Capítulo II

TRIBUTOS NÃO VINCULADOS

53. Imposto, tributo não vinculado. 54. Critério de exclusão para reconhecimento do imposto. 55 "Nomen iuris". 56. Impostos reais e pessoais. 57. Impostos diretos e indiretos. 58. Os impostos em espécie.

53. Imposto, tributo não vinculado

53.1 Define-se, assim, o imposto como tributo não vinculado, ou seja, tributo cuja h.i. consiste na conceituação legal dum fato qualquer que não se constitua numa atuação estatal (art. 16 do CTN); um fato da esfera jurídica do contribuinte.

53.2 Esse fato é indicativo de capacidade contributiva de alguém que será, precisamente, posto na posição de sujeito passivo. Jarach insiste em sublinhar tal característica desse fato, colocando-a como essencial (*Curso Superior de Derecho Tributario*, Liceo Cima, Buenos Aires, p. 187). Amílcar Falcão faz empenho em sublinhar seu cunho econômico. Afirma que o fato nela descrito sempre é "índice ou indício de aferição da capacidade econômica ou contributiva dos sujeitos aos quais se atribui" (*Fato gerador...*, 2ª ed., cit., p. 64; e o reitera a pp. 66 e 69).

53.3 Por imperativos constitucionais expressos (art. 5º, *caput* e I e art. 145, § 1º), no imposto, há uma presunção de que o fato descrito pela sua h.i. seja um fato de conteúdo econômico (Cleber Giardino).

Faz empenho Jarach, em enfatizar fundamentos que eliminem qualquer arbítrio do legislador (*Curso Superior...*, cit., pp. 187 e ss.). Mostra ser inexigível qualquer imposto que tome como h.i. um fato sem nenhum conteúdo econômico.

53.4 Obedecido o critério de repartição de competências para exigir impostos, estabelecido pelo texto constitucional (arts. 153, 155 e 156) presume-se, em princípio, atendido o requisito do respeito à capacidade econômica ou contributiva. Tal presunção, porém, pode ceder diante de demonstração lógica da inconstitucionalidade – por violação desse princípio – da lei, ou prova concreta, em casos singulares.

53.5 É que o imposto, como ensina Ferreiro Lapatza, destina-se a "gravar a riqueza do contribuinte ...", daí que esta seja sempre o "objeto desse tributo" (*Curso de Derecho Financiero Español*, 7ª ed., Madrid, 1971, pp. 442 e 443). Por isso, "o fato imponível há de revelar geralmente certa capacidade econômica".

53.6 Idêntica tese sustenta Francisco Moschetti (*Il principio della capacità contributiva*, Pádua, 1973, p. 375), no que concorda com Alberto Xavier (*Manual de direito fiscal*, Lisboa, 1974, p. 108) e Emilio Giardina (*Le basi teoriche del principio della capacità contributiva*, Milão, 1961, p. 348).

53.7 Cleber Giardino e nós elaboramos amplo estudo sobre o tema, demonstrando a inconstitucionalidade da lei brasileira que previa imposto para fato sem conteúdo econômico ("Intributabilidade das correções monetárias", in *Princípio tributário no direito brasileiro e comparado*, Forense, Rio, 1988, pp. 137 e ss.).

54. Critério de exclusão para reconhecimento do imposto

54.1 Não se terá imposto quando a exigência formulada pela lei revestir a figura de exação vinculada; ou seja: quando a hipótese de incidência consistir numa atuação estatal, atual ou potencial, referida ao obrigado (arts. 145, II, III e 149, CF).

54.2 Por isso, sob a perspectiva jurídica, é suficiente identificar a materialidade da h.i. como consistente em um fato qualquer não configurador de atuação estatal, para se reconhecer a natureza de imposto ao tributo figurado.

54.3 Seguro para se comprovar estar-se em presença de imposto é o critério de exclusão: se, diante de uma exação, o intérprete verifica que não se trata de tributo vinculado, então pode afirmar seu caráter de imposto. Todo tributo não vinculado é imposto.

54.4 Em suma: o exegeta, munido deste critério, distinguirá os impostos dos tributos vinculados pelo exame da hipótese de incidência, analisando a natureza desta hipótese e o relacionamento (referibilidade) de seus elementos constitutivos com o obrigado.

Destarte, os impostos se reconhecem por exclusão: sempre que a hipótese de incidência não consistir numa atuação estatal, ter-se-á imposto.

54.5 A. Becker escreveu: "Imposto: A regra jurídica tributária que tiver escolhido, para base de cálculo de tributo, um fato lícito qualquer (não consistente em serviço estatal ou coisa estatal), terá criado um imposto" (ob. cit., p. 345).

54.6 A acuidade de nossos melhores doutrinadores já tinha deixado claro que "...fixado o sentido da expressão taxa, se tem, decorrente, o conceito de imposto que constitui uma noção negativa" (Amílcar Falcão, *Introdução ao Direito Tributário*, Ed. Financeiras, 1959, p. 150).

55. "Nomen iuris"

55.1 A designação das entidades e institutos do direito é muito importante. É condição de trabalho seguro, objetivo e científico.

Os nomes empregados em ciência devem corresponder a conceitos científicos unívocos. Nem sempre, entretanto, o legislador atende essa recomendação, ou por não ser um especialista, ou por malícia – no intuito de subtrair-se a exigências constitucionais – e adota terminologia errada ou equivocada.

De nada adianta o legislador dar nome diverso às entidades que cria. Os problemas da dogmática não se resolvem pela taxinomia, advertiu Agostinho Alvim.

55.2 É boa doutrina que "... um tributo não segue a sorte do nome que se lhe queira dar. Não será taxa tão-somente porque assim se o denominou, do mesmo modo que, reciprocamente, como imposto também não se há de o ter, apenas porque assim batizado" (Gilberto de Ulhoa Canto, *Temas de Direito Tributário*, v. III, p. 51).

55.3 Dada a rigidez do regime dos impostos, o legislador muitas vezes dá a imposto o nome de taxa, com o fito de subtrair-se aos rigores constitucionais.

55.4 A designação não confere entidade ao tributo. A circunstância de o legislador tê-lo batizado de taxa não tem a virtude de lhe atribuir tal natureza.

55.5 Giannini, há muito, adverte que é fator de incerteza a "inconstância terminológica" do direito positivo italiano (que dizer do brasileiro, então!).

Censura o uso promíscuo das palavras "imposto", "taxa" e "contribuição", denunciando a confusão entre imposto e taxa feita pelo legislador italiano (ob. cit., p. 57). Assinala a "impossibilità di desumere dall'espressione legislativa il carattere del tributo" (ob. cit., p. 58).

55.6 Por isso Rubens Gomes de Sousa fez inscrever no código tributário nacional a regra:

"Art. 4º. A natureza jurídica específica do tributo é determinada pelo fato gerador da respectiva obrigação, sendo irrelevantes para qualificá-la: I – a denominação e demais características formais adotadas pela lei". É um preceito didático do CTN, felizmente acertado.

55.7 É indiscrepante a inteligência que a doutrina dá à questão, aqui como alhures. Aliomar Baleeiro, por exemplo, comentando o inciso I do art. 4º do CTN, escreve:

"O tributo constitui obrigação *ex lege*. Não há tributo sem lei que decrete, definindo-lhe o fato gerador da obrigação fiscal. Esse fato gerador caracteriza cada tributo, sendo indiferente o erro ou a malícia do legislador que empregue denominação diversa daquela esposada pela Constituição e pelo código tributário nacional.

"Não poderia ter efetividade, nem sobrevivência, o sistema tributário nacional instituído pela Constituição, com evidentes e confessados propósitos políticos, como a implantação do regime federativo, se fosse lícito ao legislador ordinário iludi-lo, pela troca de nomes de cada tributo para invasão do campo tributário reservado a competência diversa. A jurisprudência do Supremo Tribunal Federal fulminou de inconstitucionalidade, no regime constitucional anterior, várias usurpações dessa natureza" (*Direito Tributário Brasileiro*, 3ª ed., Forense, pp. 66-67).

55.8 O mesmo é o magistério de Amílcar Falcão: "É certo que o imposto não se define ou conceitua com base na sua denominação, no seu *nomen iuris*: a definição é dada através do exame da natureza jurídica do tributo, ou seja, da natureza do fato gerador adotado e respectiva base de cálculo" (*Direito Tributário Brasileiro*, 1960, p. 362).

55.9 Com isto se vê que a circunstância de um tributo receber uma designação nada significa. Pode ou não ser desta ou daquela espécie, independentemente da denominação adotada pelo legislador.

55.10 Disso decorre que o intérprete não pode guiar-se pelas designações que o legislador dá aos institutos, mas só pelo critério objetivo e científico aqui exposto. É imperativo que assim proceda, pena de deturpar o funcionamento do sistema jurídico, deformando-o e atingindo-o na sua viga mestra, a sua rigidez (v. nosso *Sistema Tributário Brasileiro*, Capítulo I).

55.11 "Evidentemente, o princípio da rigidez estaria burlado se se permitisse que, sob um *nomen iuris* inadequado, essas entidades federadas acabassem invadindo a competência alheia, através de distorção de sua competência, seja mediante a adoção de um fato gerador típico de impostos de competência que lhes não pertença, seja mediante a eleição de uma base de cálculo tipicamente inerente a tais fatos geradores de impostos de alheia competência" (Amílcar Falcão, *Direito Tributário Brasileiro*, p. 343).

55.12 No Brasil, há impostos com as mais variadas designações. Ora recebem nomes de outras espécies tributárias (taxa, contribuição), ora são batizados pelo legislador com outros nomes, tais como depósitos, direitos, tarifas, parcelas. Há entre nós, inclusive, um imposto que recebeu a aberrante designação de "salário educação". Algumas destas designações seriam curiosidades num museu de teratologia jurídica ou no "manicômio tributário" a que se refere Alfredo Becker.

55.13 Isto tudo não tem a menor importância. Dê-se o nome que se quiser a um tributo, ele será imposto e, ao regime jurídico dos impostos, deverá submeter-se, desde que se reconheça, do exame de sua h.i., tratar-se de tributo não vinculado.

Inversamente, se se encontrar um tributo com a designação de imposto, cuja h.i., porém, consista numa atuação estatal, estar-se-á diante de tributo vinculado e, como tal, deverá ser tratado.

56. Impostos reais e pessoais

56.1 Uma classificação muito divulgada dos impostos diz respeito à influência maior ou menor, na estrutura do imposto, do aspecto material ou pessoal da h.i. Com a Constituição de 1988, passou a ter enorme importância (art. 145, § 1º) a distinção entre impostos pessoais e reais.

56.2 São impostos reais aqueles cujo aspecto material da h.i. limita-se a descrever um fato, ou estudo de fato, independentemente do aspecto pessoal, ou seja indiferente ao eventual sujeito passivo e suas qualidades. A h.i. é um fato objetivamente considerado, com abstração feita das condições jurídicas do eventual sujeito passivo; estas condições são desprezadas, não são consideradas na descrição do aspecto material da h.i. (o que não significa que a h.i. não tenha aspecto pessoal; tem, porém este é indiferente à estrutura do aspecto material ou do próprio imposto).

56.3 São impostos pessoais, pelo contrário, aqueles cujo aspecto material da h.i. leva em consideração certas qualidades, juridicamente qualificadas, dos possíveis sujeitos passivos. Em outras palavras: estas qualidades jurídicas influem, para estabelecer diferenciações de tratamento legislativo, inclusive do aspecto material da h.i. Vale dizer: o legislador, ao descrever a hipótese de incidência, faz refletirem-se decisivamente, no trato do aspecto material, certas qualidades jurídicas do sujeito passivo. A lei, nestes casos, associa tão intimamente os aspectos pessoal e material da h.i. que não se pode conhecer este sem considerar concomitantemente aquele.

56.4 A técnica geralmente adotada – no caso dos impostos pessoais – consiste em estabelecer diferenças na alíquota ou na base imponível, em função de características pessoais do sujeito passivo, juridicamente qualificadas. Conforme, também, certas condições pessoais do sujeito passivo, varia a própria base imponível (ínsita no aspecto material).

56.5 Jarach escreve com muita oportunidade:

"Os critérios que o legislador adota para vincular a matéria imponível com seu poder fiscal ocupam, na sistemática da relação jurídica tributária, a posição de nexo ou vinculação do fato imponível com o sujeito ativo, nexo que se pode estabelecer de duas maneiras. Quando se trata de impostos objetivos ou reais – nos quais o legislador prescinde de definir quem é o sujeito passivo (pondo em primeiro plano, o aspecto objetivo do fato imponível), deixando o subjetivo como elemento conseguinte à atribuição do fato imponível – critério de vinculação com o sujeito ativo é normalmente objetivo, vinculando a própria matéria imponível com o sujeito ativo.

56.5.1 "Pelo contrário, nos impostos de tipo subjetivo ou pessoal – especialmente onde dominam as circunstâncias pessoais do contribuinte como critério de imposição – prevalece a vinculação de caráter pessoal, ou seja, algum critério vinculado com a pessoa do sujeito passivo" (*Aspectos...*, p. 296).

56.6 Esta classificação é de grande relevo, para fins hermenêuticos. Primeiramente, o legislador, ao legislar, deve atender ao imperativo do § 1º do art. 145 da Constituição ("Sempre que possível, os impostos terão caráter pessoal ..."). Quer dizer, é imperioso tentar – observadas as exigências da isonomia – categorizar as bases e modular as alíquotas de modo a considerar as qualidades pessoais do contribuinte.

56.7 Em segundo lugar, no momento da aplicação da lei de imposto os intérpretes deverão atribuir adequada estimação às condições pessoais do contribuinte, como critério de interpretação da lei, de modo a assegurar rigorosamente a adaptação do imposto a cada contribuinte, individualmente considerado.

56.8 Impondo a Constituição que, sempre que possível os impostos tenham "caráter pessoal", está postulando incessante empenho do legislador, no sentido de aprimorar a legislação, para ir atendendo às peculiaridades, características e singularidades dos contribuintes, de modo a considerar suas diferenças – de cunho econômico – fazendo com que a carga tributária de cada qual reflita suas condições individuais.

57. Impostos diretos e indiretos

57.1 É classificação que nada tem de jurídica; seu critério é puramente econômico. Foi elaborada pela ciência das finanças, a partir da observação do fenômeno econômico da translação ou repercussão dos tributos. É critério de relevância jurídica em certos sistemas estrangeiros. No Brasil, não tem aplicação (Cleber Giardino).

57.2 Pode inclusive acontecer de um imposto qualificável como direto, numa dada conjuntura econômica, se transformar em indireto e vice-versa, sem que em nada se altere a lei e sem que se modifique o sistema jurídico.

57.3 Esta classificação tem alguma importância nos sistemas nos quais há referência a essas características econômicas, e delas se faz decorrerem conseqüências jurídicas. A literatura de direito comparado deve ser recebida com cautela.

57.4 No Brasil, para os juristas, essa classificação é irrelevante, salvo para interpretar certas normas de imunidade ou isenção, pela consideração substancial sobre a carga tributária, em relação à pessoa que a suportará.

58. Os impostos em espécie

58.1 A hipótese de incidência dos impostos é sempre um fato qualquer não consistente numa atuação estatal; por isso, esse tributo se classifica como não vinculado.

58.2 Conforme, entretanto, a feição ou a natureza do fato posto pelo legislador no cerne da h.i., como seu aspecto material, podemos reconhecer diversas espécies de impostos. É possível discernir juridicamente inúmeros impostos, segundo o conceito de fato em que consistem as respectivas h.i.

58.3 O discernimento de cada tipo depende exclusivamente da consistência material do fato descrito, o qual raramente é simples. Pelo contrário, na maioria das vezes, a materialidade da h.i. se perfaz pela composição de dois ou mais termos, o que se traduz no emprego de locuções pelo legislador.

58.3.1 Assim, a h.i. do imposto sobre produtos industrializados é a produção industrial. Desse conceito estão excluídas a produção artesanal, a artística, a intelectual, a extrativa, a agrícola, a pastoril etc. Donde se vê que a materialidade da h.i. não é só produzir, mas "produzir industrialmente produtos". Não basta, para identificar a materialidade da h.i., a referência a produção ou só a produtos. Só a rigorosa conjunção dos dois termos da locução espelha fielmente o conceito constitucionalmente pressuposto, que, aliás, é de observância obrigatória pelo legislador, na medida em que dá critério para a discriminação de competências tributárias. Barros Carvalho tem interessantes observações a propósito da necessária técnica de tratamento legislativo da h.i. (*Curso de Direito Tributário*, Saraiva, p. 143)

58.4 Refere-se esse professor ao núcleo da h.i.: "Esse núcleo, ao qual nos referimos, será formado, invariavelmente, por um verbo, seguido de seu complemento. Daí por que aludirmos a comportamento humano, tomada a expressão na plenitude de sua força significativa, equivale a dizer, abrangendo não só as atividades refletidas (verbos que exprimem ação) como aquelas espontâneas (verbos de estado, ser, estar, permanecer etc.)" (p. 143).

58.5 E agrega: "É forçoso que se trate de verbo pessoal e de predicação incompleta, o que importa a obrigatória presença de seu complemento" (cit.)

58.6 A identificação do tipo de imposto depende da rigorosa e criteriosa análise dos termos empregados pelo legislador – primeiramente o constituinte – para estruturar a h.i. no seu aspecto mais decisivo: o material. Tomemos como exemplo o ICMS (imposto sobre operações relativas à circulação de mercadorias), imposto sobre operações mercantis e certos serviços.

58.7 A consistência material da h.i. é dada de forma bastante restritiva pelo próprio texto constitucional (art. 155, I, "b"). Cingir-nos-emos à materialidade da operação mercantil (já que o ICMS é a combinação de dois impostos de naturezas diversas, não combináveis entre si).

É: a) prática (não por qualquer um); b) por quem exerce atividade mercantil; c) de operação jurídica (não qualquer uma); d) mercantil (regida pelo direito comercial); e) que (cuja operação) importa, impele, causa, provoca e desencadeia; f) circulação (juridicamente entendida como modificação de titularidade, transferência de mão, relevante para o direito privado); g) de mercadoria (juridicamente entendida como objeto de mercancia).

Tentando síntese, pode-se enunciar esta h.i. como consistindo na "prática de operação mercantil, que importa transmissão da titularidade de direitos de disposição sobre mercadoria" (Cleber Giardino).

58.8 Só a concomitância de todos estes termos, alguns substantivos, outros adjetivos, outros circunstanciais ou restritivos, expressa fielmente o aspecto material da h.i. do ICMS. Os conceitos que fiquem aquém ou forem além são errados, por descompassados com a regra-matriz (constitucional). Quanto aos conceitos econômicos – tão difundidos e divulgados – são absolutamente imprestáveis e só concorrem para prejudicar a exegese jurídica, multiplicando as perplexidades e dificultando a fixação da questão em termos jurídicos (v. Aliomar Baleeiro e Geraldo Ataliba, in *Revista Forense*, v. 250).

58.9 A inadvertência para os conceitos aqui assinalados e os arraigados preconceitos econômico-financeiros têm conduzido ao desastroso equívoco – infelizmente bastante generalizado – consistente em um monstruoso conceito que, distante do padrão constitucional gera insegurança jurídica, arbítrio legislativo e desmandos administrativos.

58.10 A saída é mero aspecto temporal da h.i. É o momento que o legislador reputou adequado para estabelecer a presunção de consumação do fato imponível (realização da operação). Pressupôs o legislador que, ao sair a mercadoria do estabelecimento, já foi consumada, verificada, realizada a operação mercantil que lhe deu causa. Daí por que a simples saída, sem modificação de titularidade da mercadoria, não configura a h.i. e não é, portanto, fato imponível, do que decorre não haver, em tal caso, incidência nem, pois, obrigação tributária.

58.11 Esta maneira de focalizar o ICM e definir-lhe a h.i. é a única jurídica. O primeiro trabalho publicado, sustentando essa tese – com inexcedível rigor científico – é o do professor Souto Maior Borges (v. *RDA* 103/33 e ss.).

58.12 A Constituição de 1988 trata amplamente dos impostos (arts. 153 a 156), ao estabelecer quais podem ser instituídos pela União, pelos Estados e pelos Municípios. Praticamente esgota as possibilidades lógicas de concepção de figuras impositivas (do tema tratamos no livro *Sistema constitucional tributário brasileiro*).

Capítulo III
TRIBUTOS VINCULADOS

59. Espécies. 60. Base imponível. 61. Taxas na doutrina. 62 Referibilidade ao sujeito passivo na taxa. 63. Destinação do produto da arrecadação. 64. Regime das taxas na Constituição de 1988 – Inconstitucionalidade dos preços (tarifas). 65. Contribuição de melhoria. 66. Norma geral de direito tributário e contribuição de melhoria. 67. Contribuição de melhoria na ciência das finanças. 68. Contribuição de melhoria como tributo. 69. O princípio da atribuição de mais-valia, imobiliária, gerada por obra pública, ao estado. 70. Entrosamento sistemático. 71. Outras contribuições. 72. Contraste com a taxa. 73. Critério prático de discernimento entre taxa e contribuição. 74. Contribuições parafiscais. 75. Conceito jurídico do instituto. 76. Regime jurídico tributário dos tributos parafiscais. 77. Contribuições nas Constituições. 78. Designação do instituto da contribuição. 79. Critérios constitucionais e hipótese de incidência. 80. Cunho "especial" do tributo. 81. Direito constitucional brasileiro e princípios informadores das espécies tributárias. 82. Base de cálculo. 83. Destinação do produto da arrecadação. 84. Estrita legalidade e contribuições. 85. Discriminação constitucional de competências. 86. Aspecto pessoal. 87. Regime de imposto e contribuições.

59. Espécies

59.1 Definem-se os tributos vinculados como aqueles cujo aspecto material da h.i consiste numa atuação estatal. Esta espécie comporta duas subespécies, que se estremam pelas características do inter-relacionamento estabelecido pelo legislador, entre os aspectos material e pessoal da h.i.

59.2 Assim, conforme a referibilidade (evitamos falar em "relacionamento", para afastar o risco de se supor que se trate de relação jurídica) – ou modo de conexão entre o aspecto material e o pessoal – seja direta ou indireta, teremos taxa ou contribuição. Em outras palavras: segundo a atuação estatal, posta no núcleo da h.i., esteja referida direta ou indiretamente ao obrigado, poderemos discernir a taxa da contribuição.

59.3 A hipótese de incidência da taxa é uma atuação estatal diretamente (imediatamente) referida ao obrigado (pessoa que vai ser posta como sujeito passivo da relação obrigacional que tem a taxa por objeto).

59.4 A h.i. da contribuição é uma atuação estatal indiretamente (mediatamente) referida ao obrigado ("atuação estatal obliquamente vinculada ao contribuinte", segundo Aires Barreto, *Base* ..., p. 73).

59.5 Na taxa, h.i. é o estado prestar um serviço, expedir uma certidão, desempenhar atividade tendente a culminar por dar ou manter uma licença, autorização etc., que se liga a alguém, que é pela lei posto na situação de sujeito passivo do tributo.

Do que se vê que, para que se configure a taxa, basta a lei prever atuação estatal que tenha referibilidade a alguém (que poderá ser posto como sujeito passivo do tributo). Este tributo irá nascer com a referibilidade (no momento em que a atuação estatal se referir concretamente a alguém).

59.6 Nas contribuições, pelo contrário, não basta a atuação estatal. Só há contribuição quando, entre a atuação estatal e o obrigado, a lei coloca um termo intermediário, que estabelece a referibilidade entre a própria atuação e o obrigado. Daí o distinguir-se a taxa da contribuição pelo caráter (direto ou indireto) da referibilidade entre a atuação e o obrigado.

59.7 Na contribuição medeia, entre a atuação e o obrigado, uma circunstância, um fato intermediário. É mediante esse fato ou circunstância que se estabelece a referibilidade entre a atuação estatal e o obrigado, o que nos leva a reconhecer que essa referibilidade é mediata, em contraste com o que se passa na taxa.

59.8 Na contribuição, ou se tem uma atuação estatal que produz um efeito, o qual (efeito) se conecta com alguém (que é, pela lei, posto na posição de sujeito passivo), ou, pelo contrário, se tem uma pessoa (que afinal será sujeito passivo) que desenvolve uma atividade, ou causa uma situação que requer, exige, provoca ou desencadeia uma atuação estatal.

59.9 O ponto de toque está pois – no que concerne à distinção entre taxa e contribuição – no modo de a atuação estatal referir-se ao obrigado.

Se a referibilidade for direta: taxa. Se a referibilidade for indireta: contribuição.

59.10 O gráfico, a seguir exposto, facilitará a compreensão desta diferença:

convenções: ▭ = atuação estatal
Δ = situação intermediária
○ = contribuinte

Na taxa, a h.i. é uma atuação estatal diretamente, imediatamente referida ao contribuinte:

▭ .... ○

Na contribuição, a h.i. é uma atuação estatal indiretamente, mediatamente referida ao contribuinte:

▭ .... Δ .... ○

A h.i. da taxa é o estado:

prestar serviço
fornecer certidão
identificar
vacinar
dar licença
dar autorização
fiscalizar

▭

diretamente a alguém, que a lei qualificará como contribuinte:

○

Há aí, pois, direta referibilidade da atuação estatal ▭ ao contribuinte ○.

Nas contribuições, a configuração da inter-relação entre atuação estatal ▭ e contribuinte ○ é diversa. Entre ambas se põe uma circunstância intermediária Δ.

59.11 Exemplo típico de contribuição é a de melhoria. Sua h.i. é a "valorização imobiliária causada por obra pública". Há nessa h.i.:

a) uma atuação estatal: obra ▭

b) uma situação conseqüente: valorização Δ

c) um nexo de causa e efeito. . . . . . .

A referibilidade entre a atuação e o contribuinte se estabelece por intermédio (mediante) da conseqüência específica da atuação (obra): a valorização.

A valorização é que se liga ao contribuinte ○, configurando a h.i., e não só a obra Δ. Assim, a referibilidade se dá entre a atuação estatal (obra) □ e sua conseqüência (valorização) Δ.

Se, num caso, houve uma obra (atuação) □, e não se produziu esse especial efeito (valorização) Δ previsto pela lei, não houve fato imponível.

A h.i. na contribuição de melhoria, portanto, não é só a atuação, mas a atuação □ que causa um determinado efeito: a valorização Δ:

□ .... Δ .... ○

↑

valorização

59.12 Duas características, portanto, estremam a taxa da contribuição.

1) É que, na taxa, basta a atuação □, como aspecto material da h.i. Na contribuição, requer-se atuação □ + efeito (valorização) Δ.

2) Por outro lado, a referibilidade entre a atuação □ e o obrigado ○ – como dito – é direta, na taxa, e indireta (mediante sua conseqüência Δ) na contribuição.

Daí o contraste entre os gráficos expressivos da taxa e da contribuição:

taxa □ .... ○ (→)

contribuição □ .... (→) Δ .... (→) ○

Quando se trata de taxa, há direta conexão (referibilidade) entre a atuação □ e o obrigado ○; h.i. da taxa é só a atuação.

Quando se trata de contribuição, a conexão entre a atuação e o obrigado é indireta; se faz mediante a circunstância específica da valorização que medeia entre ambos, como fato necessário.

59.13 Assim, no caso de contribuição, se houver obra □ (atuação) mas não houver valorização Δ, não há fato imponível.

□ $\not\Delta$ ⊗

Daí o contraste gráfico entre a h.i. de ambos:

H.I.

TAXA □ .... ○
CONTRIBUIÇÃO □ .... Δ .... ○

Só a atuação □ (referida ao obrigado ○) constitui h.i. da taxa.

Só a atuação (obra □) + a conseqüência (valorização Δ) em conexão com o obrigado ○ constituem a h.i. da contribuição de melhoria.

59.14 Observação. Se uma situação concreta se apresentar assim

× .... Δ .... ○

não haverá contribuição. Isto é, o fato de um imóvel se valorizar não é o fato imponível; não corresponde à h.i. de contribuição. Só é h.i. de contribuição de melhoria a valorização imobiliária *decorrente* de obra pública. Se decorrente de (causada por) outros fatores, não se configura a contribuição de melhoria, mas fato irrelevante (ou eventualmente só relevante como h.i. de imposto, jamais de contribuição).

60. Base imponível

60.1 Sendo base imponível a perspectiva dimensível da h.i., fácil é verificar que não podem jamais se confundir a base imponível da taxa e a da contribuição.

60.2 Efetivamente, se a h.i. da taxa é só uma atuação estatal, referida a alguém, sua base imponível é uma dimensão qualquer da própria atividade do estado: custo, valor ou outra grandeza qualquer (da própria atividade).

60.3 Já, na contribuição de melhoria, a base imponível não está em nenhuma dimensão da atuação, mas sim na medida de sua conseqüência, a valorização imobiliária. Efetivamente, o critério da contribuição de melhoria é a medida da valorização e não qualquer dimensão da obra pública. Em outras palavras: o tributo se proporciona à valorização e não à obra.

60.3.1 Aires Barreto melhor explicita essa idéia, ao dizer:

"A hipótese de incidência das contribuições é o somatório de atuação estatal e circunstância intermediária que é dado de conexão com o obrigado. O liame entre atuação estatal e obrigado só se dá com o *engaste*, com o elo da circunstância que entre eles se interpõe. Dissemos, também, que não podemos cogitar da hipótese de incidência de contribuição se ausente estiver uma ou outra (circunstância ou atuação estatal). Dissemos, por fim, que ambas haverão de ter o mesmo relevo. Ambas coexistem, mas uma não subsiste sem a outra; é que, isolada, a circunstância, em si mesma, é (formalmente) hipótese de incidência de imposto; atuação estatal, em si mesma, hipótese de incidência de taxa".

"Se a consistência da hipótese de incidência das contribuições, se o seu aspecto material, resulta do somatório (circunstância mais atuação estatal), se é fato de ambas, a perspectiva mensurável haverá de conjugar esses dois fatos, um particular, outro público" (*Base de cálculo, alíquota e princípios constitucionais*, Ed. RT, 1987, p. 77).

60.4 Daí poder-se acrescentar, aos traços distintivos dos dois tributos, mais este:

A base imponível na taxa é uma dimensão da própria atuação estatal, enquanto na contribuição base é uma medida da circunstância intermediária (no caso da contribuição de melhoria, medida da repercussão – a valorização – da atuação), ou uma combinação de ambas as medidas como o postula Aires Barreto.

60.5 Estas verificações nos permitem objetivar graficamente as diferenças fundamentais entre a taxa e as contribuições:

	Aspecto Material da H.I.	Referibilidade ao obrigado	Base imponível
Taxa	atuação estatal □	direta imediata ⟶	dimensão da atuação
Contribuição	atuação + circunstância intermediária □ + Δ	indireta mediata ⟶ □ Δ ○	dimensão da circunstância intermediária (ou recombinação de ambas)

Todas estas considerações nos permitem definir:

60.6 *TAXA* é o tributo vinculado cuja h.i. consiste numa atuação estatal direta e imediatamente referida ao obrigado.

60.7 *CONTRIBUIÇÃO* é o tributo vinculado cuja h.i. consiste numa atuação estatal indireta e mediatamente (mediante uma circunstância intermediária) referida ao obrigado.

60.8 Deparando-se o intérprete com h.i. de tributo vinculado, procederá ao confronto das suas características com esses conceitos – atento para a base imponível, reveladora da essência do aspecto material da h.i. – e determinará se se trata de taxa ou de contribuição.

60.9 A base imponível (ou base de cálculo) da taxa é, geralmente, o custo do serviço. Por isso, por exigência do princípio da isonomia – básico de toda a Constituição e fundamental em matéria tributária – esse custo deve ser repartido entre todos os usuários. Daí que cada qual deva pagar sua parte, na proporção da intensidade do uso.

60.10 A Constituição (art. 145, II) só admite taxa nos casos de serviços específicos: quer dizer, serviço que não seja geral. Isto é: serviço público propriamente dito (*stricto sensu*) definido por Celso Antônio como "prestação de utilidade material, fruível individualmente pelos administrados, sob regime de direito público". Serviços públicos (*lato sensu*) gerais (como segurança interna e externa, relações exteriores, legislação etc.), insuscetíveis de gozo individual, ou de medição, não comportam taxa.

60.11 Fica claro que o requisito constitucional é que seja possível destacar-se unidades de utilização (o que supõe que o serviço seja divisível, como o estabelece a Constituição, como condição de remunerabilidade por taxa), para fruição individual pelos administrados. Cada utente deverá pagar na medida da utilização.

60.12 A divisibilidade – exigida constitucionalmente (art. 145, II) – permite ao legislador tributário estabelecer unidades de utilização, para medir o consumo de cada contribuinte, permitindo, assim, a constitucionalmente desejada repartição do custo total da manutenção do serviço por todos os usuários.

60.13 Sendo base de cálculo da taxa o custo do serviço, impõe-se sua divisão pelos usuários. Daí a necessidade de um adequado critério de repartição desse custo, respeitosa do princípio da isonomia. Daí emerge a noção de *alíquota* aplicada às taxas.

60.14 Alguns exemplos tornarão claros esses raciocínios abstratos. Pensemos como deve ser fixada a taxa de expedição de cartas (serviço de correio) e como quer a Constituição que se calcule a taxa de conservação de estradas.

61. Taxas na doutrina

61.1 Esta elaboração – de cunho eminentemente jurídico – é desdobramento de premissas solidamente firmadas pela doutrina jurídica universal.

Limitando-se ao plano jurídico, deixa de lado considerações econômicas ou pré-jurídicas e se atém ao direito positivo exclusivamente (essencialmente, art. 145, II e § 2º da Constituição).

Não considera, propositadamente, os fundamentos metajurídicos da tributação, os pressupostos econômicos em que se bascou o legislador constituinte. Isto não significa absolutamente que o critério adotado discrepe, divirja, ou conflite com os critérios de cunho econômico elaborados pela ciência das finanças (francamente acolhidos pelo constituinte de 1988). Simplesmente deles faz abstração, atendo-se ao único dado objetivo de que pode dispor o jurista, que é a lei (no caso, a Lei Máxima).

61.2 Dada a confusão entre direito tributário e ciência das finanças, durante muito tempo se desenvolveram concepções de taxa próprias da ciência das finanças, reino no qual esta confunde-se com preço. Essa confusão tem prejudicado a eficácia constitucional, no Brasil, com prejuízos evidentes para a segurança jurídica e a legalidade.

Devidamente discernidos os dois campos, fazemos abstrações dos preconceitos financeiros, para ficarmos somente com o essencialmente jurídico, negando relevância àqueles elementos que, além de acidentais, têm expressão limitada no mundo do direito.

61.3 O intérprete deve presumir que o legislador constituinte soube informar-se nas ciências pré-legislativas. Não incumbe ao aplicador da lei reformular juízos de mérito ou apreciações substantivas já desenvolvidas pelo legislador constituinte e traduzidas na Constituição. Isto só pode ser consentido, no exame de uma lei, quando o critério financeiro tiver sido prestigiado pelo constituinte e acontecer de o legislador desatendê-lo. Mas, ainda aqui, o intérprete estará aplicando a Constituição e não a ciência das finanças.

61.4 Assim, ao se tentar construir o conceito jurídico de imposto, ou taxa, ou contribuição, importam única e exclusivamente o desenho normativo do instituto e suas peculiaridades normativas; nada mais. Outra não é a observação de Celso Antônio Bandeira de Mello: "Dentro da lógica interna do direito importam situações jurídicas: efeitos jurídicos e nada mais. Identificados estes, por aí deve ficar o cultor da jurisprudência, evitando a construção de noções heterogêneas, internamente conflitantes e responsáveis por uma fluidez que implica o risco de se transformarem os conceitos desta ciência em simples enunciados de opiniões, desnaturamento inevitável quando se abandona o postulado de que podem e devem ser conhecidos com rigor e precisão, a partir do que são em si mesmos, isto é, formulações racionais identificadoras de centros de gravitação de normas" (ob. cit., p. 62).

61.5 A propósito especificamente das classificações, escreve o rigoroso administrativista Celso Antônio Bandeira de Mello: "As classificações jurídicas assim também só realizarão e agruparão seus objetos segundo elementos de direito. Em outras palavras: ao separar gêneros, espécies e subespécies têm como critério regimes normativos. Por conseguinte, no topo da classificação estarão os elementos que permitem isolar um complexo relativamente vasto de regras e princípios jurídicos. Em graus sucessivos, as subdivisões posteriores irão separando regimes normativos cada vez mais particularizados. Toda sistematização, em direito, só pode ter como objetivo identificar "complexos de normas" porque o que interessa ao jurista é saber quais as regras aplicáveis a tal ou qual hipótese" (ob. cit., p. 88).

61.6 Buscar informações, observações, ponderações ou elementos fora do direito para elaborar suas categorias, o que fazem os que definem tributos por seus traços econômicos, é incidir na reprovação da mais lúcida doutrina: "Não é demais repetir que para o jurista, ao elaborar categorias de direito, importa apenas colecionar princípios que se conectem organicamente de tal forma que através deles possa identificar e agrupar as normas que se aplicam em tal ou qual caso. Não irá encontrá-los fora do direito, mas dentro das caraterísticas que juridicamente definem uma realidade" (Celso Antônio Bandeira de Mello, *Natureza...*, cit., p. 90).

61.7 Esta posição é adequada para o jurista que estuda o direito positivo. Não se tem que preocupar com as realidades substantes.

"O direito, a ciência jurídica como tal, tem, teve e não pode ter outro objeto senão um sistema de normas. Portanto, preordena-se não à essência das instituições sociais, mas à essência das instituições jurídicas, isto é, à configuração normativa que reflete, com inevitáveis desajustes, a realidade social, mas, justamente por ser um "refletor" com ela não se confunde. Tem sua própria e peculiar realidade, que deve ser analisada em si e compreendida em suas relações internas. Este é o objeto das ciências jurídicas. As relações externas, as que mantêm com a infra-estrutura social, suas tensões e influências recíprocas dizem respeito à Sociologia" (Celso Antônio Bandeira de Mello, *Natureza...*, cit., p. 158).

61.8 Não é incumbência do jurista indagar o conceito pré-jurídico (econômico, político, sociológico) que subjaz aos institutos que estuda. Nem se pode impressionar com a diversa colocação das questões, quando examinadas sob prisma extrajurídico: "Devemos considerar, todavia, que o objeto do jurista é sempre um sistema de normas. Quando constrói e maneja uma noção, o que pretende, afinal, é produzir uma idéia-chave e através dela reconhecer se ocorre ou não certo regime. O que quer saber é quais as regras aplicáveis diante de certos casos. Por conseguinte, e em última análise, o seu objeto é sempre um complexo normativo" (Celso Antônio Bandeira de Mello, *Natureza...*, cit., p. 166).

61.9 A correta e adequada colocação jurídica da taxa corresponde rigorosamente a uma igualmente adequada e correta colocação dos dados pré-legislativos em termos de ciência financeira. Cada qual no seu plano, sem interpenetrações ou possibilidade de uma conceituação influir na outra, tem-se harmoniosa compreensão dos institutos.

61.10 É o critério da consistência da h.i. que permite juridicamente reconhecer as taxas, discernindo-as dos impostos. Rubens Gomes de Sousa também faz repousar essa fundamental diferença "... na idéia de que a distinção entre a taxa e o imposto reside em ser aquela um tributo vinculado, ao passo que este é um tributo sem vinculação" ("Sujeito passivo das taxas", in *RDP* 16/351).

61.11 Este critério não diverge do adotado por Amílcar Falcão. Para esse lúcido escritor, também a consistência do aspecto material da h.i. é decisiva. São suas palavras:

"Este é que é o verdadeiro critério.

"Temos, então, que os fatos geradores dos impostos são, sempre, acontecimentos (fatos, atos ou negócios) que denotem, simplesmente, uma capacidade econômica: venda, consignação, exportação, produção, rendimento ou renda. Na taxa, o fato gerador tem que ser uma ocorrência relacionada com a utilização, provocação, ou disposição do serviço, ou atividade do estado: invocação do funcionamento da justiça, regularização de instrumentos de medição e pesagem etc. Pouco importará o *nomen iuris* que o legislador confira a determinado tributo" (*Introdução ao Direito Tributário*, p. 152).

61.12 Não há necessidade de a Constituição discriminar competências para exigência de taxas (como há, pelo contrário, no que respeita a impostos), porque a h.i. da taxa é sempre uma atuação estatal (atividade de polícia, prestação de serviço público). A pessoa pública competente para desempenhar a atuação, e só ela, é competente para legislar sobre sua atividade e colocar essa atuação no núcleo da h.i. de taxa sua.

61.13 Como a base imponível é uma dimensão do aspecto material da h.i., pode-se identificar a taxa pela base imponível adotada pela lei. Alfredo Becker di-lo incisivamente: "A regra jurídica tributária que tiver escolhido para base de cálculo do tributo o serviço estatal ou coisa estatal, terá criado uma taxa" (ob. cit., p. 345).

61.14 Aires Barreto explica:

"Na hipótese de incidência das taxas não se descrevem traços inerentes ao particular (como ocorre em relação aos impostos), ao revés, explicita-se fato ínsito ao Estado. Ora, devendo a base imponível medir o conteúdo dimensível desses fatos, nos impostos a mensuração há de ser do fato ligado ao particular e na taxa daquele que expressa a atividade estatal" (*Base de cálculo, alíquota e princípios constitucionais*, Ed. RT, p. 70).

61.15 Hector Villegas qualifica a taxa, entre outros fatores, pela vinculação a uma atuação estatal: "En tercer lugar, la noción de tasa que propugnamos, conceptúa que su hecho generador es la actividad que el estado cumple y que está vinculada con el obligado al pago. La actuación estatal vinculante es quizás el elemento caracterizador más importante para saber si al enfrentarnos con determinado tributo estamos realmente ante una tasa" (*Curso de Finanzas, Derecho Financiero y Tributario*, Depalma, Buenos Aires, p. 74).

62. Referibilidade ao sujeito passivo na taxa

62.1 Conceituamos taxa como o tributo vinculado cuja hipótese de incidência consiste numa atuação estatal direta e imediatamente referida ao obrigado. Não basta que a consistência da h.i. seja uma atuação estatal. É preciso que esta seja, de qualquer modo, referida ao obrigado (sujeito passivo), para que dele possa ser exigida. Se pudesse ser exigida de outra pessoa desapareceria qualquer utilidade na distinção entre taxa e imposto.

62.2 Não se pode esquecer que a Constituição ao prefigurar a taxa – como entidade distinta dos impostos – reconheceu-lhe função econômico-financeira diversa da daqueles. Não quer isto dizer, absolutamente, que se pretendeu transpor para o plano jurídico noções pré-legislativas, mas, sim, reconhecer que os institutos jurídicos são instrumentais, e devem servir às finalidades para as quais foram criados.

62.3 A referibilidade entre a atuação – posta como aspecto material da h.i. da taxa – e o obrigado é essencial à configuração da taxa. Não pode a lei exigir taxa de conservação de rua de um proprietário não lindeiro à via pública que recebeu o serviço. Ou taxa por serviço de correio que ele não utilizou, nem taxa por fiscalização que não houve.

É essencial à definição da taxa a referibilidade (direta) da atuação ao obrigado. Só quem utiliza o serviço (público, específico e divisível) ou recebe o ato "de polícia" pode ser sujeito passivo de taxa.

62.4 Sainz de Bujanda dá ênfase à referibilidade entre atuação e obrigado, sublinhando que "o pressuposto (h.i.) da taxa consiste numa situação de fato que ... se relaciona com ... atividade da pessoa pública que se refere à pessoa do obrigado" (*Hacienda y Derecho*, v. III, Madrid, 1962, p. 291).

62.5 Sujeito passivo da taxa será, pois, a pessoa que requer, provoca ou, de qualquer modo, utiliza o serviço público específico e divisível, ou o tem à sua disposição (nos casos de taxa de serviço), ou cuja atividade requer fiscalização e controle públicos (taxas "de polícia").

62.6 A taxa pela disponibilidade do serviço só é exigível, quando o serviço é, por lei administrativa válida (conforme a Constituição), obrigatório. É o caso, p. ex., do abastecimento de água, coleta de esgoto, vacinação, identificação, enterramento de mortos, internação de loucos ou portadores de doenças contagiosas, remoção de lixo, demolição de edifícios perigosos, destruição de aparelhos e instrumentos danosos ao meio ambiente, apreensão de objetos instrumentais de delitos etc. Em casos semelhantes, se a lei administrativa, com base na Constituição, tornar o serviço obrigatório, sua simples disponibilidade pode tornar a respectiva taxa obrigatória.

62.7 As taxas de polícia cabem para cobrir os custos administrativos com o exercício do poder de polícia diretamente referido a certas pessoas que o provocam, ou o exigem, em razão de sua atividade.

62.8 Poder de polícia é a atividade estatal, sempre e necessariamente fundada na lei, tendente a limitar a propriedade e a liberdade "tendo em vista assegurar igualdade no seu exercício, compatibilizar os interesses dos que exercem liberdade e propriedade, assegurar a ordem pública (Ruy Cirne Lima) e garantir a supremacia do interesse público sobre o privado, de tal sorte que a liberdade e a propriedade sejam asseguradas a todos os integrantes da comunidade (Celso Antônio, *Elementos de Direito Administrativo*, 1ª ed., 1980, pp. 164 e ss.; cf. Celso Antônio, *Curso de Direito Administrativo*, 12ª ed., 2000, Malheiros Editores, p. 675).

62.9 Com base na lei, a administração pública licencia, permite, autoriza, fiscaliza e controla as atividades privadas. Os custos desse controle e fiscalização são remunerados pelos interessados cujas atividades o exigem mediante taxas, chamadas "de polícia" (v. nosso *Estudos e pareceres de direito tributário*, Ed. RT, v. 3, pp. 235 e ss.).

63. Destinação do produto da arrecadação

63.1 O Código Tributário Nacional estabelece ser irrelevante para determinação da natureza específica de um tributo "a destinação legal do produto de sua arrecadação" (art. 4º, II). É uma disposição didática lapidar. Não é norma, mas um oportuno preceito didático, doutrinariamente correto.

É absurdo, despropositado, anticientífico, ilógico e primário recorrer a argumento ligado ao destino que o estado dá aos dinheiros arrecadados, para disso pretender extrair qualquer conseqüência válida em termos de determinação da natureza específica dos tributos. As espécies tributárias se reconhecem pela natureza da materialidade da h.i. Só.

63.2 Na verdade, o estado despende os dinheiros públicos – que, uma vez recolhidos aos cofres públicos, se confundem – de acordo com a lei orçamentária segundo a lei de diretrizes orçamentárias (arts. 165 e 166, CF), nas finalidades por elas determinadas ou consentidas.

"Nem seria lógico admitir, como elemento integrante da definição da natureza de um tributo, circunstância posterior à sua própria criação como é o emprego que se fará das quantias arrecadadas" (Gilberto Ulhoa Canto, *Temas de Direito Tributário*, v. III, p. 54). Isso é matéria que preocupa outra seara do direito público, o direito financeiro. Não pertine ao – nem repercute sobre o – direito tributário.

63.3 É rigorosamente certa a observação de A. Becker: "O tributo é o objeto da prestação jurídica. Uma vez efetuada a prestação, a relação jurídica tributária se extingue. O que acontece depois com o bem que dava consistência material ao tributo, acontece em momento posterior e em outra relação jurídica, esta última de natureza administrativa. A regra jurídica que disciplinar a destinação e utilização de tributo é regra jurídica de natureza administrativa" (ob. cit., p. 261).

63.4 Daí a conclusão que pode formular, em consonância com o saudoso Amílcar Falcão: "A decretação dos tributos pode ser contrária à Constituição; também pode ser contrária à Constituição a destinação deles. A destinação pode ser contrária à Constituição sem que o tenha sido a decretação" (ob. loc. cit.). Defeito jurídico na destinação não afeta a h.i.

63.5 Quer dizer: pode ser constitucional um tributo e não o ser a aplicação dos recursos com ele auferidos; e vice-versa. Em outras palavras: a destinação não integra o regime jurídico tributário.

63.6 A relação tributária é regida pelo direito tributário; a destinação dos dinheiros é questão não tributária, mas constitucional-financeira, de direito orçamentário.

Assim, não tem cabimento – no trato jurídico do tema – incluir na definição do tributo a destinação do seu produto. Esta não é parte da estrutura da obrigação, nem da configuração da hipótese de incidência. Por isso são erradas cientificamente as pretensas definições de taxas pelo destino do produto da arrecadação ao custeio de determinada atividade pública.

63.7 É correta, sob a perspectiva da ciência das finanças, mas totalmente errada para o direito, a definição de imposto que assinala a circunstância de corresponder às despesas gerais e indetermináveis do poder público, ou que afirma ser taxa o tributo cujo produto da arrecadação custeia um serviço público.

63.8 Houve, no Brasil, uma definição legal de imposto, dada por um decreto-lei de 1940 (n. 2.416) como sendo "tributo destinado a atender indistintamente às necessidades de ordem geral da administração pública" (§ 2º do art. 1º). Essa excrescência está superada e perempta. Mas ainda há quem raciocine nesses termos, ou reproduza tais concepções.

63.9 Para saber-se se um tributo é ou não taxa é despiciendo o destino do dinheiro com ele arrecadado. Seja qual for haverá taxa ou outra espécie, conforme a materialidade da h.i.

64. Regime das taxas na Constituição de 1988 – Inconstitucionalidade dos preços (tarifas)

64.1 O art. 145 da Constituição de 1988 estabelece que podem ser criados impostos (I), taxas (II) e contribuições (III e art. 149).

É sistemático o texto, ao condicionar a exigibilidade dos impostos a fatos inseridos na esfera jurídica dos contribuintes ou a eles ligados (arts. 153. 155 e 156).

64.1.1 É sistemático ao condicionar a exigibilidade das contribuições a ações sociais, interesse de categorias profissionais ou econômicas (art. 149), sempre circunscritas a círculo especial de contribuintes. É sistemático ao condicionar as taxas a uma atuação do estado, seja traduzida na prestação de serviços públicos, seja no desempenho de atividade de polícia administrativa.

64.1.2 Fixemo-nos no exame do preceito que prevê taxas, o inciso II do art. 145. Sua formulação é quase idêntica à do preceito homólogo da Carta de 1967/69. Tem sido generalizadamente interpretado pela literatura, pela jurisprudência e pelos legisladores, como encerrando uma mera faculdade do legislador: entende-se que ele, à luz do preceito, é livre para escolher o regime de remuneração dos serviços públicos. Supõe-se que o legislador tem liberdade para escolher o regime de taxas, ou de preços (tarifas).

64.1.3 Ora, essa inteligência parte do pressuposto de que o inciso II do art. 145 da Constituição encerra não norma jurídica superior e imperativa, mas simples sugestão ao legislador. Tal interpretação culmina por afirmar que o legislador pode ou não seguir a diretriz do inciso II do art. 145.

64.1.4 Na verdade, essa interpretação não é correta. Ou a Constituição é norma e, pois, preceito obrigatório, ou não é nada; não existe; não tem eficácia. O que não pode o jurista é atribuir-lhe a singela função de lembrete ou recomendação. A Constituição, lei máxima, sagrada e superior, ordena, manda, determina, impõe. A tarefa do intérprete é, exatamente, desvendar o que a norma está impondo, em cada caso.

Aqui, a única liberdade que a Constituição dá ao legislador é para decidir se a prestação de dado serviço público divisível e específico (isto é: que possa ter prestação individual e, pois, fruição singular pelos utentes) será remunerada ou não. Com efeito, pode o legislador decidir que os serviços (vacinação, identificação ou profilaxia etc.) sejam prestados sem remuneração. Se, entretanto, resolver que haverá remuneração, não pode senão optar pela taxa. A sua prestação só pode ser retribuída mediante taxa.

64.1.5 É o que dispõe claramente o texto constitucional, no inciso II do art. 145. Aí está dito, no contexto de um sistema republicano (art. 1º) – em que todo poder emana do povo (parágrafo único do art. 1º), dominado pelo princípio da legalidade (art. 5º, II), especialmente em matéria tributária (art. 150, I) – que os administrados que devam desembolsar recursos financeiros em favor do estado (em razão de serviços públicos prestados ou postos à sua disposição, ou pelo exercício, relativamente a eles, administrados, do poder de polícia) terão a proteção do regime tributário.

64.1.6 Entende-se por regime tributário o conjunto de princípios e normas constitucionais que regulam o exercício da tributação (ação de tributar que, nos termos da Constituição, é privativamente estatal). Esse regime, traçado amplamente nos arts. 145 a 156 – essencialmente informado pela legalidade, igualdade, vedação de delegações, irretroatividade e segurança jurídica –, é obrigatório para o legislador e erige direitos públicos subjetivos para todos os contribuintes.

64.1.7 Não pode, por isso, o legislador deixá-lo de lado, para estabelecer regime de preços, típico do direito privado, informado pela autonomia da vontade, de que decorrem a liberdade de contratar e a liberdade contratual, inconviventes com o regime administrativo estritamente informador de toda atividade pública, seja de polícia, seja de prestação de serviços públicos. Preço só cabe quando há disponibilidade da coisa. Ora, a Administração não tem nenhuma disponibilidade sobre as coisas públicas.

64.1.8 A atividade que a Constituição qualifica como serviço público é "originariamente pública, que se apresenta como conteúdo de uma prestação da qual advém uma utilidade ao destinatário" (Marco A. Greco e H. Dias de Souza, *A natureza jurídica das custas judiciais*, ed. OAB-SP e Resenha Tributária, 1983, p. 54).

64.1.9 Tal atividade não se confunde com produção de riqueza, com exploração de atividade econômica, que não incumbe ao estado, e que a Constituição reservou à iniciativa privada (art. 173). Nesta, a remuneração é a finalidade dos agentes (necessariamente privados); na prestação de serviço público, a remuneração é mero meio de seu custeio (Celso Antônio, *Prestação de serviço público e administração indireta*, p. 37).

64.1.10 Preço é a contraprestação de uma prestação contratual livremente fixada entre partes iguais. Ora, o serviço público é regulado por lei, indisponível e obrigatório para o administrador (e, às vezes, para o administrado, como vacinação, água, esgoto, internação hospitalar em caso de certas moléstias etc.)

64.1.11 Na produção de serviço privado, o critério do prestador é o lucro que visa obter; na produção de serviço público, o critério é a satisfação de uma utilidade pública (Renato Alessi, *Le prestazione amministrative rese ai privati*, Giuffrè, Milão, 1956, p. 75).

64.1.12 A Constituição, ao qualificar certas atividades como serviço público, "retira-as do mercado" (Marco A. Greco, ob. cit., p. 55) e as confere, como dever-poder (Santi Romano, Celso Antônio) ao Estado. O Estado *deve* desempenhá-las, não para ter receita, mas para atender ao imperativo constitucional. Daí serem as utilidades assim produzidas qualificadas como *res extra commercium*. Estão fora da livre disposição da vontade de qualquer pessoa, inclusive da Administração (Poder Executivo). Por isso não lhes são aplicáveis os institutos, fórmulas e regime jurídico próprios das relações privadas.

64.1.13 Sua remuneração, por isso, não pode ser contratual, mas só pode dar-se por via da autoridade da lei. "Exatamente por isso é que entendemos que a eventual contraprestação pecuniária que o usuário do serviço for obrigado a desembolsar não pode ter natureza de preço, pois esta é figura nitidamente decorrente de relações de disponibilidade e liberdade estipulativa, o que não ocorre no serviço público que é por determinação constitucional, uma das entidades fora do mercado" (Marco Aurélio Greco e H. Dias de Souza, p. 56).

64.1.14 As utilidades produzidas em regime de serviço público – por definição, à vista da utilidade pública em que sua produção se traduz – não podem ser objeto de preço. O estado não as produz em troca de remuneração; não age porque se as remunera. Não opera para ter contrapartida. O estado deve produzi-las porque a lei o determina. A contrapartida (taxa) é mera condição legal de acesso individual aos serviços ou utilidades. Serviço público não se vende. Não se compra. Presta-o o estado, porque a lei o determina. Utiliza-o o administrado porque dele necessita, ou porque a lei o constrange (esgoto, identificação, licença para construir, etc.).

64.1.15 É corretíssima a postura de Greco e Dias de Souza: "À vista de todo o exposto, podemos, agora, concluir afirmando que, de acordo com o ordenamento constitucional vigente, é serviço público toda prestação que não se insira no campo da atividade econômica, atribuída originariamente ao Poder Público e da qual o destinatário extrai uma utilidade" (ob. cit., p. 57).

64.1.16 Todas estas considerações conduzem inexoravelmente a reconhecer que os serviços públicos prestados pela Administração direta ou indireta somente podem ser remunerados por taxa, dado que configuram nitidamente serviço público.

64.2 Insuficiência da nossa doutrina

Alegarão alguns adversários dessa idéia que nossas doutrina, jurisprudência e legislação não abonam sempre e integralmente tal inteligência. Não é difícil verificar as razões pelas quais assim é.

A legislação foi guiada por uma doutrina que informou a jurisprudência, que, à sua vez, realimentou a doutrina e assim por diante. Todo esse panorama foi decisivamente influenciado, desde os trabalhos dos pioneiros do nosso direito tributário (Baleeiro, Rubens Gomes de Sousa, Amílcar Falcão), pela doutrina estrangeira, especialmente a italiana.

64.2.1 Ora, em nenhum sistema jurídico dos influentes sobre a nossa literatura há uma Constituição tão ampla, minuciosa e rígida como as nossas, que, desde 1946 trazem um "sistema tributário" inteiro, plasmado acabada e explicitamente em seu texto (v. Roque Carrazza, *Curso de Direito Constitucional Tributário*, 13ª ed., Malheiros Editores, 1999). Nenhuma outra Constituição classifica os tributos de modo tão estrito. Nenhuma faz tantas e tão abundantes referências a serviço público.

64.2.2 Daí o extremo cuidado que devem ter legisladores, doutrinadores e juízes, ao transplantar institutos, doutrinas e soluções alienígenas.

Da evidente inadvertência para isso resulta nossa tumultuária legislação, que bem mereceu de Alfredo Becker a qualificação de "manicômio jurídico-tributário".

64.2.3 Importantíssimo é, também considerar que as nossas primeiras elaborações doutrinárias foram desenvolvidas no regime da Constituição de 1946. Esta, em seu art. 30, preceituava competir à União, aos Estados e Municípios instituir:

"I – contribuição de melhoria...

II – taxas;

III – quaisquer outras receitas que possam provir do exercício de suas atribuições e da utilização de seus bens e serviços".

64.2.4 Esse sistema não só confundia taxa com preço, autorizando todo baralhamento conceitual, como dava liberdade ao legislador ordinário para fixar o regime remuneratório que desejasse, às atividades públicas, quaisquer que elas fossem.

Na verdade, o inciso III do art. 30 da Constituição de 1946 anulava o I e o II. Era o mesmo que dizer:

"As cores permitidas são:

I – branco;

II – preto;

III – qualquer cor".

É evidente que o inciso III tornava inócuos, inúteis e insignificantes os incisos I e II. Todo o artigo tem seu sentido reduzido à significação de mera autorização para outras receitas, além dos impostos.

64.2.5 Nesse clima, não tinha importância distinguir taxa de preço. Livre o legislador, a doutrina refletia, sem estranheza, tal liberdade, do mesmo modo que a jurisprudência. Podiam nossos doutrinadores negligenciar o tema, como fizeram, dando-lhe realce secundário e reproduzindo a literatura italiana, alemã etc.

64.2.6 Tão lasso era o regime das contraprestações das ações estatais que até mesmo juristas – a título de desenvolver elaborações jurídicas – davam-se ao descuido de reproduzir construções econômicas de ciências das finanças. Mesmo os nossos mestres mais autorizados – como Gomes de Sousa, Baleeiro, Amílcar Falcão – concentraram seus esforços e atenções nos impostos, relegando francamente as taxas. Os legisladores federal, estaduais e municipais usaram e abusaram dessa liberdade.

64.2.7 Os contribuintes não dispuseram de instrumental doutrinário para resistir a todas as deformações e abusos. A jurisprudência refletiu esse clima de ausência de pautas, de falta de critério e desorientação. Fiel espelho da perplexidade geral está nas copiosas súmulas do Supremo Tribunal Federal reproduzidas por Baleeiro, no seu *Direito Tributário Brasileiro*, todas elas balofas, vazias, incoerentes, palavrosas, sem substância, sem consistência. (Excelente estudo dessas súmulas é feito por Greco e Souza, in *Natureza jurídica das custas* ..., ed. OAB-Resenha Tributária, 1982, pp. 107 e ss.).

64.3 A "reforma tributária" de 1965

Nesse clima normativo chegamos a 1965. Com a emenda constitucional 18 à Constituição de 1946, altera-se substancialmente a disciplina constitucional da matéria. Adota-se, a partir daí (1965), postura rígida, estrita e rigorosamente coerente.

64.3.1 No plano constitucional, eliminou-se toda lassidão; adotou-se postura hirta e estrita; além dos impostos só taxas de polícia e taxas de serviço. Tal colocação foi mantida pela Carta Constitucional de 1967 e pela emenda n. 1/69. Agora, a Constituição de 1988 a reitera, confirma e reafirma (art. 145). Consolidou-se um círculo fechado de estrito dever para o legislador e direitos incisivos para os contribuintes; só são exigíveis impostos, taxas e contribuições e nos estritos casos explicitamente previstos.

64.3.2 Nossa doutrina, porém, não se deu conta disso, salvo honrosíssimas exceções, como é o caso de Marco Aurélio Greco. Os escritores continuaram a tratar a taxa, após a emenda 18/65, do mesmo modo que antes. Não perceberam que a mudança de postura do constituinte foi radical e drástica.

64.3.3 O subscritor desta escreveu, em 1969, artigo sobre o tema, na *RDP* 9/43 e ss., preconizando tratamento jurídico rigoroso do tema, sem, entretanto, àquela altura, dar-se conta do vulto e exatas conseqüências da inovadora disciplina constitucional da matéria. Sofreu a influência do ambiente ainda empolgado e absorvido pela "reforma tributária" de 1965, no que atinava aos impostos. E disto quer penitenciar-se.

64.3.4 A verdade é que a doutrina continuou a mesma; a jurisprudência não refletiu a alteração e o regime de decretos-leis, na ambiência inflacionária que sobreveio, tornou a "legislação" mais arbitrária ainda em total contraste com as exigências constitucionais.

64.3.5 A emergência de uma Constituição democrática, como a de 1988, e a aspiração generalizada à plena restauração da supremacia constitucional – com a instauração de padrões legais submissos à Lei Magna – constituem excelente ensejo para a revisão da legislação sobre a remuneração das atividades estatais e, sobretudo, remeditação da doutrina que enseje oportuna reformulação da jurisprudência.

64.4 Taxa e tarifa – Colocação geral

64.4.1 Sob a perspectiva da ciência das finanças – isto é, no plano pré-jurídico – as taxas se podem confundir com as tarifas (preços). O princípio financeiro que as informa é o mesmo: remuneração de despesa estatal, ressarcimento, etc.

64.4.2 Juridicamente, entretanto, são inconfundíveis. Não há possibilidade jurídica de confusão entre taxa e preço. Nem há, como muitos supõem, liberdade do legislador em converter uma na outra e vice-versa. Juridicamente, são coisas reciprocamente repelentes e excludentes.

64.4.3 Tratamos do tema com alguma detença, de modo insuficiente, porém (v. "Considerações...", cit., in *RDP*, v. 9). Denunciou-o Marco Aurélio Greco em aguda e segura análise, onde aprofunda o estudo dos pontos capitais da questão, como que "pondo a mão na chaga".

64.4.4 Escreve este publicista:

"Quando a atuação estatal se desenvolve em regime público (administrativo), sua mola propulsora não é a vontade de nenhuma das partes (particular ou administração) mas a lei que assim o determinou". E prossegue Greco, com argúcia:

64.4.5 "De fato, quando a lei erige em serviço público determinada prestação de atividade (ou de bens), o faz mediante a atribuição à prestação de um regime específico (o administrativo). Assim, por atuação estatal (aspecto material da hipótese de incidência da taxa), devemos entender, não qualquer atividade desempenhada pelo estado (critério subjetivo) ou atividade de interesse geral (critério objetivo), mas sim toda atuação desenvolvida debaixo de um regime específico (critério formal).

64.4.6 "Destarte, quando a administração, por força da lei, se vê na contingência de executar determinada prestação – característica esta conjugada com outras próprias do regime administrativo – ela o faz independentemente de qualquer eventual e futuro pagamento a cargo dos usuários.

64.4.7 "Como conseqüência do acima afirmado, temos que a (logicamente) posterior imputação de uma obrigação, a cargo do usuário do serviço, não se constituirá em contraprestação ou contrapartida de nada, pois a atuação se dá por força da lei que assim o determinou, e não com base num acordo de vontades.

64.4.8 "É que, se serviço público se qualifica pelo regime jurídico próprio (o administrativo), se princípio basilar do regime administrativo é o da indisponibilidade de interesse público (negador da liberdade contratual – o administrador não é dono, logo não é livre); se a força propulsora (fundamento) da atuação estatal é a lei, via de conseqüência, o pagamento a cargo do particular que se utiliza do serviço é conseqüência da atuação e não compõe a hipótese de prestação do serviço. Esta dar-se-á tendo por fundamento único e exclusivo a lei".

Distinção jurídica entre taxa e preço (tarifa)

64.4.9 Em outras palavras, Greco deixa claro que, se o serviço é público, deve ser desempenhado por força da lei, seu único móvel. O pagamento (taxa) é-lhe logicamente posterior: é mera conseqüência; não é essencial à relação de prestação-uso do serviço.

Se o serviço não é público – o que só seu regime jurídico pode definir, e não preconceitos políticos, administrativos etc. – então pode ter por mola ou força impulsionadora o pagamento (preço) do particular que recebe esse serviço. Se se tratar de serviço público, não tem cabimento esse raciocínio.

64.4.10 É lapidar e conclusivo Marco Aurélio Greco – que dá significativo passo adiante, no caminho árduo, em meio do qual se extraviaram tantos autores – ao lecionar:

"Assim, se o serviço público se caracteriza pelo regime jurídico, e este não se constitui em regime de direito privado, logicamente não pode dar ensejo a um preço que é a figura mais típica e expressiva de relação de direito privado.

64.4.11 "Examinando o tema sob o prisma dos termos "interesse público primário", e "interesse público secundário" (subjetivo e patrimonial em sentido amplo), confirmam-se nossas assertivas. Para tanto, adotamos os conceitos formulados por Renato Alessi, que assim se expressa:

64.4.12 "O complexo de interesses coletivos prevalentes, que constituem o verdadeiro e próprio interesse coletivo em sentido presumidamente absoluto, designa-se, de forma sintética, interesse público primário. Este interesse público primário... distingue-se idealmente do interesse individual de cada sujeito particular: estes interesses particulares, próprios de cada sujeito singular (físico ou jurídico) existente no interior da coletividade, ... denominam-se interesses secundários..."

64.4.13 "Assim, a execução de serviço público atende a interesse público primário, enquanto preço" é expressão de atividade cujo móvel é a satisfação de um interesse subjetivo da pessoa jurídica "estado" *a se stante,* como pessoa, e não da coletividade como um todo.

64.4.14 "Destarte, são inconciliáveis os conceitos "preço" (expressivo de atividade desenvolvida para a satisfação de interesse público secundário) e "serviço público" (hipótese típica de atuação tendente a satisfazer interesse público primário).

64.4.15 "Em outras palavras, em nosso modo de ver, afirmar que um serviço público está sendo remunerado por preço é contradição nos termos. Pois, uma determinada atuação ou se submete a regime de direito público (configurando "serviço público"), e por conseqüência não dará origem a relações de direito privado (preço), ou se submete a regime de direito privado, dando origem a preço, mas – nesta hipótese – não será serviço público (do ponto de vista estritamente formal, podendo sê-lo do substancial), porque este se caracteriza pelo regime público, derrogador do privado". Conclui Greco:

64.4.16 "Em resumo, podemos dizer que serviço público só pode dar ensejo a taxa, e aquela atuação que der nascimento a preço (tarifa) não será serviço público, mas atividade desenvolvida em regime idêntico ao dos particulares e, pois, não qualificável como serviço público em termos jurídicos" (ob. loc. cit.).

64.4.17 Igual é o pensamento de Roque Carrazza: "Noutras palavras, o preço deriva de um contrato firmado, num clima de liberdade, pelas partes, com o fito de criarem direitos e deveres recíprocos. Sobremais, as cláusulas desta obrigação convencional não podem ser alteradas unilateralmente por qualquer dos contraentes, que devem observar, com fidelidade, o que pactuaram. Destarte, as prestações de cada uma das partes equivalem-se em encargos e vantagens, sendo umas causa e efeito das outras. É o que ocorre, por exemplo, no contrato de compra e venda, no qual uma parte paga o preço (objeto da prestação) e a outra entrega a coisa. Em suma, o preço, embora seja elemento essencial da compra e venda (devendo ser – na lição precisa de Maria Helena Diniz – *certo, real, determinado, indicando contraprestação*), é fixado pelos contratantes e decorre de uma relação jurídica contratual.

64.4.18 "Diferentemente ocorre com a taxa, que, nascida da lei, sobre ser compulsória, resulta de uma atuação estatal desenvolvida debaixo de um regime de direito público e relacionada, 'direta e imediatamente' ao contribuinte. Sendo tal atividade realizada por *imperativo de lei,* não pode fazer nascer um simples preço (uma contraprestação). Sem dúvida, eis aí duas colocações antitéticas, pois, se a atividade vem a lume por determinação legal não se opera em conseqüência de uma contraprestação" (*Curso de Direito Constitucional Tributário*, cit., pp. 361-362 – os grifos são do autor).

64.5 Taxa e preço (tarifa) na Constituição

64.5.1 Qualificar-se uma receita pública como taxa ou preço é dizer se o regime jurídico que se lhe aplica é tributário ou não. Se se disser que de taxa se trata, aplicam-se os princípios de estrita legalidade, proibição de delegação, anterioridade, igualdade, generalidade, irretroatividade etc.

64.5.2 Do contrário, todas essas restrições – que tolhem a discrição legislativa – podem ser superadas, contornadas, em prejuízo da segurança jurídica. Ora, parece-nos absurda a afirmação – entre nós tradicional e dominante – de que o legislador é livre para escolher o regime a que se submeterá a remuneração dos serviços públicos.

64.5.3 Por isso mesmo, a legislação que temos, imbuída desse equivocado espírito, optou francamente pela tarifa, de tal sorte que, hoje, mais de 90% das receitas remuneratórias públicas têm a designação de tarifa. E, o que é pior, recebem da literatura e da jurisprudência tratamento de tarifa (preço). E os administrados ficam inermes nas mãos de legisladores que se limitam a delegar a agentes administrativos total arbítrio para regular tais pagamentos.

64.5.4 Parece de toda evidência que isso não é compatível com a sistemática constitucional. Não é coerente com o estrito regime jurídico objetivo que a Constituição põe para todas as atividades públicas e o relacionamento, principalmente financeiro, com os administrados.

64.5.5 Separando, como o faz a Constituição de 1988, tão nitidamente, o campo do serviço público – e atribuindo-o ao estado (art. 175) – o campo da iniciativa privada (art. 173), deixa claro que a este atribui regime contratual de direito privado (a que corresponde preço) e àquele (serviço público) o regime público, *ex lege* (a que corresponde taxa).

Postura essencialmente similar, até mesmo a doutrina alienígena necessariamente complacente – em razão da flexibilidade dos regimes constitucionais do direito comparado – o tem como certo. Se a atividade é essencial às funções estatais, só cabe taxa (Alberto Xavier, *Manual de Direito Fiscal*, Lisboa, 1974, p. 54).

64.5.6 Relações que concernem a atividades tipicamente estatais só comportam "prestações a cargo dos privados em caráter de taxa, não sendo mesmo concebível que as respectivas relações entre a entidade pública e os particulares sejam configuradas como negócios jurídicos privados" (A. D. Giannini, *Istituzione di diritto tributario*, 1968, Milão, Giuffrè, p. 68). É que "não pode haver troca, em sentido econômico, entre dinheiro do particular e uma contraprestação de soberania do Estado" (M. Pugliese, *Le tasse nella scienza e nel diritto positivo italiano*, 1930, CEDAM, Pádua, p. 33).

64.5.7 Até mesmo a cientificamente precária jurisprudência do Supremo Tribunal Federal proclama que, quando se trata de atuação específica do estado, repugna a remunerabilidade por preço (*RTJ* 67/349). Definido um serviço como público, não cabe falar-se em preço (*RTJ* 67/513).

64.5.8 Dino Jarach – embora tendo por referência regimes lassos do direito comparado – não hesita em afirmar que onde o intuito seja lucro, cabe preço; onde a receita seja meramente instrumental e secundária, estar-se-á diante de taxa (*Concetto giuridico di tassa e natura del corrispettivo del servizio comunale di trasporto de immondizie*, 1937, p. 501).

64.5.9 Ora, é óbvio que a lei não previu o dever de a Administração prestar seus serviços para ter, com isso, receita, mas, sim, porque os considerou relevantes para a comunidade. Os critérios exemplificados harmonizam-se com os adotados pelo nosso direito positivo; satisfazem às exigências capitulares do nosso sistema.

64.5.10 Oportuna asserção de Greco e Souza, quando salientam que "por se tratar de serviço público, não pode dar lugar, senão a taxas, mesmo porque as relações jurídicas que se estabelecem com os particulares são regidas por normas distintas daquelas peculiares às relações entre dois indivíduos privados" (ob. cit., p. 94). Esses conceituados autores, após exporem o sistema de 1946, bem recolocam o tema, à luz da postura constitucional posterior a 1967 (até hoje persistente, nas linhas essenciais):

64.5.11 "Atualmente, o discrímen entre taxa e preço é fornecido pelo Texto Maior na medida em que separa os campos próprios da atuação pública ou particular, reservando à primeira o instrumento gerador de receitas que é a taxa" (ob. cit., p. 110).

64.5.12 E prosseguem: "Portanto, toda a discussão doutrinária a respeito da distinção entre taxa e preço público não pode mais calcar-se na compulsoriedade ou facultatividade da figura, pela simples razão que a discussão tinha origem num dispositivo constitucional que não mais existe. Aquilo que, em 1946, era tratado de forma separada (taxas e outras rendas), hoje é englobado no art. 18, I que prevê as taxas por serviço posto à disposição e efetivamente utilizado" (p. 111).

64.5.13 Para advertirem, com ênfase: "Se o dado normativo mudou – e substancialmente – a interpretação do direito positivo não pode permanecer a mesma" (idem).

64.5.14 E concluírem categoricamente: "Destarte, na Constituição vigente o critério para identificar a taxa e o preço não é mais a compulsoriedade ou a facultatividade, mas o tipo de atividade exercida. Se for uma atividade econômica, tal como definida no Título III da Constituição Federal, haverá preço; se for uma atividade própria do Estado teremos taxa" (p. 111).

64.5.15 Pondo esta corretíssima conclusão em termos da Constituição de 1988, impõe-se afirmar que:

SE SE TRATAR DE ATIVIDADE PÚBLICA (ART. 175) O CORRESPECTIVO SERÁ TAXA (ART. 145, II); SE SE TRATAR DE EXPLORAÇÃO DE ATIVIDADE ECONÔMICA (ART. 173) A REMUNERAÇÃO FAR-SE-Á POR PREÇO.

65. *Contribuição de melhoria*

65.1 A mais típica contribuição é a de melhoria (*benefit assessment*, do direito americano; *betterment tax*, do direito inglês, *contributo di miglioria*, do direito italiano; *imposition sur les plus values*, do direito francês; *contribución de mejoras*, do direito argentino).

65.2 É típico e perfeito "tributo especial", no sentido de que não é imposto e não é taxa (v. R. Gomes de Sousa, *RDP* 24/215). Não é imposto, porque seu critério informativo não é a capacidade contributiva. Não é taxa porque não é forma de repartir o custo da obra. É contribuição especial, porque só são obrigados a pagá-lo os proprietários que receberam o "especial" benefício consistente na valorização de seus imóveis, causada por obra pública (Aires Barreto).

65.3 A h.i. da contribuição de melhoria é a valorização imobiliária causada por obra pública. É tal o único critério objetivo, isônomo e mensurável, para aplicação do art. 145, III da Constituição.

65.4 Sua base imponível é a valorização; a medida da valorização é o critério do tributo. Valorização é a diferença positiva de valor de um imóvel entre dois momentos: antes e depois da obra.

65.5 Sujeito ativo é a pessoa que realiza a obra. Sujeito passivo é o dono do imóvel valorizado.

65.6 "É errada a definição que agrega ao conceito de contribuição de melhoria a frase "para fazer face ao custo da obra pública". Nem sob a perspectiva da ciência das finanças esse conceito é correto. É que isso seria nota típica de taxa (v. § 63, deste livro, onde se examina a destinação do produto da arrecadação dos tributos).

65.7 Juridicamente, não se define nenhum tributo por sua finalidade. "Para isto" ou "para aquilo" não podem integrar definição de tributo nenhum, em direito.

65.8 A contribuição de melhoria é instrumento puro e simples de realização do princípio constitucional e legal que atribui ao poder público a valorização imobiliária causada por obra pública. A contribuição de melhoria, nem mesmo para a ciência das finanças, é remuneratória ou ressarcitória.

65.9 É de sua natureza tomar por critério a valorização causada. A obra pode custar muito e causar diminuta valorização. Pode custar pouco e causar enorme valorização. O gabarito da contribuição de melhoria é sempre a valorização, não importando o custo da obra. Se este for posto como critério do tributo, estar-se-á desvirtuando, com interposição de critério de taxa e não de contribuição de melhoria.

65.10 Foi dispensável, expletiva, a dicção (revogada) da Carta Constitucional de 1967/69 dizendo que seu "limite individual" é "o acréscimo de valor que da obra resultar para cada imóvel beneficiado" (art. 18, II). Isto é da própria natureza desse tributo. Tanto que persiste claramente implícito no art. 145, II da Constituição de 1988.

65.11 Quanto ao limite "custo", antes estabelecido na norma constitucional, não é conatural à contribuição de melhoria. Resultou de preconceito – e uma pitada de ignorância – do legislador. Em boa hora desapareceu do texto constitucional. Não há relação ontológica entre custo de obra e valorização de imóveis por esta causado.

66. Norma geral de direito tributário e contribuição de melhoria

66.1 Para viabilizar a c.m., impõe-se modificar as normas gerais de direito tributário sobre a matéria (arts. 81 e 82 do CTN). A matéria não comporta normas gerais: não há possível conflito de competência no que pertine ao assunto: ou a obra é federal, ou estadual ou municipal. Aí o critério para saber-se qual a lei aplicável. Entretanto, a força dos pré-conceitos (fruto do não estudo e não meditação sobre o tema) é tão grande que se insiste, no Brasil, nessa inútil (e perigosa) excrescência.

66.2 A contribuição de melhoria é instituto, já antigo, de larga aplicação e justificável por sólidos motivos financeiros, econômicos, morais e políticos, universalmente reconhecidos.

66.3 Na Itália – como espécie dos *contributi speciali* – tem conhecido profundos e seguros estudos doutrinários. Nos Estados Unidos, o *special assessment* (designação não rigorosa que abarca o "*benefit*" e o "*cost*" *assessment*) é responsável pelo financiamento de seus trens metropolitanos, magníficos viadutos, pontes, estradas, hidrovias e demais obras que surpreendem todo mundo e impõem profunda admiração.

66.4 Na Inglaterra, o *betterment tax* financiou, há séculos, a retificação e saneamento das margens do rio Tâmisa assegurando sua navegabilidade e o incremento da vida econômica na zona ribeirinha. É, até hoje, responsável pelo financiamento de inúmeras obras de significativa importância econômica

66.5 Em toda parte, como se vê, é notável esteio de um sistema financeiro estável e bem estruturado, constituindo-se sua presença em sintoma de finanças públicas saudáveis, equilibradas e socialmente justas.

66.6 Os recursos financeiros provenientes da arrecadação da contribuição de melhoria, em países em fase de desenvolvimento, permitem atenuação da carga dos impostos e realismo na alíquota das taxas, incrementando as finanças públicas e desembaraçando a economia privada. Muitas obras públicas podem ser alimentadas preponderantemente por recursos específicos oriundos desse tributo. Sua presença num sistema tributário, torna-o mais equânime, porque permite mais igualitária repartição das cargas tributárias.

66.7 No Brasil, embora previsto em abundante legislação e até mesmo em textos constitucionais, jamais conheceu eficiente e adequada aplicação. Salvo algumas tentativas antológicas, é mera peça de museu. Há enorme resistência à sua implantação, baseada em preconceituosas objeções de toda ordem.

67. Contribuição de melhoria na ciência das finanças

67.1 A ciência das finanças – capítulo das ciências econômicas – estuda os tributos em sua substância, causas e efeitos econômicos. É uma ciência pré-legislativa, informativa do legislador. Dá a este informações, orientações e critérios econômicos, políticos, administrativos etc., aos quais deve recorrer, na tarefa de elaboração legislativa.

67.2 Para a ciência das finanças, a contribuição de melhoria é um tributo que se não confunde, quer com o imposto, quer com a taxa, integrando uma terceira espécie, a das contribuições, também chamadas tributos especiais.

Sob a perspectiva financeira, o imposto é exigido de todos os participantes dos benefícios sociais criados ou mantidos pelo governo. A taxa é compensação financeira de serviços e atividades prestados individualmente aos usuários. As contribuições são exigidas de certas pessoas que (a) se beneficiam especialmente de certa atividade do poder público ou que (b) por certas condições em que se encontram seus bens, ou por certas características de suas atividades, exigem o desempenho de uma específica atividade estatal relacionada com esses bens ou estas atividades.

67.3 Daí o critério financeiro do imposto ser a capacidade contributiva de todos que integram determinada sociedade (em outras palavras: o imposto é instrumento financeiro de repartição de encargos gerais por toda comunidade). O critério da taxa é o custo da atividade pública, repartido pelos seus diretos destinatários (os usuários dos serviços públicos).

67.4 O das contribuições é a grandeza do benefício especial que o particular recebe da atuação estatal, independente do custo desta atuação ou especial despesa que o estado é obrigado a realizar, por sua causa. É universal a qualificação de "especial" que se dá às contribuições. É que se reconhece que certas pessoas, de uma atividade geral – voltada para todos, para a comunidade – recebem *especial* vantagem; ou causam *especial* detrimento ao estado, ao contrário da generalidade dos demais integrantes da comunidade.

Daí decorre que "especial" é também o círculo dos contribuintes, no sentido de que têm um *quid plus*, diante do estado (em relação à generalidade das pessoas).

67.5 No caso da contribuição de melhoria, sua base e critério é a valorização imobiliária causada por obra pública. Não é a obra, mas, uma sua conseqüência ou efeito especial (a valorização), no imóvel dos contribuintes.

67.6 Contribuição de melhoria não se confunde com imposto. A hipótese de incidência deste é um fato qualquer, presumivelmente indiciador de capacidade contributiva da pessoa que é, pela lei, posta na situação de sujeito passivo.

67.7 Também não se confunde com a taxa, que financeiramente serve de instrumento de cobertura de despesa feita pelo estado, relativamente à pessoa posta, pela lei, como contribuinte.

67.8 Financeiramente, seu traço característico está na proporcionalidade estrita e direta que guarda com a valorização imobiliária causada por obra pública. É um modo de devolver à comunidade um benefício "especial" recebido (a valorização).

67.9 É a contribuição de melhoria instrumento de efetivação da atribuição da valorização imobiliária causada por obra pública, à pessoa pública que a empreendeu (atribuição essa procedida pelo art. 145, III da Constituição, que prevê o instrumento de efetivá-la).

67.10 Juridicamente distingue-se do imposto e da taxa porque sua hipótese de incidência não é a obra (h.i. da taxa) nem o mero enriquecimento do contribuinte (h.i. do imposto) mas a diferença do valor de uma propriedade antes e depois de uma obra.

67.11 Para que se configure o fato imponível, não basta que haja obra – que, em tese, ensejaria (taxa) – nem basta que haja incremento patrimonial, que ensejaria (imposto). É preciso haver direta relação de causa e efeito entre a obra e a valorização.

67.12 Sua instituição importa instrumentar o estado na efetivação da atribuição que a Constituição (art. 145, III) lhe faz desta mais-valia.

Assim, a ordem jurídica, num primeiro momento, atribui ao estado as mais-valias geradas por obra pública. Passa o estado a ter a pretensão à efetivação dessa atribuição. Num segundo momento, satisfaz tal pretensão, cobrando a contribuição. Dando o instrumento (a contribuição de melhoria) a Constituição implicitamente quer a realização do princípio segundo o qual as valorizações imobiliárias causadas por obra pública pertencem ao poder público.

68. Contribuição de melhoria como tributo

68.1 Tributo é o instrumento pelo qual o poder público, valendo-se de seu poder de império, vai buscar as parcelas de dinheiro privado que lhe são atribuídas pela lei. A compreensão do mecanismo jurídico da tributação facilitará a apreensão das características da c.m.

68.2 Assim é que a lei (do imposto de renda, por exemplo) atribui ao estado uma porcentagem das rendas dos seus súditos. A primeira e básica função do direito é atributiva.

O meio jurídico pelo qual o estado vai buscar essa parcela e integrá-la no seu patrimônio é o imposto (no caso, de renda). Todo seu mecanismo e princípios informativos giram em torno da finalidade apontada: transferir efetivamente, aos cofres públicos, de forma objetiva, igualitária, rápida e econômica, aquela parcela do patrimônio privado que a lei atribui ao estado. O critério informador do imposto é a capacidade econômica dos contribuintes (art. 145, § 1º, da CF).

68.3 A taxa, por sua vez, é instrumento de compensação ao estado por despesas causadas por provocação ou conveniência de pessoas determinadas, em relação às quais ele (estado) desenvolveu certa atividade.

68.4 A contribuição de melhoria é o instrumento jurídico pelo qual se transfere aos cofres públicos a valorização imobiliária, causada por obras públicas, cuja expressão financeira (da valorização) é atribuída pela ordem jurídica ao estado. É que a Constituição atribui tais valorizações (total ou parcialmente, conforme a lei, segundo critérios político-financeiros) à pessoa pública que empreende tais obras.

68.5 Como se vê, trata-se de três institutos, distintos por uma série de características inconfundíveis, participantes, entretanto, da natureza comum de instrumento que permite ao poder público, na forma do direito, efetivar a atribuição, que a lei lhe faz, de dinheiros privados. A tal instrumento, desde tempos imemoriais – quando ainda não se cogitava de estado de direito – sempre se convencionou designar por tributo.

69. O princípio da atribuição de mais-valia imobiliária, gerada por obra pública, ao estado

69.1 A realização de obras públicas, em regra, gera um efeito específico notável: determina incremento no valor dos imóveis adjacentes e vizinhos. Esta valorização é algo novo no mundo, introduzido como repercussão da obra. É algo de novo que se não confunde com a obra, mas é nitidamente efeito seu. É o fruto da combinação da obra com algo já existente: os imóveis que lhe são avizinhados.

69.2 A ordem jurídica há de atribuir esse *quid novum* a alguém. Se silenciar, está implicitamente atribuindo-o ao proprietário dos imóveis alcançados, como que por acessão. Entretanto, por considerações políticas, financeiras, de eqüidade e justiça, etc., a Constituição quis atribuir tais valorizações ao seu próprio causador: o poder público. É o que faz expressamente o art. 145, III da Constituição de 1988, o qual só requer lei ordinária (art. 150, I) para implementá-lo.

69.3 O proprietário do imóvel a isto nada pode opor: é que o valor de seu bem persiste o mesmo, nesta hipótese. Não pode exigir que a valorização se incorpore ao seu patrimônio. Não pode pretender que o sobrevalor acrescido a seu patrimônio, em virtude de causa alheia a seu trabalho, lhe pertença.

69.4 Efetivamente, se o proprietário em nada concorre para a obra – que gera a valorização – não é justo que se aproprie deste específico benefício. Pelo contrário, a comunidade que custeou a obra é que deve ficar com a expressão financeira desse proveito. Razões financeiras o impõem: a necessidade de recurso com que enfrentar outras, ou a própria obra. Razões econômicas o recomendam: desestimular a especulação imobiliária que se alimenta da esperança de valorização, pela simples posse prolongada (os inconvenientes da especulação são notórios: não uso e retenção de terrenos nos arredores das cidades, aguardando valorização, com conseqüente desvio de capitais de empreendimentos produtivos, criação de favelas etc.). Razões políticas o exigem: devolver à coletividade os benefícios e frutos de sua ação e não premiar a inércia, a improdutividade dos que adquirem imóveis por preço baixo, para aguardar sua valorização por efeito do progresso comunitário, expansão urbana e realização de obras públicas.

69.5 Razões de eqüidade o reclamam: que as obras de utilidade geral sejam custeadas por todos; as de utilidade restrita o sejam por aqueles que dela extraiam proveito e as que reúnam os dois requisitos sejam custeadas proporcionalmente pela comunidade e pelos beneficiários. Nesta última hipótese, grande parte dos benefícios contempla particularmente alguns contribuintes (os proprietários de imóveis vizinhos). Os recursos com que é suportada a obra devem ser retirados parcialmente destes especiais beneficiários (que, aliás, nada perdem, já que o valor de sua propriedade permanece intacto). O instrumento disso é a c.m.

69.6 Por último, são também razões éticas que exigem a eficácia da contribuição de melhoria: banir o enriquecimento sem causa de alguns, à custa de todos. Na medida em que não se cumpre a Constituição (art. 145, III), agrava-se a deformação do sistema.

69.7 Foi visto que as obras públicas têm, em regra, esta peculiaridade: gerar mais-valias imobiliárias. A ordem jurídica constitucional pode permitir, como vimos, sua acessão pelos particulares ou pode, pelo contrário, atribuí-la à entidade empreendedora da obra (que representa a comunidade que lhe suportou a despesa). As Constituições, em geral, deferem à lei decidi-lo.

69.8 O sistema constitucional brasileiro – com mais energia e determinação que o inglês, francês, norte-americano, italiano, belga, alemão, etc. – adotou o critério de atribuir parcialmente as valorizações imobiliárias decorrentes de obra pública ao poder público.

Deveras, o art. 145, III da CF não é mera autorização; é imperativo, por razões de justiça e isonomia.

69.9 Tal é o princípio que se vê prestigiado pelo nosso sistema constitucional e consagrado pelo texto da Carta Magna, ao prever expressamente a contribuição de melhoria (art. 145, III). É a Constituição que atribui as valorizações causadas por obra pública à comunidade (representada por União, Estado ou Município).

69.10 Dizendo o texto constitucional que compete ao poder público instituir e cobrar a contribuição de melhoria, implicitamente consagrou o princípio pelo qual ao poder público é atribuída, juridicamente, a mais-valia imobiliária gerada por obra sua. Este é princípio constitucional claramente implícito.

69.11 A lei complementar veiculadora das normas gerais de direito tributário (art. 146, III) pode ditar regras gerais mínimas tendentes a assegurar a isonomia constitucionalmente garantida aos proprietários imobiliários e contribuintes, em território brasileiro. Não pode tolher, embaraçar, reduzir ou retardar a efetivação dessa competência. A eventual inexistência dessa lei complementar não inibe os legisladores ordinários. Tal lei é juridicamente desnecessária.

69.12 A criação do tributo e sua disciplina concreta são objeto de legislação ordinária específica federal, estadual ou municipal, de acordo com a Constituição.

Assim, a norma geral não vai criar a contribuição de melhoria (instituir o tributo), mas, eventual (e não necessariamente) completar a Constituição, fixando regras de âmbito geral e critérios mínimos de aplicação nacional. A norma geral, explicou-o bem Gomes de Sousa, repetindo Carvalho Pinto, é aplicável igualmente à União, Estados e Municípios. Existindo, não o impede de dar plena eficácia ao princípio constitucional.

69.13 Tudo que nessa lei complementar signifique restrição que não esteja no texto constitucional não obriga o legislador ordinário. A eventual lei complementar de normas gerais não é necessária. Se não existir nem por isso os Estados e Municípios ficam impedidos de instituir seus tributos.

69.14 A norma geral tem função de explicitar o que já está implícito na Constituição. Não a pode ampliar ou reduzir. Também não pode criar preceitos inovadores (art. 24, §§ 1º a 3º da CF) que tolham Estados e Municípios.

70. Entrosamento sistemático

70.1 A magna decisão política do legislador, ao instituir o tributo, consiste essencialmente em atribuir ao poder público, empreendedor da obra geradora da valorização, parte da expressão financeira desta.

Em não havendo lei – ou não sendo esta aplicada – a valorização se incorpora ao patrimônio do proprietário do imóvel beneficiado (contrariando o desígnio equânime da Constituição Federal).

70.2 A contribuição de melhoria é, portanto, instrumento de efetivação da pretensão que a lei atribui ao poder público de haver para si a valorização (parcial ou totalmente, na forma da lei) que lhe foi atribuída pela Constituição.

70.3 A lei de desapropriações vigente já prevê outros instrumentos (não tributários) de obtenção do mesmo *desideratum* (o exame feito por Seabra Fagundes, no seu *Da Desapropriação no Direito Brasileiro*, é seguro, perfeito e objetivo).

Assim, autoriza a "desapropriação por zona" ou "para revenda", que permite ao poder público desapropriar área maior do que a necessária à realização de uma obra pública para posterior revenda do remanescente já pelo valor incrementado pela obra, ficando, destarte, a valorização para o poder público, que disso se vale para cobrir o financiamento, parcial ou total da própria obra.

70.4 O art. 27 dessa mesma lei também prevê a compensação na indenização por expropriação parcial (só de parte de um imóvel), da valorização causada no remanescente do imóvel, pela obra que justificou a desapropriação. Quer dizer: pela desapropriação parcial, o estado fica devedor de indenização ao proprietário. Pela valorização da parte remanescente, o proprietário fica devedor ao estado da c.m. Prevê a lei, aí, a compensação desses débitos recíprocos.

70.5 Disso vê-se que o nosso sistema instituiu legalmente os instrumentos de realização da pretensão à apropriação de expressão financeira das valorizações causadas por obra pública.

70.6 Não obstante isso, o princípio não tem conhecido aplicação entre nós. Dificuldades técnicas, ignorância, preconceitos, interesses subalternos e outros fatores têm impedido a concretização do princípio, no Brasil. Parte destes motivos reflete-se e traduz-se na própria legislação complementar existente, que torna impossível a correta aplicação da contribuição de melhoria. O processo previsto no CTN é esdrúxulo e despropositado. É fruto de confusão quanto à natureza da c.m. (v. § 70.7).

Ou se reduz o instrumento legal à máxima singeleza ou não poderá jamais conhecer aplicação.

70.6.1 As normas gerais vigentes (arts. 81 e 82 do CTN) estabelecem tantos requisitos para aplicação da c.m. que a tornam de impossível aplicação, além de deformá-la, descaracterizando-a. São nitidamente inconstitucionais e, pois, não obrigatórias para Estados e Municípios, que têm direito de instituir seus tributos sem serem peiados por lei complementar, em casos, como o da c.m., nos quais a dicção constitucional foi suficiente para delinear a competência.

A razão do cunho esdrúxulo dessas normas gerais procuraremos demonstrar sinteticamente a seguir.

70.7 A lei brasileira adotou, equivocadamente, os critérios de certa legislação norte-americana correspondente a um tipo de "*special assessment*" que nada tem a ver com a contribuição de melhoria.

Nos Estados Unidos nos livros de *Public Finance* (ciência das finanças) reúnem-se sob a designação de *special assessment* dois tipos de exações, de natureza distinta, mas de certa forma semelhantes em seus fundamentos remotos: o *cost assessment* e o *benefit assessment*. Só este corresponde ao *betterment tax* (legítima c.m.) da tradição do direito inglês, sendo o outro uma instituição convencional (semicontratual) norte-americana (que, entretanto, não nos é inteiramente desconhecida).

70.8 Ora, em vez de se adotar aqui a legítima c.m. (*benefit assessment*), adotou-se, por inadvertência, o *cost assessment*, que corresponde ao financiamento de obras públicas, por um instrumento semicontratual:

a) a requerimento dos interessados;

b) com consentimento, quanto ao projeto e custos, por parte dos interessados;

c) os quais podem opinar, discutir e questionar a conveniência e oportunidade da obra, seu projeto e orçamento;

d) e pagamento, afinal, na medida do custo, repartido proporcionalmente por todos.

Tudo isto deixa ver que o "*cost assessment*" (cobrança do custo) cabe para obras de interesse restrito de uma limitada comunidade. Não cabe esse limitado instituto relativamente a obras públicas ordinárias, empreendidas no interesse da coletividade, como túneis, pontes, estradas, avenidas etc.

70.9 Ora, isto nada tem a ver com outro *special assessment*, que universalmente se designa por contribuição de melhoria (*betterment tax*, *beitrage*, *contributo di miglioria*) que recebe, no próprio direito norte-americano, a designação de *benefit assessement* (cobrança pelo benefício).

Não é difícil reconhecer que a complicação da legislação brasileira tradicional (plasmando um instrumento semicontratual) não tem sentido, significação, explicação ou justificação, quando se trate de obra pública ordinária.

70.10 Não há, no mundo, tributo cuja cobrança dependa do consentimento do contribuinte. Não há, no mundo, caso de obra pública, cuja execução dependa de aquiescência dos atingidos, lindeiros, vizinhos ou diretos beneficiários. Jamais se admitiu que a administração pública ficasse condicionada a que seus projetos, plantas, cronogramas e outros meios e instrumentos fossem aprovados, impugnados, reprovados, fiscalizados e contestados pelos administrados imediatamente vizinhos.

70.11 A realização de obras públicas é regida por amplo e complexo processo decisório, em suas linhas gerais comandado pelos órgãos representativos de toda a comunidade (Poder Legislativo), que prevêem recursos nos orçamentos, por sua vez condicionados pelas leis de diretrizes orçamentárias. Tudo segundo planejamento global, enquadrado nos planos de obras, à sua vez inseridos nos planos diretores gerais (da União, dos Estados e dos Municípios).

Em nenhum pais civilizado, os vizinhos de uma obra pública não podem fazer com que seu eventual interesse imediato sobreponha-se ao interesse geral (público) na sua realização.

70.12 Os procedimentos previstos no dec. lei 195 ou no CTN (arts. 81 a 83) nada têm a ver com o procedimento normal de realização de obras públicas, nem com as praxes em matéria de suas conseqüências tributárias. Confundiu-se o tradutor brasileiro (*tradittore*), de legislação alienígena, respeitante a outro instituto.

Copiou o *cost assessment*, supondo que se travava do *benefit assessment*. Pior, não se deu conta das diferenças entre os dois, levado por leituras apressadas de livros de ciência das finanças (plano, no qual tais diferenças são tênues).

70.13 Esse complexo e complicado procedimento não corresponde ao nosso regime de decidir e realizar obras públicas, nem ao tributo contribuição de melhoria, universalmente conhecido. Foi por engano que se copiou o modelo que está no dec. lei 195.

70.14 Corresponde a um sistema de financiamento convencional (contratual) de certos serviços públicos, ou obras de alcance limitado, de interesse de comunidades circunscritas, adotado nos Estados Unidos e alhures e não desconhecido dos brasileiros.

70.15 É expediente usado por concessionários de serviços públicos e algumas vezes até pelas municipalidades, para estender certos serviços a comunidades circunscritas e limitadas, que os requerem. Usa-se, num bairro distante (que só irá receber o serviço – de acordo com a programação oficial, condicionada pelas disponibilidades orçamentárias – muitos anos depois), quando seus moradores o requerem, comprometendo-se a cobrir integralmente o respectivo custo. É o caso de instalação de iluminação pública, extensão de rede de água ou esgoto, construção de calçadas ou pavimentação, extensão de telefones, pontes de interesse local, etc., em núcleos comunitários distantes ou diferenciados.

70.16 Se não está oficialmente programado, nem se prevê verba para a obra ou serviço; ou se ele depende de empresa particular concessionária, o único meio de se o obter nesses núcleos desgarrados das áreas urbanas é o convencional. Daí a participação de todos os interessados na fixação das condições do serviço ou obra, mediante o que comprometem-se a custear sua implantação. É evidente que isso cabe quando os interessados formam uma comunidade remota, onde o custo da extensão dos equipamentos públicos torna inviável seu atendimento imediato.

70.17 Um exemplo pode tornar isso claro: um grupo de pessoas resolve reservar-se uma área distante do núcleo urbano, para morar em condições especiais, por razões de comodidade, conforto, segurança ou outras. Tal comunidade não reúne condições numéricas que tornem viável a extensão de serviços e equipamentos públicos. Não é correto – ou não é financeiramente possível ao Município – onerar toda a sociedade com os custos de tal extensão. A única saída está no autofinanciamento disso. Foi para tais hipóteses que se criou o *cost assessment*, de cunho eminentemente contratual. Foi para evitar abusos que se legislou, nos Estados Unidos, sobre isso, criando o *cost assessment*, figura semicontratual que não é desconhecida entre nós e em outros países latinos.

70.18 Daí seus ingredientes de negociação, dissensão, participação dos interessados no projeto, debate dos aspectos orçamentários etc. O dever de pagar, para cobrir os custos da obra, nasce da vontade dos que a aprovam.

70.19 Ora, as obras públicas de interesse de toda uma grande comunidade (Estado, Município, ou mesmo União) são decididas por processos políticos institucionalizados e tanto sua realização como seu custeio não se resolvem mediante discussão com os proprietários imediatamente avizinhados.

Daí o caráter contratual do pagamento (no caso do *cost assessment*) que, por isso mesmo, nada tem a ver com o tributo contribuição de melhoria ou com as obras que a ensejam.

70.20 Os superficiais tradutores que misturaram os procedimentos de pagamento pelo custo com o pagamento pelo benefício (*cost* e *benefit assessment*) foram levados a tal engano porque leram livros americanos de *public finance* (finanças públicas), escritos por não juristas. Nesses livros, esses dois institutos são tratados sob o título comum *special assessment*.

70.20.1 É que, para os economistas, o fenômeno substancial estudado é a realização de uma despesa com obras, seu custo e a respectiva cobertura. Para a economia, os instrumentos jurídicos são irrelevantes, como negligenciável é saber se os recursos financeiros passaram de um sujeito para outro por processo voluntário ou não.

70.21 Ora, para o direito, a fonte voluntária ou legal de uma obrigação é decisivamente importante, para localizar os institutos jurídicos em um dos dois universos radicalmente distintos: o direito privado ou o público.

Na raiz disso, o básico discernimento entre obrigação (1) contratual (*cost assessment*) e (2) legal (coativa), que configura tributo (*benefit assessment*), como é a contribuição de melhoria.

71. Outras contribuições

71.1 A Constituição de 1988 vigente menciona outras contribuições (arts. 149; 195, I a III; § 8º, 212, § 5º, 239 e § 4º, 240). São verdadeiras contribuições?

Os tributos pertencem a esta ou àquela espécie segundo a consistência da h.i. Legal tributária. Tudo depende do direito constitucional positivo (v. §§ 77 e ss.).

Se, ao exercer sua competência, o legislador invocar essas disposições constitucionais, mas desenhar imposto ou taxa, imposto ou taxa ter-se-á, com seu regime próprio e com as alterações decorrentes das regras do art. 149, que estabelece derrogações ao regime geral tributário.

71.2 Nenhum tributo, até agora, designado contribuição, no Brasil – salvo a de melhoria – é contribuição verdadeira, no rigoroso significado do conceito, que se centra na materialidade da h.i. (v. §§ 59.4 e 60.7). Mas, se o legislador quiser – e tiver boa assessoria – poderá estruturar contribuição pura.

71.3 Juristas há que negam a existência de um *tertium genus*, entre as espécies tributárias, que seriam as contribuições (Becker, Pontes de Miranda, O. A. Bandeira de Mello, Francisco Campos, Carvalho Pinto).

71.4 Outros sustentam o caráter híbrido desse tributo, o que é um despropósito, pois, em direito, as coisas ou são ou não são. Não há meio-termo. Não é correto pensar-se num tributo que seja parcialmente de duas espécies.

A base de cálculo será de uma ou outra espécie e determinará a "natureza específica" do tributo.

71.5 Outros, ainda, reconhecem nas contribuições tributos que não são impostos e não são taxas. Nas contribuições vêem uma nova espécie, cuja mais conspícua e típica categoria é a de melhoria. Não ser "a", nem "b" prova que se trata de "c".

71.6 Deveras, as contribuições não se confundem com as taxas, nem com os impostos; também não constituem gênero que a eles se oponha. São espécie de tributo vinculado, ao lado da taxa. Desta se distinguem por um *quid plus* na estrutura da materialidade da h.i. – como oportunamente foi exposto – e principalmente pela base imponível (v. §§ 59.4 e 60.7).

71.7 A espécie de tributo vinculado designada contribuição (contribuição especial, tributo especial) comporta subespécies, das quais a mais típica, saliente e característica é a de melhoria. Esta situa-se entre as contribuições provocantes, em oposição às provocadas (v. §§ 72.8 e 72.9).

Vamos agora tratar das demais contribuições, que não a de melhoria.

71.8 Mesmo entre os autores que são pela autonomia das contribuições diante das demais espécies tributárias, os argumentos usados para sustentar essa posição são, em geral, não jurídicos. Embora todos os verdadeiros juristas (que são poucos) proclamem que o que define os tributos é sua h.i., não se vê na literatura qual é a h.i. genérica das contribuições.

71.9 Já tivemos oportunidade de deixar explícito nosso pensamento: a h.i. das contribuições é uma atuação estatal indireta e mediatamente referida ao obrigado (e referida mediante um elemento ou circunstância intermediária), quer dizer: ou (1) é uma conseqüência ou efeito da ação estatal que toca o obrigado, estabelecendo o nexo que o vincula a ela (ação estatal), ou (2) uma decorrência da situação, *status*, ou atividade do obrigado (sujeito passivo da contribuição) que exige ou provoca a ação estatal que estabelece o nexo entre esta (ação) e aquele (o obrigado).

71.10 É o que, no plano da ciência das finanças se designa como benefício especial ou detrimento especial caracterizando as contribuições: o sujeito é chamado a pagar em razão de (1) benefício *especial* que recebe em conseqüência de uma ação estatal, ou em função de um (2) detrimento que causa ao interesse público, exigente da ação estatal que o anule, neutralize, corrija ou conserte.

71.11 O mestre A. D. Giannini escreve que "o tributo especial se vincula a uma atividade administrativa que, além de redundar em vantagem indistintamente para toda a coletividade, ao mesmo tempo proporciona uma utilidade específica àqueles que se encontram numa situação particular" (*I Concetti*..., cit., p. 93), o que dá seu traço financeiro. É rigorosamente perfeita sua observação.

71.12 E define contribuição (ou tributo especial) juridicamente como "prestação devida: a) por aqueles que – por se acharem em uma determinada situação – recebem uma especial vantagem econômica, como efeito do desenvolvimento de uma atividade administrativa, em contraste com todas as outras pessoas a quem a mesma atividade aproveita; ou b) por aqueles que, em conseqüência de coisas que possuem, ou do exercício de uma indústria ou comércio, ou outra atividade, provocam uma despesa (especial), ou uma despesa maior da pessoa pública" (ob. loc. cit.).

A. D. Giannini dá como exemplo do primeiro tipo a contribuição de melhoria.

71.13 É correta a formulação desse notável publicista italiano, embora seja explicação típica e genuinamente financeira. Diz quais as razões pré-jurídicas da instituição dos tributos especiais. Expõe muito bem e com rigor os fundamentos financeiros e políticos dos mesmos, dos quais deduziu o critério jurídico para delimitar o aspecto pessoal dos tributos especiais. Deixou explícito *quem* a lei deverá colocar como sujeitos passivos; e implícito quem será sujeito ativo: a pessoa pública que desenvolve a atividade administrativa. Captou o essencial: sujeitos passivos são as pessoas colocadas num círculo especial de administrados, indiretamente ligados à ação pública.

72. *Contraste com a taxa*

72.1 Não é difícil reconhecer as diferenças entre imposto e contribuição. Basta recordar que o primeiro é tributo não vinculado e a segunda é tributo vinculado.

A dificuldade está em discernir a contribuição da taxa, em certos casos limítrofes.

72.2 Na maioria das vezes, no Brasil, quando o legislador "sente" ou intui que o tributo que vai instituir não é bem nem taxa nem imposto, dá-lhe o nome de contribuição. Ao exegeta fica a tarefa de determinar a espécie criada, independentemente do *nomen iuris* adotado e com abstração dos aspectos financeiros (pré-legislativos), ainda que transparentes do próprio texto legal.

72.3 Sabendo-se da importância da base imponível, como conceito fundamental (v. §§ 42 e ss.) e de sua decisiva significação para discernimento das espécies tributárias, fica fácil distinguir a taxa das contribuições.

72.4 Sendo ambas vinculadas, tanto numa como noutra reconhecer-se-á, no cerne da h.i., uma atuação estatal. Se a base imponível for uma dimensão da atuação estatal, então o tributo será inequivocamente taxa.

72.5 Só haverá verdadeira contribuição quando a base designada pela lei for uma medida (um aspecto dimensível) do elemento intermediário, posto como causa ou efeito da atuação estatal. Se a base estiver na própria atuação, o caso será nitidamente de taxa. Há casos em que a base considera perspectivas dimensíveis que resultam da combinação da ação estatal e do elemento intermediário. Aí tem-se contribuição.

72.5.1 "Se a consistência da h.i. das contribuições, se seu aspecto material resulta do somatório (circunstância intermediária mais atuação estatal), se é fruto de ambas, a perspectiva mensurável haverá de conjugar esses dois fatos, um do particular, outro do poder público" (Aires Barreto, *Base* ..., p. 77).

72.6 As contribuições as classificamos pela posição relativa do elemento intermediário integrante da h.i.

Conforme este seja causado pela atuação estatal ou, pelo contrário, seja sua causa, diversa é a configuração da contribuição (v. Aires Barreto, *Base* ..., p. 74).

72.7 O elemento intermediário é que estabelece a conexão entre a atuação e o obrigado.

Este elemento – que, ao fornecer a base imponível, dá entidade à contribuição como categoria jurídica – pode ser, na verdade, causador, deflagrador, provocador da atividade estatal posta no núcleo da h.i. ou, pelo contrário, pode ser seu efeito ou conseqüência.

Daí a classificação que fazemos das contribuições em duas categorias: conforme a atuação estatal posta no cerne da h.i seja provocante ou provocada, teremos uma ou outra variedade de contribuição.

72.8 O gráfico esclarece bem a idéia que se quer transmitir:

1) Atuação provocante

⟶ ⟶

□ .... Δ .... ○

2) Atuação provocada

⟶ ⟶

Δ .... □ .... ○

No primeiro caso, a atuação estatal □ provoca uma conseqüência Δ (elemento intermediário), a qual se refere (se liga) ao obrigado ○.

É nitidamente o caso da contribuição de melhoria, como já vimos.

No segundo caso, a atuação estatal □ é provocada por uma situação, fato, acontecimento Δ (elemento intermediário), o qual se refere (se liga) ao obrigado ○.

No primeiro caso, a atuação estatal provoca um efeito (valorização) Δ que atinge o imóvel do contribuinte, que será o obrigado na relação tributária. A lei faz a valorização (elemento intermediário) ser o ponto de contato necessário entre a atuação □ e o obrigado ○.

No segundo caso, o obrigado ○ desenvolve uma atividade que causa uma situação Δ, a qual, por sua vez, provoca uma atuação pública □. Aqui, também, o contribuinte se relaciona à atuação □ mediante a situação Δ que provocou (elemento intermediário Δ).

72.9 Exemplo desta hipótese Giannini aponta no *contributo integrativo di utenza stradale*, cuja h.i. é o particular desempenhar atividade comercial ou industrial que causa, com o trânsito de certos veículos, especial desgaste nas estradas (*Istituzioni...*, cit., p. 41). A base imponível é o desgaste (situação intermediária, provocante da atuação estatal).

Recomendamos empenhadamente a leitura e meditação sobre essas magníficas páginas do mestre italiano, bem como as críticas que lhe faz Aires Barreto (*Base* ..., p. 76).

72.10 Marco Aurélio Greco, docente da Faculdade de Direito da Universidade Católica de São Paulo, em aula, sustentou – com raro brilho – a tese de que o tributo cobrado pelo poder público para registrar escrituras de transmissão imobiliária (atividade que o estado costuma delegar, mas que não deixa de ser nitidamente pública) é uma contribuição.

72.11 O contribuinte, ao adquirir imóvel, necessariamente por escritura, fica em situação de insegurança quanto a seu direito, fato que o compele a provocar a atuação estatal consistente em lhe dar, mediante o registro, dita segurança. A base imponível do tributo cobrado pelo registro é o valor do direito assegurado (o que se constitui em vantagem do particular) e não o custo do serviço, que é o mesmo, quer o imóvel transmitido valha 10, quer valha 100.

Parece ser a hipótese de muitas das custas judiciais, que correspondem à jurisdição, atuação estatal provocada por situação criada pelo contribuinte, a que corresponde tributo proporcionado não à própria atividade estatal (seu custo, duração, intensidade), mas sim à vantagem que propicia.

73. Critério prático de discernimento entre taxa e contribuição

73.1 Haverá contribuição quando a base imponível repousar na conseqüência da atuação estatal combinada com a circunstância que a provoca. Isto é: só é contribuição o tributo cuja base imponível esteja no elemento intermediário (Aires Barreto, *Base* ..., p. 75).

73.2 Não será contribuição, mas taxa, o tributo cuja base imponível esteja na própria atuação estatal.

73.3 Não basta, para configurar contribuição, a circunstância de o legislador mencionar na h.i., além da atuação estatal, outra circunstância. É preciso que atribua a esta circunstância (ou a uma combinação dela com a ação estatal) a função de base imponível.

73.4 Por isso, se desenhar h.i. de contribuição de melhoria e estabelecer como base o custo da obra, seu valor, dimensão etc., estará criando taxa e não contribuição. É que não basta mencionar acidentalmente a situação intermediária, se não lhe dá a função típica, própria e característica, que é servir de base imponível. Se a situação intermediária não for base imponível, passa a ser despicienda, irrelevante e desprezível (como caracterizadora de contribuição). Resta, como elemento relevante, só a atuação. Então o tributo é mera e simples taxa, porque só a atuação tem relevo como aspecto material da h.i., o que se confirma quando serve de repouso para a base imponível.

74. Contribuições parafiscais

74.1 Os "práticos" e apressados aplicadores do direito tributário, toda vez que ficam perplexos diante de uma figura tributária de difícil definição, costumam afirmar que se trata de contribuição parafiscal, ainda quando o sujeito ativo do tributo não seja pessoa diversa do estado.

A palavra contribuição se transforma, assim, numa espécie de limbo, onde descarregam inúmeros equívocos, frutos de perplexidade e resultado de preconceitos.

74.2 Sobre a parafiscalidade, já dissemos o que pensamos (v. § 31). Basta acrescentar umas advertências contra o simplismo consistente em associar essa palavra ao termo "contribuição", para escamotear confusão de conceitos financeiros e jurídicos.

74.3 Dissipar preconceitos é a mais importante tarefa dos juristas, hoje. Não é possível construir uma ciência operante e útil do direito tributário, enquanto não se fizer adequada limpeza do terreno. Assim como a ereção de um edifício requer preliminarmente a remoção do entulho, a implantação de uma construção científica exige verdadeira assepsia da área onde se pretende trabalhar.

74.4 Não é mais possível operar adequadamente com o direito tributário, no meio de tantos preconceitos financeiros, econômicos, civilísticos, políticos etc. É deplorável que ainda se confundam – em pareceres, estudos, sentenças, acórdãos e livros – conceitos pré-jurídicos ou metajurídicos com conceitos do universo do direito. É fator de atraso a solene relegação do raciocínio crítico – instrumentado pelos conceitos jurídicos – substituído por espírito de improvisação, reles oportunismo ou recurso ao "bom senso", em acintosa indiferença à advertência de Alfredo Becker, no sentido de que o senso jurídico quase sempre discrepa do bom senso.

74.5 Aliomar Baleeiro, insigne mestre e pioneiro dos estudos tributários, entre nós, qualificou o termo "parafiscalidade" de neologismo afortunado. A esta altura, já não podemos concordar com o mestre. A experiência brasileira dos últimos 40 anos nos convence de que esse neologismo é malfadado.

74.6 Do mesmo modo que a pretensa "autonomia" do direito tributário tem servido de escusa para muitos não estudarem teoria geral do direito e ignorarem o direito constitucional, o administrativo etc., a invocação da palavra parafiscalidade tem servido de pretexto para o legislador e o fisco desobedecerem à Constituição, fazerem tábula rasa do regime tributário, atropelarem os direitos individuais e subverterem a ordem jurídica.

74.7 "Contribuição parafiscal" parece ser fórmula mágica, como que um "abre-te-Sézamo", que derroga os princípios constitucionais, arreda os direitos fundamentais, paralisa o regime tributário e exclui qualquer consideração jurídica. Quem a invoca, como num "passe" de prestidigitação, substitui ao senso jurídico, o bom senso, que, em ciência, vale tanto quanto o palpite ou a hipótese não demonstrada.

74.8 Atraente (e eficiente) é a invocação do bom senso, cômoda e acessível a qualquer um. Mesmo porque, verificou-o Descartes, esse dom divino foi o único distribuído com tal abundância que jamais ensejou reclamação de alguém que se reputasse menos aquinhoado...

75. Conceito jurídico do instituto

75.1 Que significa parafiscalidade? Significa a atribuição, pela lei, da capacidade de serem sujeito ativo de tributos – que arrecadam em benefício de suas próprias finalidades – pessoas diversas da União, Estados e Municípios (autarquias, empresas estatais delegadas de serviço público, entes paraestatais).

75.2 Distingue-se da "fiscalidade" porque esta é a arrecadação de tributos próprios pelo estado. Não se confunde com os meros "agentes de retenção" – como os qualifica Hector Villegas – porque estes simplesmente arrecadam tributo alheio, da mesma forma que tantos delegados ou comissionados a quem a lei atribui tal tarefa.

75.3 São tributos parafiscais aqueles criados (evidentemente por lei) para certas pessoas diversas do estado e arrecadados por elas próprias. Estas pessoas podem ser públicas autárquicas – meramente administrativas, como as designa, com rigor, Ruy Cirne Lima – ou mesmo privadas, desde que com finalidades de utilidade pública. São tributos parafiscais as taxas de pedágio das autarquias ou entidades rodoviárias, a taxa de esgoto das autarquias ou empresas estatais que prestem tais serviços, as taxas cobradas pelas autarquias, os tributos destinados ao INSS, ao SESC, ao SENAC, ao SENAI, ao SESI, ao INCRA, à OAB, ao CREA etc.

75.4 Desde que se trate de tributo de que seja titular pessoa não política (União, Estados e Municípios), o tributo se chama parafiscal. Isto é uma convenção, quase universal. São recursos não arrolados no orçamento estatal, em outros países, como, antes de 1988, aqui; mero acidente extrínseco e formal, que em nada altera sua natureza tributária. Por isso, a designação parafiscal; precisamente pelo fato de figurarem em peças paraorçamentárias. Nem incongruente é, alhures, a analogia com a situação das pessoas designadas paraestatais.

76. Regime jurídico tributário dos tributos parafiscais

76.1 A designação contribuição parafiscal não retira a um tributo seu caráter tributário. Qualquer que seja o nome com que se batize, "toda obrigação pecuniária *ex lege* em benefício de pessoa pública ou com finalidades de utilidade pública" é tributo e se submete ao chamado regime tributário: conjunto de princípios e normas constitucionais, que regulam a exigência coativa de prestações pecuniárias pelo estado. Este regime se caracteriza pelos princípios da isonomia (art. 5º, I; 150, II), estrita legalidade (art. 150, I), anterioridade da lei ao exercício financeiro (art. 153, III, "b") , irretroatividade, relação de administração (Ruy Cirne Lima, *Princípios*, p. 51), não discricionariedade administrativa etc.

76.2 Os tributos parafiscais, conforme a consistência da sua hipótese de incidência, podem revestir a natureza de imposto, taxa, ou contribuição. Conforme o caso, obedecerão ao regime peculiar de cada qual. Tal mera designação não altera nada do regime próprio de cada espécie.

76.3 O se designar por "contribuição" certos tributos, não lhes dá *ipso facto* tal natureza, mas sim a consistência de sua hipótese de incidência.

76.4 É preciso deixar insistentemente sublinhado que a invocação do termo parafiscal não exime o legislador de obedecer à Constituição, nem o administrador de obedecer à lei. Obrigação pecuniária *ex lege* é tributo e deve obedecer ao regime tributário, receba o *nomem iuris* de contribuição ou outro qualquer e mesmo que venha acompanhada do miraculoso adjetivo "parafiscal" (o insigne mestre espanhol Ferreiro Lapatza sustenta idêntica opinião, v. *RDT* 40/7).

76.5 Em suma, importa ficar claro, inequívoco e inquestionável que a circunstância de um tributo ser batizado de "contribuição parafiscal" não implica necessariamente natureza específica de contribuição (art. 4º do CTN), nem permite que se posterguem as exigências constitucionais que disciplinam e limitam a tributação.

76.6 É imperioso deixarmos definitivamente para trás, enterrada inexoravelmente no passado, a mentalidade primária que supõe – muito ingênua ou muito industriosamente – que a alegação do caráter parafiscal autoriza a desobediência aos cânones constitucionais limitatórios da tributação.

76.7 O grande João Mangabeira, estudando tema igualmente suscetível de preconceitos primários, o empréstimo compulsório – à época em que pouco debatido tinha sido o assunto – ao refutar os arautos da tese de que de tributo não se tratava, escreveu, saborosamente: "Não basta, para burlar a Constituição, fazer-se uso de nome falso. Porque se a lei, ou a autoridade policial, estabelecesse que se poderia "compulsoriamente" convidar e levar alguém e repousar ou veranear num presídio, com a tabuleta "clínica de repouso" ou "estação balneária", ninguém se deixaria lograr por esse embuste e não haveria juiz que não acudisse ao preso com a garantia do *habeas corpus*" (*RDP*, v. 19).

A analogia nos parece oportuna: o Judiciário não deixará de socorrer a vítima de tributação inconstitucional, só pela invocação da designação "parafiscal".

77. Contribuições nas Constituições

77.1 A contribuição é um instituto jurídico que se constitui essencialmente pela disciplina da passagem compulsória de dinheiros privados aos cofres públicos, por força de decisão legislativa. Nesse sentido, corresponde ao conceito genérico de tributo – científico ou doutrinário – seja qual for a corrente que se adote, ou a idéia que de tributo se faça, em termos econômicos ou de ciência das finanças.

77.2 Houve, na década que antecedeu a Constituição de 1988, manifestações jurisprudenciais e doutrinárias em contrário; estas, em geral, não ostentaram nenhuma fundamentação jurídica, se não o desejo de comprazer o Executivo autoritário do regime anterior. Antes disso, o insigne Rubens Gomes de Sousa elaborou, em 1973, minucioso estudo sobre o tema, demonstrando com abundância de documentação o estado anterior da doutrina, nacional e comparada (v. "Contribuição de Previdência Social e Municípios", *RDP* 24/215).

A Constituição de 1988 resgatou a boa doutrina tradicional e restaurou a certeza quanto à inquestionabilidade do cunho tributário das contribuições (parafiscais ou não).

77.3 O conceito jurídico de tributo é constitucional. Ou seja, é fixado – ainda que só implicitamente – pelo próprio Texto Constitucional.

77.4 Daí sua formulação – em termos de proposição descritiva, na categorização de Lourival Vilanova – pertencer aos constitucionalistas. Que a matéria seja constitucional, não cabe dúvida. É que a disciplina fundamental da tributação (ação privativamente estatal de tributar) atinge diretamente dois valores constitucionais básicos, como o patrimônio e as liberdades, cuja proteção eficaz se erige na própria razão de ser das constituições ocidentais modernas (que respondem aos postulados do constitucionalismo). Logo, toda ação estatal voltada a esses valores terá necessariamente que ser disciplinada capitularmente pelo texto constitucional. Tal disciplina fixa os termos essenciais do conceito de tributo.

77.5 Nesse plano, não se pode desconhecer que toda exigência coativa de cunho patrimonial que o estado faça aos sujeitos à sua ordem jurídica se submete à disciplina constitucional. Se tal exigência traduzir-se em dinheiro, então o regime que se lhe aplica é o tributário.

78. Designação do instituto da contribuição

78.1 É cediço que o nome que o legislador atribui aos institutos jurídicos é inteiramente irrelevante. Havendo ou não rigor terminológico, os institutos jurídicos são aquilo que sua essência jurídica revela. A. Gordillo mostra que os *nomina iuris* são rótulos que o legislador apõe às figuras que cria, com quase total liberdade.

78.1.1 O jurista – ensina Celso Antônio Bandeira de Mello – fixa-se na essência jurídica do instituto, no seu regime e não nas eventuais e aleatórias designações que recebe. Estas, a despeito de toda polissemia e ambigüidade – como salientou Misabel Derzi – sempre permitem ao intérprete sacar (Lourival Vilanova) seu sentido, em função de sua inserção sistemática (Kalinowski).

78.2 Daí a possibilidade de existirem contribuições que não levem esse nome ou, por outro lado, haver institutos que, designados contribuição, não correspondam ao conceito. Estes conceitos, à sua vez, são elaborados pela ciência do Direito, à luz das normas positivas, único objeto de observação do jurista.

78.3 Para um estudo jurídico da contribuição, no direito positivo brasileiro vigente e, à luz especialmente das exigências constitucionais, as conceituações pré-legislativas de ciência das finanças são pouco úteis. Devem ser consideradas com prudente moderação. Seu peso, no estudo dos institutos jurídico-positivos, é extremamente relativo. Em outras palavras, não é lícito afirmar que o Direito tenha encampado todas as formulações e conclusões da ciência das finanças.) Mesmo porque, neste plano (da ciência das finanças), há enormes divergências e propostas as mais variadas. Ciência de cunho eminentemente econômico, é sujeita à influência de subjetivismos dificilmente compadecentes com o rigor que caracteriza a dogmática do Direito.

78.4 Somente parece lícito entender serem elas (formulações) admissíveis como esclarecedoras dos parâmetros fixados pelos conceitos constitucionais, quando haja constante manifestação doutrinária, pela quase unanimidade dos escritores, de modo a autorizar entender que o desígnio constituinte é juridicizar pelo menos o significado essencial do conceito pré-jurídico. E, assim mesmo, quando texto e contexto de direito positivo autorizem tal admissão.

78.4.1 Quer dizer: quando o legislador parece adotar uma designação com origem nas elaborações da ciência das finanças, o intérprete fica autorizado a entender como encampados certos traços básicos da idéia a que o conceito mencionado se refere. Obviamente, com as retificações e ressalvas expressas ou implícitas que a decisão legislativa estabeleça. Assim, quando o Texto Constitucional menciona tributo, o constitucionalista sabe que o conceito pré-jurídico foi como que "trazido" pelo constituinte para o mundo jurídico. O modo de "trazer", porém, varia de sistema para sistema e de época para época. Daí a impossibilidade de formulação de um conceito jurídico ecumênico de tributo. Cada sistema tem o seu.

78.4.2 É que o direito "deforma" – no dizer de A. A. Becker – as realidades do mundo extrajurídico. Daí as diferenças entre os conceitos jurídicos de tributo de, por exemplo, Giulliani Fonrouge e Souto Borges. Cada um desenvolve suas construções à vista de um sistema de direito positivo. E, como os sistemas não são iguais, os conceitos neles apoiados forçosamente serão diferentes.

78.5 Idêntico fenômeno vai ocorrer com as contribuições, espécies de tributo. Variarão os conceitos em função da diversidade dos desenhos jurídico-positivos, em cada época e lugar (o conceito emergente do sistema da Constituição de 1988 é diferente do pertinente ao sistema anterior).

78.6 Esta observação tem a principal utilidade de advertência contra precipitadas e superficiais traduções ou transplantações acríticas de fórmulas legislativas, jurisprudenciais, ou assertos doutrinários do direito comparado, com pretensão de atribuir-lhes validade, perante o nosso sistema

79. Critérios constitucionais e hipótese de incidência

79.1 A Constituição adota dois critérios para classificar os tributos. Em regra, o critério da materialidade da hipótese de incidência, o que faz explicitamente nos arts. 145, II e III e 153 a 156. Em todos esses casos, o constituinte faz referência aos fatos que podem ser tomados pela lei ordinária como hipóteses de incidência de tributos.

79.1.1 Ou seja: de modo genérico, o Texto Magno estabelece quais são os fatos a que a lei ordinária pode atribuir a virtude de – se e quando acontecidos – darem nascimento a obrigações tributárias concretas. Assim, obriga a plasmar a taxa como tributo vinculado direto (art. 145, II) e a contribuição de melhoria como tributo vinculado indireto (art. 145, III); doutro lado induz irresistivelmente a modelar os impostos como tributos não vinculados (arts. 153 a 156).

79.2 Entretanto, quando trata da categoria das contribuições, adota postura singular: destacando a de melhoria, prescreve-lhe os contornos da hipótese de incidência (art. 145, III) bem como às "sociais" (art. 195, I e § 8º) e, quanto às demais, a elas se refere pelas finalidades a que podem atender (arts. 212, § 5º; 239 e § 4º, e 240). Diz os objetivos financeiros de sua criação. Não diz – ao contrário do que fez relativamente a todos os demais tributos – qual sua hipótese de incidência, pelo menos, não o diz expressamente.

79.2.1 Ao assim dispor – não indicando qual a materialidade das hipóteses de incidência das demais contribuições – a Constituição veio dar uma disciplina *sui generis* à matéria, deixando ao legislador ordinário liberdade no estabelecê-la. Não está ele preso, como nos demais casos de tributos, a fatos determinados. Essa liberdade, evidentemente, é relativa, porque os parâmetros constitucionais gerais deverão ser respeitados em qualquer hipótese.

79.3 O arquétipo básico da contribuição deve ser respeitado: a base deve repousar no elemento intermediário (pois, contribuição não é imposto e não é taxa); é imprescindível circunscrever-se, na lei, explícita ou implicitamente, um círculo especial de contribuintes e reconhecer-se uma atividade estatal a eles referida indiretamente. Assim, ter-se-á um mínimo de elementos, para configuração da contribuição.

79.4 Se o legislador – como é comum acontecer – limitou-se a dar desenho de imposto (necessariamente de competência da União, que a invocação da idéia de contribuição não autoriza invasão de competência) – o intérprete aplicará o regime do art. 149, combinado com o mínimo básico (§ 79.3) se a finalidade for inserida no mesmo art. 149.

79.5 Se a finalidade da chamada contribuição for qualquer outra, exclui-se o regime do art. 149 (§ 79.3), porque "as exceções devem ser interpretadas estritamente".

79.6 O uso da expressão "contribuição" induz o prestígio de um mínimo, pelo menos, daqueles elementos que constam da elaboração da ciência das finanças. Ou seja, há uma sugestão mínima que indica que as contribuições são tributos que não se confundem com os impostos ou com as taxas, na sua catadura geral e funcionalidade.

A deliberada adoção do *nomen iuris* autoriza supor tenha o direito trazido para seu universo alguns traços elementares do conceito pré-jurídico, como veremos mais adiante. Se, entretanto, se estiver diante de nítido e puro imposto federal sem nenhum desses traços, deverá o intérprete entender que houve equívoco e aplicar pura e simplesmente o regime de imposto.

80. Cunho "especial" do tributo

80.1 Pode-se dizer que – da noção financeira de contribuição – é universal o asserto no sentido de que se trata de tributo diferente do imposto e da taxa e que, por outro lado, de seus princípios informadores fica sendo mais importante o que afasta, de um lado, a capacidade contributiva (salvo a adoção da h.i. típica e exclusiva de imposto) e, doutro, a estrita remunerabilidade ou comutatividade, relativamente à atuação estatal (traço típico da taxa).

80.1.1 Outro traço essencial da figura financeira da contribuição, que parece ser encampado – pela universalidade de seu reconhecimento e pela sua importância, na configuração da entidade – está na circunstância de relacionar-se com uma especial despesa, ou especial vantagem referidas aos seus sujeitos passivos (contribuintes). Daí as designações doutrinárias *special assessment*, *contributo speciale*, *tributo speciale*, etc.

80.2 Em outras palavras, se o imposto é informado pelo princípio da capacidade contributiva e a taxa informada pelo princípio da remuneração, as contribuições serão informadas por princípio diverso. Melhor se compreende isto, quando se considera que é da própria noção de contribuição – tal como universalmente entendida – que os sujeitos passivos serão pessoas cuja situação jurídica tenha relação, direta ou indireta, com uma despesa especial, a elas respeitantes, ou alguém que receba da ação estatal um reflexo que possa ser qualificado como "especial" (na preciosa obra *Las Contribuciones Especiales en España*, Ed. Instituto de Estudios Fiscales, 1975, Madrid, a Dra. Manuela Varga H. arrola autores clássicos que sublinham o cunho especial dos tributos designados contribuições).

80.3 Por outro lado, a base imponível – exatamente pela circunstância da variação dos princípios (ou seja, pelo fato de os princípios não serem os mesmos da taxa e do imposto) – haverá de refletir o que exatamente é a peculiaridade da contribuição: ou seja, deverá guardar relação direta com o benefício especial, ou com a despesa especial causada pelo sujeito passivo (conforme o caso). Isto seria de rigor, sempre que a hipótese de incidência – para corresponder fielmente à noção de contribuição – consistisse numa ação estatal indireta e mediatamente referida ao obrigado (sujeito passivo), como bem o acentuou o mestre Rubens Gomes de Sousa (ob. cit., pp. 54 e 55).

81. Direito constitucional brasileiro e princípios informadores das espécies tributárias

81.1 Cabe indagar, portanto, em que medida esses princípios foram acolhidos pela Constituição Federal de 1988. Não temos dúvida que, quanto aos impostos, é total a acolhida constitucional ao princípio da capacidade contributiva. Quanto às taxas, diríamos que foi com intensidade média que a Constituição acolheu o princípio da retributividade. Isto é: parece-nos nítido que os serviços públicos ou os atos de polícia (a que se refere o inciso II, do art. 145 da Constituição) não são simples "pretextos" ou ocasiões de tributação (meros pressupostos) mas, mais que isso: uma atuação atual e concreta do estado é fundamento e, pois, parâmetro da tributação.

81.1.1 Em termos singelos: a taxa, no direito positivo brasileiro, é um tributo remuneratório dos serviços, ou ressarcitório das despesas implicadas pelos atos de polícia individualizáveis. Isso parece resultar evidente não só da implícita encampação da noção financeira do tributo, como do próprio teor do inciso II do art. 145 da Constituição de 1988.

81.2 Por último, quanto às contribuições – que não a de melhoria – diríamos que a intensidade com que se acolheu seu princípio informador foi mais tênue, exatamente porque a Constituição – não oferecendo os parâmetros estritos concernentes à hipótese de incidência, como o fez nos casos dos demais tributos e no caso da própria contribuição de melhoria – deu ao legislador uma liberdade realmente significativa (quanto à estruturação de sua hipótese de incidência, com as ressalvas que adiante serão expostas).

81.3 Daí entendermos que o legislador pode adotar hipótese de incidência tanto de verdadeira contribuição como de imposto, tendo-se por configurada a "contribuição" – para efeitos do regime jurídico derrogador (v. § 79.3) – com a invocação das finalidades constitucionalmente prestigiadas (dizemos "verdadeira" contribuição o tributo que, no plano ideal das categorias científicas, tem hipótese de incidência diferente do imposto e da taxa, no sentido de que a materialidade de sua hipótese de incidência consiste numa atuação estatal mediata ou indiretamente referida ao obrigado, posição nossa explicitamente acolhida por Gomes de Sousa (ob. cit., p. 54), por Sergio De La Garza (*Derecho Financiero Mexicano*, Porrúa, 8ª ed., 1970, pp. 323 e ss.), Hector Villegas (*Curso de Finanzas – Derecho Financiero y Tributario*, Depalma, B. Aires, 3ª ed., t. I, p. 77), Paulo Barros Carvalho (*Teoria da Norma Tributária*, 2ª ed., Ed. RT, 1981, pp. 109 a 113), Aires Barreto (*Base...*, pp. 75 e ss.) e outros cientistas.

81.4 Já foi visto que o *nomen iuris* é um rótulo que o legislador arbitrariamente apõe aos institutos que cria e modela. Nesse sentido, pode-se dizer que ele é livre para dar qualquer nome aos institutos e pode inclusive – como freqüentemente acontece – equivocar-se, criando institutos a que atribui designações impróprias.

81.5 Por isso, um tributo, designado contribuição, no Brasil (salvo a de melhoria), pode ser efetivamente uma contribuição – entendida como espécie de tributo vinculado, dotada de hipótese de incidência típica – ou pode ser imposto; que dizer: o que constitucionalmente é designado por contribuição, no Brasil, pode ter hipótese de incidência de verdadeira contribuição ou de imposto. Neste último caso submete-se ao regime jurídico-constitucional do imposto, conjugado com o regime que expusemos em 79.3 e 86.5.

81.6 Diz Wagner Balera: "Lançando mão de um tributo cuja natureza é de imposto e não de contribuição social – que faz, ao nosso ver, claramente, ao escolher o fato do lucro como hipótese de incidência de um tributo devido pelo empregador – o constituinte não está criando um ser de natureza dúplice. Apenas indica que o produto da arrecadação do imposto sobre o lucro terá destinação específica: o custeio da seguridade social" (*Seguridade Social na Constituição de 1988*, Ed. RT, 1989, p. 57).

82. Base de cálculo

82.1 Interessante sublinhar que a Constituição – acompanhando as lições da melhor doutrina, no Brasil exposta excelentemente por Amílcar Falcão, Roque Carrazza, Paulo Barros Carvalho, Aires Barreto e Alfredo Becker – dá prestígio especial à base imponível (como uma medida da materialidade da hipótese de incidência) o que permite confirmar estar-se ou não em presença desta ou daquela espécie tributária.

82.2 Destarte, se a essência da materialidade da hipótese de incidência consiste só numa ação estatal (taxa) esta não pode ser medida por atributos a ela (ação estatal) alheios; se é um outro fato qualquer, não consistente em atuação do estado (imposto), este não pode ser comensurado a nenhuma ação estatal.

82.2.1 Se "verdadeira" a contribuição, a base estará ou na causa provocante (ou ensejante) da ação estatal, ou na sua conseqüência ou efeito, fatos estes legalmente qualificados para desencadearem o efeito de, *se* acontecidos e *quando* acontecidos, darem nascimento a obrigações tributárias.

82.3 Quanto à base imponível, parece-nos que, adotada hipótese de incidência de imposto, ela será necessariamente comensurada à capacidade contributiva; se adotada hipótese de incidência de contribuição, será uma medida direta ou indireta do detrimento ou do benefício, referidos aos sujeitos passivos, ou alguma medida da repercussão da ação estatal, desde que esta os atinja, de algum modo.

82.4 Assim, o § 2º do art. 145 da Constituição diz que: "As taxas não poderão ter base de cálculo própria de impostos". Por aí fica claro que a Constituição impõe entender que a base de cálculo da taxa jamais poderá ser igual à dos impostos.

82.5 Esta disposição combina-se com o preceito constitucional do art. 154, I que prestigia até as últimas conseqüências as construções doutrinárias (Alfredo Augusto Becker, Aires Barreto, Amílcar Falcão, Paulo B. Carvalho, F. O. Almeida Prado, Roque Carrazza) que dão função nuclear à base imponível.

82.6 Esses preceitos reiteram, reforçam e dão expressão à classificação constitucional dos tributos em vinculados e não vinculados. Deveras, se não fossem nitidamente discerníveis as espécies tributárias, pelo arquétipo de suas respectivas hipóteses de incidência, seria difícil assegurar-se eficácia a esses preceitos constitucionais, como sublinhou Aliomar Baleeiro.

82.7 Por outro lado, quando o art. 145, I, da Constituição – ao autorizar a União a criar "impostos novos", ou seja, impostos não previstos expressamente no Texto Constitucional – prevê esta liberdade, diz que ela só existirá "desde que ... não tenham fato gerador, base de cálculo próprios dos discriminados nesta Constituição". Destarte, em termos de direito positivo brasileiro, a "base de medição" (H. Villegas) é dado inafastável na caracterização – e, pois, classificação – dos tributos. Não só Francisco Octávio Almeida Prado formula excelentes proposições a respeito (*RDP* 10/267 e 268), como

Paulo Barros Carvalho e Aires Barreto solidificam esse modo de compreender.

82.8 Para que possa o intérprete, diante de um texto legal instituidor de tributo, saber de que espécie se trata, deve, portanto, fixar-se, essencialmente, na base imponível, dado este que – por dimensionar a essência do fato central posto na materialidade da hipótese de incidência – revela-a irretorquivelmente (v. § 86.5).

82.8.1 Dando o legislador ordinário federal, a institutos que crie, a designação de contribuição, poderá, na verdade, ter adotado a figura de imposto, ou poderá ter realmente criado uma verdadeira contribuição. Pode-se dizer que, até hoje, todos os tributos a que se atribuiu legislativamente a designação de contribuição, no Brasil, revestiram natureza de impostos (PIS, FUNRURAL, FGTS, FINSOCIAL, contribuições para SESC, SESI, SENAI, SENAC, contribuição previdenciária do empregador, etc.) (v. Wagner Balera, *A seguridade ...*, pp. 47 e ss.).

82.9 Em todos esses casos, aplica-se o regime do imposto que couber – inclusive proclamando-se a inconstitucionalidade dos decretados pela União, quando tenham adotado base de cálculo de impostos estaduais (art. 155) ou municipais (art. 156) – com as modificações próprias do regime das "contribuições" (art. 149) aqui exposto.

82.10 Parece decisivo concluir ser vedado adotar-se base imponível de imposto que a própria Lei Magna haja reservado – embora implicitamente – a Estados e Municípios. É que adotar determinada base implica (necessidade lógica) colocar certo fato, ou circunstância de fato, na materialidade de hipótese de incidência. Se isto é constitucionalmente vedado, aquilo, *ipso facto*, também o será.

82.11 Assim, a invocação das finalidades constitucionalmente qualificadas autoriza certas derrogações do regime tributário, elastecedoras da liberdade do legislador federal; mas, por outro lado, impõe-lhe coerência no estabelecimento da base imponível (v. § 86.5).

83. Destinação do produto da arrecadação

83.1 Se o legislador ordinário federal batiza de "contribuição" um tributo, a finalidade em que deve ser aplicado o produto da sua arrecadação, necessariamente, será uma daquelas constitucionalmente previstas quer no art. 149 da Constituição, quer nas outras disposições constitucionais referentes à matéria (arts. 212, § 5º ; 239, § 4º e 240).

83.2 O preceito do inciso IV do art. 167 da Constituição veda à lei prescrever destinação ao produto da arrecadação de impostos. Essa vedação não é aplicável à lei que cuida de contribuições. Ela é, aliás, a própria razão de ser da instituição do tributo.

83.2.1 O mesmo com as taxas. A destinação do produto da sua arrecadação à cobertura das despesas com a atuação (serviço público ou atividade de polícia, nos termos do preceito do inciso II do art. 145 da Constituição) está implicitamente não só autorizada como estabelecida pelo Texto Magno. A competência legislativa existe para isso mesmo: criar tributo para produzir recursos com o fito de custear certas finalidades que vão manter a atividade estatal (taxas) ou atender aos fins constitucionalmente qualificados (contribuições).

84. Estrita legalidade e contribuições

84.1 É cediço que a Constituição exige que o legislador exaura a função instituidora de tributos, não relegando ao Executivo o suprimento de nenhuma lacuna. Assim, a lei tributária deve – sob pena de ter-se por ineficaz – descrever exaustiva e completamente a hipótese de incidência (*Os Princípios da Legalidade e Tipicidade da Tributação*, A. Xavier, Ed. RT, 1978), em todos seus aspectos, bem como estabelecer base e alíquota explicitamente (v. Misabel Derzi, *Direito tributário, direito penal e tipo*, cit.).

84.2 No caso dos tributos destinados a cobrir as finalidades amparadas pelos preceitos constitucionais que cuidavam de contribuições no sistema anterior, era dado ao legislador fixar parâmetros mínimo e máximo, dentro dos quais autorizava o Executivo a estabelecer variações. Estas variações ficavam a salvo do princípio da anterioridade (embora, obviamente, não os parâmetros mínimo e máximo postos pela lei). Quer dizer, os decretos executivos que expressavam a discrição – legalmente estabelecida – variadora eram imediatamente eficazes. Tal excepcional possibilidade foi banida. Às contribuições aplica-se, na sua inteireza o princípio da estrita legalidade.

85. Discriminação constitucional de competências

85.1 Verificou-se que as hipóteses de incidência das contribuições que podem ser criadas pelo legislador ordinário federal serão ou hipótese de incidência de imposto ou hipótese de incidência de contribuição verdadeira (o que ainda não ocorreu; vale dizer: nenhum tributo batizado de "contribuição", no Brasil, tem hipótese de incidência rigorosa de "verdadeira contribuição", tal como cientificamente pôde concebê-la a ciência do direito). Desde que o legislador ordinário destine o produto da arrecadação aos fins constitucionalmente previstos para a espécie, o regime do tributo será o aqui exposto (v. §§ 79.4 e 86.5).

85.2 É importante sublinhar que a invocação do *nomen iuris* "contribuição" – com a concomitante destinação dos recursos aos fins do art. 149, ou outros constitucionalmente cobertos – não autoriza a União a invadir os campos de competência tributária privativos dos Estados e Municípios, tal como delineados pelos arts. 155 e 156 do Texto Magno.

85.2.1 Parece claro que as competências exclusivas, em matéria de criação de impostos por serem inderrogáveis, não podem ser invadidas, sob pena de inconstitucionalidade (Roque Carrazza). Em outras palavras, a invocação da designação "contribuição" não pode servir de escusa para a União desrespeitar os campos de competência tributária privativa dos Estados e Municípios.

85.3 Assim – ainda que se reconheça ser lícito ao legislador ordinário federal adotar para as contribuições hipóteses de incidência de impostos – não poderá ele tomar os fatos constitucionalmente postos na competência dos Estados e Municípios. Daí o ser forçoso, em benefício da precisão, assim formular a pertinente proposição descrita: as contribuições, no direito positivo brasileiro, poderão ter hipótese de incidência de imposto federal; se configurarem invasão da competência tributária de Estados e Municípios, serão inconstitucionais.

85.4 Deveras, a Constituição repartiu competências tributárias entre União, Estados e Municípios, de modo radical. Cada qual recebeu competências exclusivas (que excluem as demais) – como demonstra Amílcar Falcão (*Direito Tributário Brasileiro – Aspectos Concretos*, Ed. Financeiras, 1960). O critério de identificação dos campos de competência foi o material, na precisa lição de Antônio Roberto Sampaio Dória (*Discriminação de Competência Impositiva*, 1972, pp. 18 e ss.).

85.5 Assim, os Municípios exigem os impostos previstos no art. 156; os Estados exigem os impostos de que cuida o art. 155; e a União tem ampla disponibilidade sobre as demais matérias.

A União, tem, assim, vasto campo para explorar: pode tributar tudo que não tenha sido constitucionalmente reservado aos Estados e Municípios. Em outras palavras: só lhe é vedado exigir impostos reservados pelo Texto Constitucional aos Estados e Municípios (arts. 155 e 156).

85.6 Ao instituir contribuições com hipótese de incidência de imposto, a União usa o campo material de competência – aliás amplíssimo – que lhe deu a Constituição. A limitação única que a tolhe está na reserva de um campo material a Estados e Municípios (v. art. 154).

85.7 Se, pois, a União, criando contribuições, adota hipótese de incidência que pertence aos Estados ou Municípios, comete seu legislador inconstitucionalidade, por invasão de competência (Amílcar Falcão, Aliomar Baleeiro). Não se pode sustentar que as contribuições fogem a tal regime. Não cabe dizer, no nosso sistema, que o legislador, ao criar contribuições, goza da mais ampla liberdade e que, em conseqüência, pode adotar toda e qualquer hipótese de incidência, inclusive as reservadas constitucionalmente aos Estados e Municípios. Tal interpretação implicaria afirmar: a) que as competências tributárias não são exclusivas; b) que a repartição de competências não é rígida e que c) contribuição não é tributo.

85.8 Não tem sentido admitir que a Constituição deu uma competência aos Estados e Municípios (nos arts. 155 e 156) e a retirou em outra disposição (art. 149). Seria desfigurar a Constituição entender que ela consente que a invocação da palavra "contribuição" afaste todos os obstáculos à legislação da União, inclusive os circunscritores de seu campo material de competência.

85.9 Logo, o legislador nacional, ao instituí-las, usa da competência de que dispõe, com as limitações que a caracterizam. Entender o contrário seria admitir que o sistema de partilha de competências não é rígido. Que é modificável por legislação infraconstitucional. Seria admitir que as competências tributárias não são privativas, mas todas abertas à União. Seria atribuir estultice ao constituinte. Seria esvaziar o sistema constitucional tributário; torná-lo totalmente sem sentido, como um amontoado de proposições que nada obrigam, a ninguém dão vantagem, a ninguém direitos, de ninguém exigem nada.

85.10 O uso, pelo legislador federal, do termo contribuição para batizar um instituto tributário pode ter as seguintes conseqüências:

a) se o tributo criado carrear recursos financeiros para as finalidades (objetivos) constitucionalmente qualificadas como próprias das contribuições, aplicação do regime típico das contribuições, como aqui descrito (v. § 79.4);

b) se o tributo criado não carrear recursos financeiros para fins constitucionalmente qualificados como próprios, aplicação do regime típico da espécie que sua hipótese de incidência indica (tipo de imposto), sem nenhuma das derrogações típicas de regime das contribuições.

85.11 Portanto, não é o nome de contribuição que o legislador dá ao tributo que cria, que fixa seu regime, mas a destinação especial dos recursos que o tributo vai gerar (v. § 83.1).

86. Aspecto pessoal

86.1 A consideração sistemática do Texto Constitucional – mormente levando-se em conta a própria evolução legislativa – parece autorizar afirmação no sentido de que a Constituição adotou e acolheu, realmente, pelo menos certas indicações da doutrina universal das contribuições, como aquela no sentido de que a contribuição é uma prestação pecuniária exigida de pessoas que causam despesa especial ou recebem benefício especial de uma atuação estatal, de modo direto ou indireto (o modo indireto diz de perto com a circunstância de, muitas vezes, o serviço dever ser custeado por outrem que não o beneficiário de sua ação, como veremos a seguir).

86.2 Daí o havermos antes dito que o princípio informador desse tributo não é a capacidade contributiva, nem a comutatividade e, ainda, também sentirmo-nos autorizados a afirmar que, pelo menos, a circunscrição dos sujeitos passivos a um círculo "especial" de pessoas é algo que resulta muito claro desta consideração.

86.2.1 Em outras palavras: do perfil financeiro da entidade (de sua noção pré-jurídica) parece claro que o Texto Constitucional encampa peculiaridade, que nimiamente a caracteriza, consistente na circunscrição dos sujeitos passivos (contribuintes) ao círculo das pessoas que (a) recebem "especial" benefício da ação estatal (financiada, suportada financeiramente pelo tributo), ou (b) exigem tal ação, causando ao estado "especial" despesa (v. Gomes de Sousa, ob. cit., pp. 56 a 58).

86.3 O notável Rubens Gomes de Sousa – cuja lição de honestidade intelectual calou profundamente em toda a nossa doutrina e jurisprudência, fazendo de seu nome um verdadeiro monumento ao espírito científico – teve oportunidade de definir a contribuição negativamente, por exclusão: é o tributo que não configura imposto nem taxa (pp. 47 e 53).

86.4 Financeiramente – isto é, da perspectiva da ciência das finanças – parece, algumas vezes, ter ingredientes próprios dos impostos, misturados com elementos próprios das taxas. De qualquer maneira, a ciência das finanças ao qualificá-la híbrida – devido ao seu cunho misto (o que, embora não tenha teor jurídico, corresponde à sua conformação no plano econômico) – sublinha que os beneficiários da despesa, em alguns casos, não serão os contribuintes, hipótese em que o critério da base, realmente, deverá ser a capacidade contributiva. Nesses casos, a hipótese de incidência a ser adotada será a de imposto.

86.4.1 Exemplo expressivo disso está na "contribuição" previdenciária, a cargo do empregador. Mostrou argutamente Marco Aurélio Greco que sua hipótese de incidência é o "fato de alguém remunerar pessoa filiada à previdência social" (*RDP* 19/391). Deveras, analisada a lei com rigor científico, vê-se que o fato juridicamente qualificado para, se e quando acontecido, fazer nascer a obrigação tributária é: "alguém remunerar pessoa filiada à previdência social". Conforme a doutrina e o enunciado do art. 16 do CTN, essa é típica hipótese de incidência de imposto.

86.5 O critério da base imponível só pode ser a capacidade contributiva, quando a hipótese de incidência adotada pelo legislador seja própria de imposto. O sujeito passivo será (a) o beneficiário de algum efeito da ação estatal ou (b) seu provocador, porque a solicita, ou porque, de algum modo, desenvolve atividade que a exige ou requer.

86.6 Efetivamente, basta considerar, no nosso Texto Constitucional, que inúmeras das possíveis contribuições irão ser aplicadas em benefício de pessoas destituídas de riqueza, de qualquer capacidade contributiva ou de toda possibilidade econômica. Essa circunstância está a indicar que a Constituição quer que, exata e precisamente, o legislador retire recursos de quem os tem (v. § 86.7), para dar àqueles que não os têm. São os inválidos, as viúvas, os aposentados, etc. (logo, não será nenhum dado econômico ligado a estas últimas pessoas que poderá servir de critério – base imponível – para tais contribuições).

Wagner Balera sublinha que "o empregador é um dos sujeitos históricos envolvidos, desde a criação do seguro social, nessa corrente de solidariedade que o direito torna compulsória" (cit., p. 52)

86.6.1 Assim, é forçoso entender que o único critério compatível com as exigências da isonomia – princípio constitucional básico, que domina todo sistema – é o da capacidade contributiva como informador desse tipo de contribuição.

Para ser dada como constitucional – ou seja, obediente às exigências instantes e impostergáveis do sistema –, porém, não basta a observância da capacidade contributiva pela lei.

86.7 É preciso que haja uma correlação lógica entre os beneficiários dos recursos e os contribuintes.

Quando se trata de beneficiar com adestramento os operários, é fácil ver ser lícito exigir contribuição dos empregadores; quando se trata de sustentar as corporações profissionais, é intuitivo que de seus membros se exija contribuição.

86.7.1 Quando, porém, a lei quer socorrer os destituídos, os desamparados, os miseráveis, sem correlação lógica com nenhuma atividade, categoria ou setor social, nesses casos, cria-se uma dificuldade especial, na definição dos sujeitos passivos, para o legislador. Por impossível, não pode exigir o tributo dos beneficiários da ação estatal. Daí a circunstância de se reconhecer ter cabimento, na teoria das contribuições, elaborada no plano financeiro, estender o círculo dos sujeitos passivos às pessoas indiretamente relacionadas com a ação estatal pela contribuição suportada.

86.8 E isto se torna razoável, quando se pensa que o empregador se beneficia com a previdência que contempla seus empregados: que os comerciantes tenham vantagem (evidentemente indireta) em que os comerciários tenham escolas de treinamento (SENAC), bem como entidades dedicadas a cuidar de seu lazer (SESC), etc. É com essa dimensão que a idéia de contribuição é pelo nosso Direito contemplada. Nessa proporção é que deve ser entendida como tendo sido constitucionalmente acolhida.

86.9 Impõe-se, destarte, reconhecer a necessidade – constitucionalmente postulada – de que haja, ainda que indiretamente (embora clara e objetiva), correlação entre os beneficiários da ação do estado e as pessoas chamadas a contribuir; ou seja: correlação entre os efeitos ou causa da ação estatal custeada pela "contribuição" e seus contribuintes (sujeitos passivos).

"Há um vínculo que une o empregador ao sistema de proteção social organizado e mantido pelo estado. Esse vínculo é estabelecido pela própria Constituição. Antecedente a esse vínculo, porém, existe um outro que ligou o patrão ao trabalhador. É justamente este vínculo – o contrato de trabalho – que justifica e motiva a presença do empregador dentre os partícipes do custeio de seguridade social" (Wagner Balera, cit., p. 53).

86.10 Assim, é razoável entender constitucionalmente consentido que a lei exija contribuição ao industrial, em benefício do lazer, assistência social, educação, treinamento etc., do industriário. O mesmo se diga, relativamente ao empresário do comércio, quanto aos comerciários; que imponha dever semelhante ao empresário agrícola relativamente ao trabalhador do campo. Que preveja contribuição das empresas, para atender à escolarização dos filhos dos empregados (art. 212, § 5º), etc.

86.11 Com maior razão, pode a lei estabelecer contribuições aos advogados, médicos, engenheiros etc., para sustentação financeira de suas autarquias corporativas, tutelares dessas profissões. Do mesmo modo, pode exigir aos plantadores e industrializadores de certos produtos, e aos empresários de atividades de extração, contribuições em benefício de entidades legalmente encarregadas de assegurar preços, regular mercados, fomentar a produção, fiscalizar qualidade de produtos etc.

86.11.1 Nestes casos, o sujeito passivo da contribuição ou é beneficiário da ação por ela custeada, ou de qualquer modo desempenha atividade que a requer, embora imensurável o (a) benefício que dela extrai ou (b) a medida em que, individualmente, a exige.

86.12 Pelas mesmas razões, pode a lei deliberar, sustentar financeiramente os sindicatos e outros tipos de associações coativamente estabelecidas, com contribuições de seus membros, desde que suas finalidades sejam públicas ou de interesse público.

86.13 O que parece de total evidência é que a lei não poderá – sob pena de inconstitucionalidade – estabelecer encargos dessa natureza para uma coletividade, retirando-a de outra, sem que haja correlação entre ambas, ou entre elas e a atividade sustentada pelos recursos assim auferidos. Nem pode impor contribuição a uma espécie ou faixa de pessoas, para ocorrer a despesas com outra categoria, sem a evidente presença de nítida correlação entre contribuintes e beneficiários, destinatários da atividade ou organismo assim custeado.

86.14 A Constituição não contém tais possibilidades, não permite arbítrio e tal discriminação odiosa. Entender isso possível é admitir total incoerência e falta de razoabilidade ao sistema constitucional. Isto a nenhum intérprete é consentido. A isonomia, verdadeira "chave de abóbada" do sistema constitucional, não consente no arbítrio legislativo, principalmente em matéria tributária (v. *O Conteúdo Jurídico do Princípio da Igualdade*, Celso Antônio Bandeira de Mello, 3ª ed., 6ª tir., Malheiros Editores, 1999).

86.15 Dois gritantes exemplos acodem-nos à mente, ao meditar sobre as exigências constitucionais ora consideradas. Estabeleceu a lei, quando da criação de Brasília, que às chamadas custas judiciais, cobradas pela Justiça da Capital Federal, agregar-se-ia um "adicional", destinado a ocorrer às despesas com a construção do Palácio da Justiça. Terminada esta, o Senado aprovou a lei destinando essa verba a órgão de classe dos advogados.

86.16 A anterior, a nosso ver, feria a isonomia, porque colocou o financiamento de uma obra de interesse geral a cargo das pessoas que, por contingências da vida, foram, durante certo período, obrigadas a recorrer ao Poder Judiciário local. Não parece possível justificar – no nosso sistema – tal solução legislativa. Essa irregularidade, porém, agravou-se, com a alteração da lei.

86.17 É que mais gritante ficou, a nossos olhos, o descompasso, quando se pôs a cargo de quem recorre à Justiça a sustentação de atividade de interesse de uma categoria profissional. Seria igualmente chocante que se exigisse aos doentes internados em hospitais, contribuição para uma associação médica, pela só razão de que os médicos cuidam da saúde.

86.18 Esta meditação parece conduzir a solidificar o asserto no sentido de que a Constituição, sistematicamente interpretada, tendo por fulcro a isonomia, postula a existência de uma correlação mais direta, mais objetiva e mais forte entre os beneficiários e os contribuintes.

86.19 O segundo exemplo que estas considerações fazem recordar é o – infelizmente generalizado – consistente nas leis de custas judiciais de diversos Estados que criam um adicional em favor das associações culturais e recreativas de servidores da Justiça, magistrados, etc. (a propósito ver voto do Min. Moreira Alves na Repr. 997-60, in *RTJ* 100/967 e ss.). Não há, a toda evidência, relação entre as pessoas que submetem questões à Justiça e a recreação e lazer dos seus servidores e magistrados.

86.20 Suas associações – que nem sequer são coativas – devem ser sustentadas, voluntariamente, pelos próprios sócios. Não tem amparo constitucional a norma legal que impõe tal encargo a terceiros, pela aleatória circunstância de verem-se na contingência de terem que pleitear, na Justiça, um direito.

86.21 Os postulados que servem de critério tanto para a eleição legal dos sujeitos passivos, como para a determinação dos beneficiários, além de decorrerem da isonomia, dessumem-se da própria noção de contribuição, entendida como tributo *speciale*, ou seja, tributo que, sem confundir-se com imposto ou taxa, a lei põe a cargo de certo círculo circunscrito de pessoas, causadoras ou beneficiárias de determinada atividade estatal.

86.22 Os únicos casos, como visto, em que a lei pode deixar de exigir o encargo dessas categorias de pessoas são aqueles nos quais os beneficiários diretos da ação estatal não têm possibilidade econômica de contribuir, exatamente, por serem destituídos e carentes. Nesses casos, a lei somente pode colocar o encargo nos ombros de círculos ou categorias de pessoas que tenham com eles algum tipo de relação direta ou indireta, de modo a justificar sejam contribuintes da atividade pública que beneficia o outro círculo de pessoas (v. § 86.8).

87. *Regime de imposto e contribuições*

87.1 Dificilmente surgem contribuições cuja hipótese de incidência corresponde ao exato conceito técnico-jurídico da espécie. Salvo a "de melhoria", no Brasil, todas as contribuições têm tido hipótese de incidência de imposto, na configuração que o imaginoso – mas sem técnica – legislador lhes tem dado.

87.2 A esse propósito é imprescindível considerar que a adoção, pelo legislador ordinário federal, de hipóteses de incidência de impostos que têm regime especial – por força de preceitos constitucionais – obriga-o (ao legislador) a respeitar esse regime. E se ele o não fizer, o intérprete assim interpretará a lei, em acatamento à Constituição. Se isso não for possível ao intérprete, então a lei deve ser considerada inconstitucional.

87.3 É que a adoção do *nomen iuris* "contribuição" – quando corresponde à finalidade de suportar financeiramente objetivos constitucionalmente prestigiados – embora acarrete certas derrogações ao regime geral dos tributos, não é palavra mágica que permita burlar as exigências constitucionais específicas a certos tributos.

87.4 Assim, se a lei adotar, para a mesma contribuição a hipótese de incidência do IPI (art. 153, IV), o tributo será "não cumulativo e seletivo" (art. 153, § 3º); se adotar a hipótese de incidência do imposto de renda, aplicam-se as deduções e abatimentos gerais (art. 150, II), etc.

87.5 Sim, porque os valores constitucionais protegidos por esses preceitos específicos, tipificadores desses regimes especiais, não podem ser contornados, superados, nem violados, em nenhuma hipótese. A circunstância de querer a lei federal financiar certas finalidades, mediante contribuição, não significa que possa descaracterizar ou violar as principais regras constitucionais que aos impostos são aplicáveis.

87.6 O mesmo é de dizer-se das imunidades. Desde que a lei federal adote hipótese de incidência de imposto – implica, *ipso facto*, a aplicação de seu regime; essa "limitação constitucional" à tributação aplicar-se-á integralmente (art. 150, VI).

87.7 Em conseqüência, as entidades imunes – *ex vi* do art. 150, VI do Texto Magno – não poderão ser sujeito passivo de contribuição que tenha hipótese de incidência traduzida num fato qualquer não consistente em atuação estatal. Entender o contrário seria admitir que – mediante o expediente de batizar de "contribuição" um imposto – a União pudesse contornar o regime das imunidades e postergar os princípios constitucionais fundamentais que estão em sua base.

GRÁFICA PAYM
Tel. (011) 4392-3344
paym@terra.com.br